武汉幼儿园发展研究

叶学文　编著

华中科技大学出版社
中国·武汉

内容提要

本书是一本系统研究武汉市幼儿园发展状况的学术著作,阐述了改革开放以来武汉市学前教育发展的脉络、取得的成就和值得吸取的经验教训。本书采用实证研究的方法,选取武汉市中心城区和新城区有代表性的幼儿园作为样本,通过问卷调查、访谈、会议座谈、专家访谈、现场考察等形式,对武汉市幼儿园进行了全面调查,掌握了第一手资料和真实情况,并结合调查数据,对武汉市幼儿园的发展现状、存在的问题进行了分析,同时也针对存在的问题提出了相关的发展建议,以期为政府部门决策提供事实依据,保证决策的科学性与有效性。

图书在版编目(CIP)数据

武汉幼儿园发展研究/叶学文编著. —武汉:华中科技大学出版社,2020.7
ISBN 978-7-5680-6292-3

Ⅰ.①武… Ⅱ.①叶… Ⅲ.①幼儿园-发展-研究-武汉 Ⅳ.①G619.286.31

中国版本图书馆 CIP 数据核字(2020)第 113810 号

武汉幼儿园发展研究　　　　　　　　　　　　　　　　　　　　叶学文　编著
Wuhan You'eryuan Fazhan Yanjiu

策划编辑:汪　杭　李　欢	
责任编辑:王梦嫣　李　欢	
封面设计:刘　婷	
责任校对:李　弋	
责任监印:周治超	
出版发行:华中科技大学出版社(中国·武汉)	电话:(027)81321913
武汉市东湖新技术开发区华工科技园	邮编:430223
录　排:华中科技大学惠友文印中心	
印　刷:武汉市洪林印务有限公司	
开　本:710mm×1000mm　1/16	
印　张:16.25	
字　数:280 千字	
版　次:2020 年 7 月第 1 版第 1 次印刷	
定　价:88.00 元	

本书若有印装质量问题,请向出版社营销中心调换
全国免费服务热线:400-6679-118　竭诚为您服务
版权所有　侵权必究

作者简介

叶学文,教授。武汉城市职业学院副院长,湖北工业大学兼职硕士生导师;中华职业教育社专家委员会委员,教育部职业院校教育类专业教学指导委员会中小学教育专门委员会副主任。参与国家社科基金项目和教育部青年专项课题 2 项,参与撰写的调研报告分获湖北省社会科学优秀成果二等奖、湖北省教育科学研究优秀成果一等奖、中国职业技术教育学会优秀成果一等奖。主持完成多项省人文社科、省教育规划、团省委重点课题,在核心期刊、专业期刊发表专业论文近 30 篇。被授予湖北省优秀教师、武汉市十百千人才、武汉市职教名师、武汉市优秀教育工作者等称号,并享受武汉市政府专项津贴。

序

学前教育是我国国民教育体系的重要组成部分,是对儿童实施的启蒙教育,在教育中占有重要的地位。经验表明,一个人6岁以前的营养、教育对其智力、行为及后天的发展甚为关键。若一个人17岁的智力为100%,那么其5岁时形成的智力就已经达到50%。"生命早期1000天"被认为是儿童早期发展的关键时间窗口。"生命早期1000天"理论认为,生命从被孕育到2岁期间的1000天,若营养不良、照顾不周,将影响大脑发育,致使儿童受到近期和远期的不可逆转和弥补的伤害。虽然近些年我国学前教育事业有了长足的进步,特别是国家实施了三期学前教育三年行动计划,使学前教育无论是规模、质量,还是效益都有了显著提高,但时至今日,学前教育仍是教育发展的短板,"入园难""入园贵""入好园难""入好园贵""入近园难"、农村学前教育资源匮乏、城乡弱势群体家庭儿童教育兜底不彻底等问题依然存在,制约学前教育发展的长期性、根本性问题还没有解决,我国学前教育快速、健康、高质量发展的路还很漫长。

武汉学前教育发展状况与全国各地大致相同,也存在学前教育资源分布不均衡,城乡差别大,普惠性幼儿园不足,公办园少民办园多,师资队伍不稳定,教师教育能力较差,教育经费欠缺,办园不规范,教育条件差,运行困难,教育质量不高,学科化、小学化倾向较普遍等问题。这些表面的问题在实际教育中是如何体现出来的?在幼儿园中表现在哪些方面?具体到什么程度?该如何破解?诸如此类的问题都需要我们去调查研究。在此衷心感谢江汉大学武汉研究院对我们的信任,正是你们将此项研究任务委托给我们,我们才能深入到城乡幼儿园、深入到教师、深入到园长中去,通过问卷、访谈、考察等方式,掌握了第一手资料,全方位了解了武汉幼儿园的办园现状,厘清了存在的问题,提出了自己的思考和对策建议,才有了此项研究成果的出版。

本研究的主体部分是五个调查报告，包括幼儿园现状调查报告、幼儿园区角创设调查报告、幼儿园教师队伍调查报告、幼儿园课程与实施调查报告、幼儿园满意度调查报告等，力图全方位了解和把握武汉幼儿园办园现状以及存在的问题，并相应提出了意见和建议。另外，本研究对发达国家和地区的学前教育进行了介绍与比较，对改革开放以来武汉幼儿园办园成就与经验做了总结与回顾，从宏观和微观两个层面对武汉幼儿园高质量发展策略进行了阐述。

参加此项研究任务的是武汉城市职业学院学前教育学院教师和部分武汉幼儿园教师。任务具体分工如下：第一章由武汉城市职业学院学前教育学院杨素苹、胡婷婷、郭娅婷完成；第二章由武汉城市职业学院学前教育学院向华、张万红完成；第三章由武汉城市职业学院学前教育学院陈敏、吴淋果、梁爽完成；第四章由武汉城市职业学院学前教育学院夏宇虹、梁爽，武汉东湖高新区梧桐幼儿园园长张琼，武汉育才幼儿园童璐完成；第五章由武汉城市职业学院学前教育学院曾祥兰、王荷香、陶亚哲完成；第六章由武汉城市职业学院学前教育学院张雪萍、龙宇完成；第七章由武汉城市职业学院学前教育学院吴伟俊、王俊、张晓晓完成；第八章由武汉城市职业学院学前教育学院卓萍、杨娜、高梦婕完成；第九章由武汉城市职业学院学前教育学院叶学文、陶亚哲完成。全书由叶学文统稿。在研究任务实施过程中，武汉城市职业学院科研处熊娟梅处长以及吴伟俊、余婷两位老师，武汉城市职业学院学前教育学院周颖老师提供了大量帮助。特别感谢武汉城市职业学院学前教育学院卓萍院长，汤小宁、张雪萍、杨素苹三位副院长，他们不仅大力支持还亲自参与了本课题的研究。

本研究由江汉大学武汉研究院开放性课题(IWHS20183005)资助，在研究过程中也得到该研究院专家与领导的悉心指导，在此，对江汉大学武汉研究院各位专家与领导的厚爱表示衷心的感谢。在研究过程中，参考了国内外专家学者的观点、资料，尽管在文后做了标明，但也可能有所遗漏，在此表示深深的谢意！由于作者的能力和水平有限，本研究还有许多不足和肤浅之处，敬请广大读者批评与指正。

编者

2020 年 2 月 20 日

目录

第一章 中外学前教育比较/1

第一节 中美学前教育比较/2
一、美国学前教育发展历程/2
二、中美学前教育现状比较/4
三、启示/17

第二节 中德学前教育比较/19
一、德国学前教育发展历程/19
二、中德学前教育现状比较/22
三、对我国办园的启示/34

第三节 中日学前教育比较/39
一、日本学前教育发展历程/39
二、日本学前教育发展现状/39
三、对我国办园的启示/46

第二章 武汉幼儿园发展历程及经验/52

第一节 武汉幼儿园教育发展历程概述/52
一、恢复发展期/52
二、深化改革期/54

三、稳步推进期/56

　　四、快速发展期/58

第二节　武汉幼儿园教育管理经验/62

　　一、净化教育环境，开展绿色校园活动/62

　　二、开展各类评比活动，提升办园水平/65

　　三、规范管理，引导幼儿园健康发展/72

第三节　武汉幼儿园教育科研教研取得的成果/79

　　一、中国知网平台分析结果/79

　　二、武汉市教育专刊文献分析结果/81

　　三、武汉市幼儿园相关研究评比活动/82

第四节　结语/88

第三章　武汉幼儿园现状调查报告/90

第一节　调查的主要内容/91

　　一、调查对象/91

　　二、调查的主要内容/91

第二节　调查的结果分析/92

　　一、幼儿园概况/92

　　二、人员配备/93

　　三、园舍条件/95

　　四、设施设备/99

第三节　武汉幼儿园存在的问题/104

　　一、办园水平有待提高/104

　　二、师幼比存在不合理/104

　　三、园舍各项面积不达标/104

第四节　武汉幼儿园发展的建议/105

　　一、增加财政投入，改善办园条件，加快幼儿园建设/105

　　二、提高教师待遇，扩大教师队伍/105

　　三、加大教师培养力度/105

第四章　武汉幼儿园区角创设调查报告/106

第一节　调查的主要内容/107

　　一、调查对象/107

二、调查的主要内容/107

第二节　调查的结果分析/107

一、区角活动的概念/107

二、区角活动的设置/108

三、区角活动材料的投放与使用/110

四、区角活动的指导与评价/114

第三节　幼儿园开展区角活动的建议/118

一、区角活动设置的建议/119

二、区角材料的投放与使用的建议/119

三、区角活动指导的建议/120

第四节　结语/121

第五章　武汉幼儿园教师队伍调查报告/122

第一节　调查方案设计/123

一、调查内容/123

二、调查方法/124

三、问卷设计/125

四、样本选择/125

五、数据收集与整理/125

第二节　调查的结果分析/126

一、武汉市幼儿园教师队伍的结构现状/126

二、武汉市幼儿园教师的质量水平现状/130

三、武汉市幼儿园的教师管理水平/134

第三节　武汉市幼儿园教师队伍中存在的问题/136

一、幼儿园教师各类结构不够合理/137

二、幼儿园教师质量水平不高/137

三、幼儿园的教师管理现状不尽人意/139

第四节　武汉市幼儿园教师队伍建设的对策与建议/140

一、优化幼儿园教师队伍结构/140

二、提高学前教育师资质量/142

三、强化幼儿园的教师队伍管理/142

第六章　武汉幼儿园课程与实施调查报告/144

第一节　调查对象与内容/145

一、调查对象/145

二、调查的主要内容/145

第二节 调查结果分析/145

一、基本情况/145

二、调查结果分析/147

第三节 存在的问题/160

一、课程理念和办园理念混淆不清/160

二、幼儿园课程目标不明晰,目标落实没有相应的内容和措施支撑/161

三、课程内容简单重复甚至低于幼儿园外获得的自发经验/161

四、很多园本课程推进比较困难/162

五、幼儿园开发的园本课程体系不够完整/162

六、幼儿园课程游戏过于注重形式,没有发挥游戏的教育价值/162

七、没有兼顾"均衡"与"优先"/162

第七章 武汉幼儿园满意度调查报告/163

第一节 情况说明/164

一、核心概念界定/164

二、调查对象、调查问卷及研究方法/164

第二节 调查结果与分析/166

一、调查对象特征分析/166

二、接收幼儿园服务情况/171

三、家长对学前教育满意度的总体结果分析/173

四、各维度家长满意度分析/175

第三节 存在的主要问题/179

一、政府支持力度不够,行政部门管理不细,缺乏学前教育统筹发展规划/179

二、幼儿园服务水平不高,软硬件配套不齐,缺乏先进教育教学管理理念/181

三、学前师资专业性不强,队伍不稳,缺乏数量足质量高的幼儿教师储备/182

第四节 建议与对策/184

一、明确政府主导责任,完善学前教育健康发展的体制机制/184

二、加强行政管理部门宏观指导,合理分配学前教育资源/186

三、注重园所自身建设,提升学前教育服务质量/188

四、制定教师发展政策,保障合法权益/190

五、教育帮助家长,提高家庭科学育儿水平/192

第八章 基于课程的武汉幼儿园教育质量提升策略/195

第一节 以课程建设为核心,促进示范园内涵提升/196
一、课程文化立园——凸显园所管理者的专业引领/196
二、课程方案建构——聚焦轴心和品质的内涵建设/200
三、课程实施主体——促进教师专业化提升发展/203
四、课程质量保证——园本教研的助力与推进/205
五、课程互助提升——多级联动的园际共同发展/208

第二节 以科学保教为重点,推动非示范园规范办园/210
一、管理文化立园——确保园所规范办园方向/211
二、课程方案制定——体现科学保教核心价值/213
三、课程实施主体——按需培训促进教师专业发展/215
四、保教互助提升——多级联动的园际协同助推/218

第九章 武汉幼儿园发展对策/221

第一节 加强幼儿园发展顶层设计/221
一、未雨绸缪,做好幼儿园规划布局/222
二、建立政府主导的幼儿园财政经费投入体制机制/223
三、建立健全幼儿园规章制度和建设发展标准体系/225

第二节 建立幼儿园成本分担与运行保障机制/226
一、设计科学合理的幼儿园成本分担制度/227
二、重点设计普惠性幼儿园成本分担/229

第三节 构建幼儿园质量监控和管理体系/230
一、建立幼儿园质量监控制度/231
二、研制幼儿园教育质量监控标准/232
三、完善教育质量监控组织机构/233
四、重点构建普惠性民办园和营利性民办园的教育质量保障机制/234

第四节 加强幼儿园师资队伍建设/235
一、理顺公共财政投入体制机制,提高幼儿园教师待遇/237
二、建立健全法律法规,保障民办幼儿园教师的合法权益/238
三、加强幼儿教师培养,保障幼儿园师资队伍质量/238
四、促进教师专业发展,完善教师培训体系/239

参考文献/240

第一章
中外学前教育比较

我国最早的官办学前教育机构于20世纪初创立,即1903年创办的湖北武昌蒙养院,湖北武汉成为我国学前教育机构的发祥地。此后,学前教育不断发展,尤其是在新文化运动以后,西方先进思潮不断涌入中国,包括陶行知、张雪门、陈鹤琴等在内的学前教育专家不断出现,推动了我国学前教育的快速发展。他们在借鉴国外先进经验的同时,不断寻求学前教育中国化的发展之路。历经百年,我国学前教育不断深化改革和发展,尤其是近几年,国家高度重视学前教育事业的发展,并将其作为解决民生的大问题放在优先发展的位置。因此,学前教育发展速度迅猛,呈现出良好的发展态势。

在世界范围内,各国政治、经济、文化等方面的差异,使得各国学前教育的发展速度、发展水平也不尽相同。很多国家的学前教育起步早,发展快,居世界一流发展水平。虽然我国学前教育发展迅速,但由于起步较晚、基础薄弱,我国的学前教育发展与世界发达国家仍有差距。因此,在学前教育发展的整个历程中,我们应植根于自身政治、经济、文化背景,尝试借鉴国外学前教育发展的有益经验,避免走弯路,努力实现快速发展和优质发展。本章我们选取了分布在美、欧、亚三大洲的美国、德国和日本的学前教育进行分析。这三个国家的学前教育均比较发达,且具有一定的代表性,在分析三国学前教育现状的基础上,对比了中国与美国、德国和日本三个国家的学前教育,重点比较了三国幼儿园的发展现状,以期为我国学前教育的改革和发展提供有益借鉴。

第一节 中美学前教育比较

在全球范围内,提升现代教育质量被置于赢得未来知识竞争、科技竞争优势的战略地位。学前教育作为教育的启蒙阶段,其重要作用得到以美国为首的发达国家的日益重视。美国在普及幼儿教育、保障早期教育质量、帮助处境不利儿童入园、健全学前教育管理体制等方面的实践成果走在世界前列。本研究将简要地介绍美国学前教育发展历程,并从学前教育机构类型、管理体制与财政投入机制、师资队伍建设、幼儿园课程方面对中美学前教育发展的基本状况进行比较。虽然中美两国在政治经济体制、历史文化背景上有所差异,但他山之石,可以攻玉。面对我国学前教育发展成就与挑战并存的局面,我们可以从美国学前教育实践经历之中寻求促进我国学前教育行业生态健康发展的启示。

一、美国学前教育发展历程

20世纪以前,美国的学前教育处于发展的初期,主要由民间推动,热衷于学前教育事业的慈善家、教育家群体和协会在大中城市兴办幼儿园,这时政府对学前教育发展的重视程度较低,学前教育的整体规模较小且零散,发展速度缓慢。二战结束后,随之而来的美苏争霸使美国面临着国际对抗的紧张局面,美国开始大力对教育进行改革,这是因为国民教育水平逐渐成为影响新技术革命成效与综合国力提升的重要因素。尤其是20世纪80年代后,面对新的国际国内形势,美国政府进一步将全国教育事业的发展置于战略地位。1983年,美国教育部发布了《国家处在危机中:教育改革势在必行》的报告,倡导在教育中应明确对学生学业结果的高期望与目标。此外,对儿童的研究运动也推动了社会对学前教育事业发展价值的认知。迫于提高教育质量与促进教育公平的现实需要,美国政府首先从各方面对基础教育进行了改革,而后这股改革的浪潮从基础教育延伸至学前教育,学前教育的发展从此进入了快速变革时期。为了保障教育改革的成效,联邦政府与州政府出台了一系列的政策法规与标准性文件,涵盖了幼儿教育项目、幼儿教育课程、师资队伍建设与质量评估等各个方面,从立法与行政管理上保障了学前教育改革的顺利推行。

政府对学前教育事业的支持首先凸显在立法上,如《开端计划法》(Head Start Act)、《家庭援助法》(Family Support Act)、《儿童保育与发展固定拨款法》(Child Care and Development Block Grant Act)、《全美儿童保护法》(National Child Protection Act)、《2000年目标：美国教育法》(Goals 2000: Educate America Act)、《早期学习机会法》(Early Learning Opportunities Act)、《不让一个儿童落后法》(No Child Left Behind Act)和《入学准备法案》(School Readiness Act)等。这些法律法规的颁布对统一民众对教育改革的认识、规范学前行政管理、保障财政投入落到实地有重要的引领与约束作用。同时，美国政府对学前教育干预的全面加紧还体现在多渠道的财政投入上，不论是联邦政府还是州政府，其对学前教育的经费投入都在逐年增加，为学前教育的发展提供了强大的物质基础。立法与财政支撑上的举措具有向处境不利儿童倾斜的特点，在很大程度上保障了儿童受教育的权利，缓和了社会教育公平的矛盾。

幼儿课程是支撑学前教育项目质量的核心。在联邦政府的倡导下，各类教育机构展开了发展适宜性的教学实践。但由于受到基础教育"标准化"运动的影响，为提升儿童入学准备水平，各州先后确立了儿童学习与发展标准，即"标准化课程"，对儿童应该知道什么和应该学会什么做出了规范性的描述。然而在这场运动中，以儿童学习结果为重点的标准化课程实施和以儿童本身为中心的发展适宜性教育理念进行了博弈与对抗。对这种冲突的协调一直是美国早期课程改革的重要议题。

为配合学前教育课程改革，在师资队伍建设方面，美国大力推进教师专业化水平的提升。1986年，卡内基教学专业工作组发表了《国家准备好了：21世纪的教师》，提出设立专门的机构推行严格的国家教师标准制度。1987年，美国国家专业教学标准委员会(NBPTS)成立，为全国教师专业标准的制定奠定了组织基础。1989年，美国国家专业教学标准委员会发布了《教师应该知道的和能够做到的》(What Teachers Should Know and Be Able to Do)的政策文件(此文件于2016年更新)作为开展所有标准制定工作的理念基础。该文件从五个核心主张描述了高水平教师应具备的知识、技巧、能力和教育信念。根据此文件，在25个不同的教育证书的认证过程中，教师必须展示基于标准的证据，证明他们对学生学习的积极影响符合五大核心主张。在国家层面，美国幼儿教育协会(NAEYC)和美国国家专业教学标准委员会制定了各级幼师专业标准，对全国幼师发展起着引领的作用。同时，美国各州也陆续出台了具有地方特色的幼儿教师专业标准，比如2003年密歇根州颁布的《幼儿教师保教核心知识与能力标准》、2004年俄克拉荷马州颁布的《幼儿教育从业者的核心能力标准》、2008年堪萨斯州颁布的《0—8岁幼儿教育的质量标准》。美国从国家层面到各州层面逐步建立起幼师专业标准体系，使国家标准和地方标准有效结合在一起。除了建立教师资质标准体系之外，政府还在保证教师工资待遇与社会权益、促进教师职业培训等方面做出了革新。

综上所述，在政治、经济、文化等多重因素的刺激下，美国学前教育走上了追求公平与优质发展的道路。美国在学前教育改革道路上所取得的实践成就与各级政府对学前教育发展的大力支持是密切相关的。

二、中美学前教育现状比较

（一）机构设置

中美两国对"幼儿园"这一概念的界定存在差异。我国的幼儿园是针对3岁以上学龄前儿童实施保育和教育的场所。然而，美国的幼儿园专指"Kindergarten"，即"学前一年教育"，受到法律和财政支持的保障。其主要附设在公办小学内，作为义务教育系统"K-12"学制的起点，主要招收5岁以上未进入小学的幼儿，这个阶段相当于我国幼儿园的大班，幼小一体化的特点鲜明。在美国，5岁之前的幼儿教育一般不具有强制性，这一时期被称作"Pre-school Education"，由各种各样的学前教育机构或托幼中心承办，包括日托中心（Day Care Centre）、托儿所（Pre-kindergarten）、家庭式日托（Family Day Care Home）、保育学校（Part-time Nursery School）、安亲班（School-age Programs）等学前教育机构，大多实行混龄教学。托儿所一般针对3—4岁幼儿，而日托中心主要为出生6周至3岁的婴幼儿提供保育服务。除此之外，美国还有开设在商场、医院附近的临时性托管中心，按小时计费，接待婴幼儿和学龄儿童，极大地方便了家长的工作与社交活动。不同性质的幼儿教育机构百花齐放、公私并存，有政府资助的公立园所，大学或中小学附属的园所，教会开办园，团体创办的连锁幼儿园，家庭式托管所，非营利慈善合作办园，营利性质的民办学前机构等。在时间上，有全日制、半日制之分。另外，还有针对不同课程类型和服务项目的机构，如幼儿艺术学校、蒙台梭利儿童之家、特殊学校等。各式各样的学前教育机构为拥有不同社会经济地位和教育需求的美国家庭提供了选择的空间，扩展了学前教育服务的对象。

20世纪80年代起，得益于"普及学前教育"（Universal Pre-kindergarten）运动，各州政府加大了对园前教育的公共财政投入，促使学前教育逐渐纵向延伸至低龄幼儿，开办了专门针对3岁或4岁低龄幼儿的园前班（Pre-kindergarten program，简称 Pre-K）。部分州政府通过在公立学校开办幼儿班或资助私立机构和儿童保育中心开设幼儿班，发展 Pre-K4 的园前教育项目，有条件的州和市还会进一步推出 Pre-K3 项目。Pre-K4 和 Pre-K3 分别相当于我国的中班和小班，旨在帮助适龄幼儿做好入园、入学的准备，以免费性、自愿性和非强制为特点。各州教育部门为了保障"园前教育项目"的办学质量，专门建立了评估标准体系。美国共有 40 多个州和哥伦比亚地区加入了园前教育项目，此举有效地促进了美国学前教育普惠的纵深化。根据项目服务对象，美国园前教育项目可被划分为以佐治亚州、乔治亚州、纽约州、佛罗里达州和俄克拉荷马州为代表的，为所有家庭中适龄幼儿提供教育服务的"全面普及型"，和以得克萨斯州、康涅狄格州和新泽西州为代表的，针对家庭贫困幼儿的"扶助弱者型"。目前，大部分州的园前教育坚持倾向于优先服务贫困幼儿，从而促进教育公平、缩减幼儿个体的发展差距。Pre-K 项目对公立和私立学校均开放准入，方便了家长择校。综上所述，美国学前教育的发展呈现由点及面、由内到外、由量到质的快速普及趋势，向低龄化过渡衔接的趋势也非常明显。

在中美学前教育机构类型的比较上，首先，我国仍然以幼儿园为主，学前教育机构的多样性和机构所提供的保教服务稍显单一。其次，我国婴幼儿保教由家庭承担为主，国内 0—3 岁的托育服务体系尚未规范地建立起来，市场上的托育机构供不应求，服务质量参差不齐，缺乏评估管理机制的保障。最后，我国幼儿园教育没有被囊括在基本公共服务的范畴之内，相比之下美国幼儿教育的福利性更为突出。

在入园率方面，美国国家教育统计中心发布的《2019 教育状况》指出，2017 年美国 5 岁儿童入学率为 86%，4 岁儿童入学率为 68%，3 岁儿童入学率为 40%。美国 5 岁幼儿的入园率相对 4 岁、3 岁幼儿的入园率来说更高。同期，中国幼儿的毛入园率达到 79.6%。在幼儿园的入园率上，我国 3 岁幼儿的入园率比美国高。近年来，我国为提高幼儿园的入园率，将扩大普惠性学前教育资源作为幼教改革、奋进攻坚的重点举措。在国家政策的引领下，全国各地支持企业、事业单位和街道办园，以租代建、改扩建幼儿园，多渠道扩大了普惠性办园的覆盖率。针对"入园难""入园贵"等困扰广大家庭的问题，《中共中央 国务院关于学前教育深化改革规范发展的若干意见》开出"普及普惠"的"药方"，提出到 2020 年，原则上争取全国学前三年毛入园率达到 85%，普惠性幼儿园覆盖率（公办园和普惠性民办园在园幼儿占比）达到 80%，广覆盖、保基本、有质量的学前教育公共服务体系建设的基本构想被提出。各省市纷纷响应国家政策号召,以武汉地区为例,《武汉市教育事业发展"十三五"规划》提出,到2020年武汉市学前三年教育毛入园率达到92%以上,相比"十二五"规划提出的88.21%的毛入园率目标提高了3.79个百分点,公办园和普惠性民办园在园幼儿比例达80%以上。毛入园率的逐年提升体现了我国政府在幼儿园"普及普惠"方面的成效与发展要求,但国家政策与幼儿园现实发展需求的矛盾日益突出,如何缓和这一矛盾,推动"普及普惠"政策的顺利落地是当前我国学前教育发展的关键问题。

(二)办园体制

美国在学前教育发展上所取得的瞩目成果与美国各级政府在立法、财政投入和政策引导方面所做出的努力是不可分割的。美国学前教育管理体制和财政投入机制的情况如下。

1. 管理体制

美国是联邦制国家,实行的是分权制的教育管理模式,联邦政府、州政府和地方学区办公室分级承担对学前教育的责任。其中,联邦政府发挥着主导和统筹规划的宏观作用,州政府拥有对教育的直接管理与政策实施的权利,联邦政府无权直接对地方政府所管辖的教育事务指手画脚、统一命令。美国分级保障的学前教育管理体制有利于发挥中央和地方对学前教育发展的统合作用。三级政府对教育承担的具体职责如下。

联邦政府在学前教育管理体制中主要扮演了财政支持者、教育项目开创者、法律政策的制定者与教育改革引领者的角色,着眼于全国学前教育的整体发展状况制定普遍性的政策,并引导各地方政府落实政策。其政策制定的目标是促进社会教育公平,尤其是关照低收入家庭和有特殊需要的儿童的教育问题。联邦政府承担了"开端计划"、直接儿童补助、税收抵免、早期儿童特殊教育等项目的儿童补助的最大投资,与州政府合作对教育项目进行管理。联邦政府通过立法强化政府职责,出台法律和政策保障学前教育各项目的顺利运行,例如,美国总统奥巴马在任期间连续颁布了"开端计划"《2009美国复苏与再投资法案》"0—5岁教育计划"等来保障弱势群体的受教育权利、促进学前教育公平,并通过"全面普及学前教育计划""角逐卓越——早期学习挑战"及《每个学生都成功法案》来优化学前教育质量。这些政策法规无不折射出联邦政府对学前教育的高度重视和推动美国当代学前教育从普及转向卓越的政策走向。

州政府则是各个学前教育项目与政策的直接行动者与管理者,负责学前教育筹资、制定本州的学前教育政策、Pre-K项目的运营管理、颁发机构的经营执照、组织教育质量评估和监察工作等,服务其所管辖的郡、市镇和学区。由于州政府学前教育横向管理体制可能造成早期教育与保育政策交叉重合、经费运转效率低、规范管理缺乏系统性等问题,部分州也试图通过推进网络化治理、签订跨部门间的合作协议、设置正式的协调机制、整合治理关系、建立专门的独立管理机构加强管理的约束力与有效性。

美国学区作为学校管理的具体执行者,主要负责筹集教育经费、拟定学校预算、规范课程设置、征收财产税等,重大事项由教育委员会决定,教育局局长和学区总监负责执行。

2. 财政投入

在财政管理方面,美国政府采用"瞄准式"的经费投入方式,经由三种途径向处境不利的儿童提供免费的早期教育服务,有效地帮助弱势儿童解决了由于社会地位、家庭经济或身体健全等差异而可能遭受的教育不公的问题。第一种财政投入途径是联邦政府承担的专项,主要由联邦政府拨款、负责评估验收,州政府和社会力量提供资助,"开端计划"就是联邦政府扶弱政策的典型代表项目,已实施有半个世纪。第二种是通过联邦、州、地方政府共同承担的项目。第三种是政府购买学前教育服务,包括直接跟学校购买学位与教育服务(以Pre-K为主要构成)以及间接为教育受众提供补助性质的学券。美国的财政投入政策不仅保障了贫困儿童的受教育权利,还配合评估机制和市场机制促进竞争来提高教育服务质量。

我国与美国一样都是幅员辽阔的国家,对国民教育也实行的是教育分级管理的模式,即中央政府政策引领,地方政府配合实施。有学者提出,我国的学前教育管理体制可能存在诸多问题。职责同构的行政管理体制可能导致各部门对学前教育工作的职责定位不明晰,存在相互推诿、职能交叉等问题;中央、省、市、县、乡五级政府对学前教育的财政负担结构尚不合理,基层难以担负起教育支出。

学前教育法律保障体系的不完善也十分不利于我国幼教政策的有效落实,学前教育立法上的漏洞也是亟待解决的问题之一。尽管近年来国家通过发布各种政策文件表达了对学前教育发展的殷切希望,例如,2018年11月我国颁布了具有里程碑意义的《中共中央 国务院关于学前教育深化改革规范发展的若干意见》,2019年1月国务院办公厅印发的《关于开展城镇小区配套幼儿园治理工作的通知》,但国家多发布的是"通知""意见""工作部署"等文件,内容缺乏操作性、针对性、全面性,政策落地较难。反观美国政府,其在支持学前教育发展中的主动性更强、财力投入更多,明确投入机制和各级政府的财权分工,整合资源大力扶持处境不利儿童的教育,有效地促进了教育公平。我国应通过立法,对学前教育的财政投入和管理方式进行优化升级,让政策更好地得以贯彻落实。

当前,我国学前教育在精准扶贫、扶弱方面也做出了努力,但是起步比美国晚。针对地区之间的幼儿园教育质量差异的问题,我国各省市出台了相关政策。以武汉地区为例,"十三五"规划指出,要加快构建学前教育公共服务体系,大力改善农村幼儿园的办园条件。到2020年,进一步扩大幼儿园资源总量,农村幼儿园覆盖率达100%,公益普惠性幼儿园覆盖率达90%。市级层面建立各类共同体30个,覆盖50%的幼儿园。通过深化学前教育发展共同体的建设,积极补充公办园教师,着力解决师资力量不足的问题。同时,幼儿园特殊教育体系的建立也被纳入各区学前教育发展规划之中,政府支持特殊教育学校和有条件的儿童福利机构增设附属幼儿园,支持普通幼儿园创造条件接收残疾儿童,鼓励和支持社会力量举办学前特殊教育机构。面对幼儿园教育资源不均的局面,我国各级政府在保障整体发展的基础上,需要从财政投入和政策指引两方面入手,将资源适当地向落后地区倾斜,促进幼儿教育资源的合理配置。

(三)师资队伍

1. 幼师从业资格

美国对幼儿教师资格认证的要求与程序十分严格,法律规定任何学校只允许聘请有教师资格证的人员入职。一般,各州负责本地教师资格认证的具体工作,大部分州采取"双轨制"的教师资格认证方式,要求幼儿园教师具有学士以上的学位。以加利福尼亚州为例,准幼师想要进入公立学校的幼儿园必须先获得州级层面的资格认证,认证由多家机构和团体从各自专业角度合作承担,通过幼儿教师基本素质认证(本科以上学历认证、美国宪法和法律知识认证、急救知识认证、身体健康证明、无犯罪记录证明)和幼师知识与技能考试。在获得州政府颁发的幼师执照的基础上,本着自愿的原则,还可以争取国家层面的资格认证,初级教师资格证书由美国州际新教师评估与支持联合会(INTASC)鉴定,高级教师资格证书由美国国家专业教学标准委员会(NBPTS)鉴定。国家层面和州级层面的资格证书是可以通用和并行的。以上针对的是幼儿园教师任职资格的情况,美国还有针对托儿机构教师、助教、教育主管的任职要求,其教师资格类型是多层次的。

在认证对象上，我国幼师资格认证只面向职前3—6岁的幼儿园准教师，证书类别和等级单一，而美国的幼儿教师能胜任0—8岁阶段儿童教育与研究，且对不同幼教机构的教师以及不同职级的教师均有认证标准与要求，涉及职前和职后的认证、从初级到高级的认证。因此，美国在幼教领域的资格证书类别比我国更为多样。

在资格标准的学历要求上，我国幼师资格证的学历要求是幼儿师范学校及以上学历。2018年，全国共有幼儿园园长和专任教师287万人，其中，大专以上学历占82%，在职幼师本科以上的高层次人才占比少。这与美国较早地要求幼师最低学历为大专或副学士学位相比仍有较大的差距。虽然学历的作用不是绝对的，但学历在一定程度上反映了人才的文化层次与学习能力。在教师规模扩大的同时，通过提升幼师人才的学历层次以优化师资力量已然成为时代的趋势。

在认证内容与程序上，我国幼师的教师资格认证需通过师范教育、普通话考试（二级甲等以上水平）、教育部考试中心主持的笔试和面试，并在体检合格后才颁发资格证书。该证书由申请人户籍所在地或任教学校所在地的县级政府教育行政部门认定，由国家统一印刷，全国通用，五年一检。我国教师专业知识和技能的考试在执行方面难以真正考查出幼儿教师的专业素养，尤其是各项实践能力。而美国对幼师资格认证与考核的内容较多，还有无犯罪证明、实习实践时长、专门的法律知识认证和急救知识等项目的考核。在美国，参与教师资格认证的部门类型多样，包括教师资格认证标准制定机构、教师资格认证机构、教师教育机构、教师团体及其他团体等，这从多方面监督与保障了教师资格认证的专业性。

由此可见，美国的幼师资格认证体系比我国更为完善，具有多层次、全面性的特点。我国可借鉴美国经验，根据地域教育资源与需求的差异，理性制定具有地方特色的教师资格认证标准，并根据幼师入职门槛分层次认定初级、中级、高级的教师资格证，丰富幼儿教师资格的多样性，激发职前、职后教师自我发展的能动性。同时，优化对教师能力的考察方式，建设一支"有理想、多层次、高素质"的教师队伍。

2. 幼师专业标准

美国出台的关于幼儿教师的专业标准较多，有国家层面的也有地方层面的，有针对职前的准备标准，也有引导幼儿教师终身不断学习提升的职后标准。由于篇幅限制，在此仅针对美国幼儿教育协会（NAEYC）在2009年发布的《幼儿园教师专业准备标准》（以下简称《专业准备标准》）和2012年我国教育部颁布的《幼儿园教师专业标准（试行）》（以下简称《专业标准》）的比较，这也是现有研究中涉及较多的主题。美国的《专业准备标准》与我国2012年出台的《专业标准》是同一级别的文件，都发挥着规定入行"门槛"的功能，即都说明了对预备教师应具备的理念、知识和能力的基本要求，且两份文件出台的时间较为相近，因此具有很强的可比性。学者们发现与我国的《专业标准》的内容、框架、功能等方面相比，美国的《专业准备标准》具有如下突出的特点。

（1）结构与表述清晰。完整的《专业准备标准》的文件由几大板块组成，第一部分是介绍，概述了美国幼儿教育协会（NAEYC）的简介、幼儿教师专业标准的修订历程，新版标准出台的背景、意义及创新点，解释了专业准备的定义、标准的框架以及核心名词的内涵。第二部分是标准总结，内容由六大核心标准、支持性解释和每条标准的关键因素所组成，以阶梯性的方式呈现，由面到点，条理逻辑清晰。其中对于每条核心标准的支持性解释，不仅能够帮助教师理解标准"是什么"，还深入解读"为什么"该标准中所描述的幼儿教师素养如此重要，使得标准"有依有据"，有利于加强教师对于标准内涵的理解和对幼师职业专业性的认同。

（2）内容具有全面性和实用性。美国的《专业准备标准》对幼儿教师提出了6条核心的标准，分别是促进幼儿的发展和学习，建构与家庭和社区的关系，观察、记录和评价幼儿以促进幼儿和家庭的发展，运用有效的方式联系儿童和家长，运用学科内容和知识建构有意义的课程，成为一名专业的人员。核心标准之下包含22个关键因素和6个支持性的解释，全面地涵盖了教师师德、教育理念、职业认同与反思、专业知识和专业能力等幼师必备的素养。在2010年美国幼儿教育协会（NAEYC）新修订的《2010年NAEYC初级和高级早期儿童教师专业准备标准》（2010 NAEYC Standards for Initial & Advanced Early Childhood Professional Preparation Programs）中，新增了关于教师实践的标准，并且对于每一条核心标准与关键因素的描述都有支持性的解释。这是从具体的行为表现的角度进行的，明确了教师在实践中需要践行的行为，易于教师理解，同时便于专业评估，实际的可操作性较强。

（3）体现了教育的包容性。首先，包容性体现在对不同教育阶段的包容性，或者说衔接性。文件中所定义的"儿童"是指0—8岁的儿童，并将年龄划分为0—3岁、3—5岁、5—8岁。学者刘思博认为美国的《专业准备标准》对幼儿年龄的界定有利于使教师明确幼儿发展的各个阶段的特点，对幼儿进行科学的阶段性教育教学。其次，也能够引起人们对于0—3岁婴幼儿早期教育的关注,克服"小学化"问题的产生。而我国的《专业标准》主要针对的是3—6岁的幼儿园教育,只对0—3岁婴幼儿教育和幼小衔接做了提及,但无具体明确的标准要求。

同时,在全纳教育和多元文化教育理念的指引下,《专业准备标准》体现了对幼儿个体差异性和多元文化的包容。与之前的版本相比,2009版的《专业准备标准》在语言描述上做出的一个显著改动是将"所有儿童"修改为"每一位儿童"。"每一位儿童"包括了发展正常的儿童、发育有延迟或有缺陷的儿童、有超常天赋的儿童、来自不同家庭文化背景和说不同语言的儿童、来自不同社会经济群体的儿童,以及在学习风格、优势和需要上具有差异性的儿童。这意味着该标准要求教师需要为面对教育中全纳和多样问题的挑战做好专业上的准备,运用儿童发展、家庭教育学、社会学等专门知识与技能助力"每一位儿童"的健康成长,不歧视不遗漏,促进教育的公平,维护美国这一个多元文化背景下幼儿的各种利益和不同需求。

(4)重视联结儿童的家庭与生活的社区。《专业准备标准》中反复提及教师要积极与幼儿和幼儿家庭以及生活的社区环境建立联系,形成对等的、相互尊重的合作关系,并在教师素质培养的关键因素中明确要求幼儿教师学习家—园—社区合作的知识与技能。

(5)定位具有广泛性。其一,定位的广泛性体现为对幼儿教师角色的定位。《专业准备标准》中提到,美国的幼儿教师不仅要对教育教学的基本工作负责,其本身还是幼儿家庭教育的支持者与指导者、行政参与者、专业培训者、政策倡导者、为社会提供专业支持的服务者等。这意味着在任何情况下教师都可能会为教育实践而做角色上的转换,以保证教育的顺利实施,这充分体现了教师在联结学校、社会和家庭中所起到的重要教育支持作用。其二,用途具有广泛性。《专业准备标准》所规定的从业标准不仅是针对幼教的"候选者",即师范学校幼教专业的毕业生,还为社会上所有的幼儿园、婴幼儿教育机构、幼儿托管中心、早期干预治疗机构、教师教育机构、与幼儿教育相关的儿童福利机构、幼儿管理者、课程顾问、亲子教育培训师等从事幼教相关工作的人员提供参考与指导。

与美国的《专业准备标准》相比,不难发现我国《专业标准》的不足。首先,我国对幼儿教师专业标准的研究起步较晚,目前仅有2012年出台的《专业标准》一份文件,至今已有多年,需要更新,凸显新时代对幼师的新要求。其次,实际上我国《专业标准》中的14个领域和美国《专业准备标准》里的6条核心标准有很大的相似性,都涉及了教师必须具备的职业道德与情感、专业知识和专业能力方面的素养，但是美国的标准里关于教师标准的叙述更为细致和深入。而我国《专业标准》中的内容描述较为笼统，对各个幼师专业素养发展期望程度、行为表现的水平不明确，专业标准偏重于理论，应增强可操作性，给予更多类似于"支持性解释"的语句，方便对教师能力素养的评估。最后，我国《专业标准》中的内容不够完善，没有对教师的实习实践做出规定，这样可能导致"纸上谈兵"式的培养结果，无法满足幼教专业实践性强的特点。同时，在内容上还缺少了对全纳教育理念和多元文化教育理念树立的要求，对我国弱势幼儿处境的重视也没有体现出来。当然，实施全纳教育在中国依然具有较大的挑战性，不仅需要提高教师思想水平，使教师真正做到关爱"每一位儿童"，更重要的是提高教师的能力，学习针对有特殊需求幼儿的教育知识、干预性策略、家—园—社区合作的技能等。

（四）幼儿园课程

优质的课程是学前教育项目质量的关键，美国的幼儿教育课程理论流派多样，在此仅从幼儿教育的课程标准入手进行对比。

1. 幼儿园课程标准体系的建构

"标准驱动"的课程改革推动了美国教育界制定各科课程标准的风潮，因此，美国各州制定了公立学校 K-12 年级的州立标准。作为处于最基础层级的幼儿园，其课程标准是幼儿教育阶段最先出现的。随着基础教育课程标准的向下延伸，各州陆续出台了针对 4 岁、3 岁儿童的课程标准。虽然各州课程标准的名称不一样，但不管是叫作"儿童早期学习标准"还是叫作"儿童早期学习与发展标准"，其本质都是以 K-12 课程标准为依据的。其通过文件形式对儿童应该知道什么、会做什么进行描述，建构对幼儿学习结果期望的目标框架，帮助教师有目的地开展教学活动，从而更好地支持托幼过渡、幼小衔接。2010 年，美国的幼儿课程标准体系面对提高全国教育质量和弥补教育水平的地域差异的现实需要，提出了具有指导意义的《共同核心州立课程标准》。其旨在为各州制定标准提供参考，并没有强制各州采纳该标准，但通过"力争上游"拨款计划推动各州对标准的采纳。其中，针对幼儿园教育阶段的标准包括《共同核心州立幼儿园英语/读写课程标准》和《共同核心州立幼儿园数学课程标准》。各州根据实际情况，将其内容与州级课程标准进行了融合，充实、更新了州级课程标准。

尽管美国的幼儿课程标准体系是从 5 岁幼儿教育至低龄幼儿教育、从地方到中央逐步建立起来的，但其改革之路仍然任重道远，面对着诸多矛盾。一方面,幼儿教育课程标准能够发挥良好的"灯塔效应"和"手电筒效应",引导幼儿园课程、每日教育活动朝着科学的方向发展,给专家评估课程、教师设计与实施课程、家长监督学校教学工作和了解孩子学习规律提供了便利;同时有利于缩小各地区幼儿教育水准的差异,避免市场上幼教产品的无所参照或胡乱参照的问题。另一方面,幼儿园课程标准化也存在弊端。其一是分学科的课程标准在一定程度上冲击了幼儿园课程的综合性与生成性,偏离了"完整发展"的教育宗旨;其二是老师在教育实践中可能会为了满足标准而忽视了对儿童社会文化及个体发展方面的考虑,测试性的评价给儿童造成了学业压力,违背了儿童发展适宜性原则,这一点归根结底是社会本位与儿童本位教育理念的冲突;其三是"基于标准、注重统一"与"追求自由、培养个性"的美国传统文化相冲突,部分学者担心国家层面的《共同核心州立课程标准》会造成地方课程特色的缺失,从而批评联邦政府意图干预各州的课程与教学。

  建立国家性的幼儿教育课程标准是全球的趋势。与美国从下而上的幼儿课程标准体系建立模式不同,我国走的是自上而下的探索之路,起步时间较晚。我国2012年出台的《3—6岁儿童学习与发展指南》与美国的《共同核心州立课程标准》同属国家层面的文件,都表达了国家对幼儿教育的要求。我国用"指南"一词代替了"标准"一词,更加凸显了该文件的指导意义。各地方以国家出台的《3—6岁儿童学习与发展指南》和《幼儿园教育指导纲要(试行)》为实施本地幼儿教育的主要参照,地域特色不明显。区域性幼儿园课程指南或标准的缺失是我国与美国相比较大的不同。

  2. 课程目标

  美国不管是国家层面还是州级层面的课程标准都强调基础性与学术性,3—5岁幼儿教育阶段的课程标准作为基础教育的下层与延伸,强调了5岁幼儿为入学做好准备,5岁与以下的幼儿为入园做好准备。因此,幼儿学习目标的学科取向明显,对幼儿英语、读写、数学方面学习的要求较高。

  与美国相比,我国《3—6岁儿童学习与发展指南》对幼儿发展方面的目标涵盖面更广泛,强调促进幼儿德、智、体、美各方面的协调发展,五大领域的发展缺一不可且化为整体,从知识、技能和情感维度对目标进行整理和描述。

  3. 课程标准的内容结构

  美国《共同核心州立幼儿园课程标准》根据学科知识分类划分层级。《共同核心州立幼儿园英语/读写课程标准》根据英语学科知识分类划分为阅读、写作、说与听及语言共四个板块，《共同核心州立幼儿园数学课程标准》的内容标准依据数学学科知识分为领域、标准集和具体标准，这样的分层具有清晰的、紧密的逻辑，便于读者理解与掌握美国幼儿园课程标准。其实，美国各州级的课程标准也是按学科来划分的。内容板块上以读、写、算为主，侧重学业知识和技能方面的期望，缺乏对幼儿社会学习方面的涉及，如个人价值观、情感等。情感领域的缺失是由于决策者认为道德情感教育的结果难以被客观衡量且道德情感教育可以在其他科目的学习中得以延伸。标准的描述方式既有行为标准又有表现性标准。

我国的《3—6岁儿童学习与发展指南》是从五大领域来对幼儿发展各方面应达到的水平进行描述的，五大领域分别是健康、社会、语言、科学、艺术，另外幼儿社会方面、心理方面的发展也是重要内容。

（五）幼儿园一日活动

幼儿园的一日活动是指幼儿从入园开始在园经历的所有活动，即个人、小组、集体等不同组织方式下的生活活动、运动活动、游戏活动、学习活动等不同类型的所有活动。一日活动的安排、组织和实施情况可以反映幼儿园的管理与教育模式、教师的行为与观念等核心问题。部分学者们的研究为我们描绘了中美幼儿园一日活动开展的生动画面，并从文化学、教育学等视角透析了两国幼儿园一日活动在安排、内容、组织、管理等方面的异同点。以下观点主要从李生兰（1994，2011），张凤和王娟涓（2004），张金梅（2008），张晓文（2014）的研究中进行归纳总结。

1. 活动目标

中美幼儿园一日活动的展开都以促进幼儿身心全面发展为目的，但美国幼儿园更加注重情感态度和能力方面的培养，以"育人"即通过一日活动唤醒幼儿的"天赋"和"潜能"为目标，而中国的一日活动重视对幼儿认知的培养，并在发展的各领域进行量化要求，儿童的社会性和人格发展方面相对被忽视。

2. 活动内容和安排

研究中的中美幼儿园均有较为详细的、科学的一日活动安排日程表，日程表规定好了活动的顺序、流程、内容和时间，因此，教师对活动的安排均有序可循，基本会遵循活动安排日程，并引导幼儿在特定的时间里做特定的事情，形成一日活动常规。但在具体实施中，教师也会根据实际情况灵活安排活动的节奏和先后顺序。中美幼儿在园的时间均较长，大致为8至10小时。

游戏在美国幼儿园一日活动中处于重要地位，而中国幼儿园中自由游戏的时间占比相对较少。游戏在中国幼儿园也被当作幼儿园最基本的活动，且游戏的地位在《幼儿园教育指导纲要（试行）》中也被提及。但美国幼儿园特别注重幼儿的创造性游戏，中国教师则倾向于有规则的游戏。张金梅通过对美国密歇根州一所托幼中心全日班一日活动的观察了解到，儿童安静的自主发现游戏和充分的身体运动活动也在一日活动中占据十分重要的地位，游戏是美国这家幼儿园一日活动的开端。中国教师对游戏价值的认同还存在偏差，张晓文的研究发现，中国部分教师仍然有"集体教学活动即上课"的观念，潜意识里更加倾向集体教学活动，将游戏与学习放到对立的位置，没有充分认识到区域自由游戏的价值，没有把游戏当作幼儿的权利，而是当作奖励，因此在面对特殊需要的时候，通常会选择牺牲幼儿的游戏时间，而美国教师则认为游戏是幼儿的权利。另外，在体育运动、活动方面，美国没有中国的早操或者课间操，但区域游戏活动、故事阅读、语音学习、拼写学习的早期语言活动时间比中国的多。

3. 活动组织方式

中美幼儿园一日活动都具有组织性、制度化和秩序化的特点，但中国幼儿园的集体活动时间多于美国，美国幼儿较中国幼儿有更多的自主活动和自由时间，这点突出表现在生活活动的不同上。中国幼儿园提倡集体活动，因为这种活动形式能最大限度地利用教育资源，有利于幼儿学会合群、模仿学习，教师希望幼儿在固定好的时间里"跟着集体做一样的事情"，比如幼儿一起吃饭、一起饮水、一起午睡等。这种集体活动形式会有很多次的集合与排队，整齐划一和集体行动是中国幼儿在园生活的常态。相比之下，美国幼儿的生活活动是以个人的形式展开的，教师会提醒幼儿去上厕所、喝水，但不会统一强制性地要求，这样更有利于激发幼儿活动的主动性，学会对自己的选择负责任。但也有学者对美国幼儿的过度自由提出了质疑。李生兰（1994）和张金梅（2008）持有相似的观点，认为教育不能完全依赖幼儿的自发学习，过度的幼儿自主活动可能会使教育失去了鲜明的课程性，削弱了教师主导的干预性作用，让一日活动的组织和开展显得随意和零散，缺乏活动的计划性和目的性。比如，美国的进餐氛围十分宽松愉快，教师不干涉幼儿吃多吃少，进食量由自己决定，但这样却造成了食物的浪费情况。针对如何把握好一日活动中集体活动和幼儿自选活动的"度"，以及建立"教师指导下的集体活动"与"幼儿自由展开的个别活动"的平衡的问题，中美幼儿园教师都需要进行深入研究。另外，张金梅在研究中发现，尽管美国幼儿园的师幼数量比(1∶4)很理想,但是多位老师的教育行为和观念有时不能保持一致,反而不利于幼儿矛盾的化解。

4. 活动管理

中国幼儿园中的常规限制无处不在,教师的禁令与批评相对较多,教师充当幼儿生活学习的指挥者与监管者。美国幼儿园也有一些规则纪律需要幼儿自觉遵守,比如走路要轻轻地不影响他人,吃饭前要洗手,在小组活动中注重认真倾听,学会尊重他人表达等。其活动组织和管理上更加具有民主性和个体差异性,尊重幼儿的个人需求,除开原则问题很少强迫幼儿做事情。面对幼儿犯错时,美国教师则倾向于指责错误本身而不是幼儿。

就生活活动而言,中国幼儿园更加重视活动的"质",对幼儿照顾无微不至,要求每个环节的完成度。以进餐环节来说,中国幼儿园讲究饮食搭配均衡,每周菜谱丰富多样,对色香味的要求高,教师希望幼儿抓紧时间吃热饭,还充当着"催饭者"的角色。而在美国,很多幼儿的食物是他们自己从家里带来的,或者幼儿园只提供较为简便的冷食,不担心食物变冷而催促幼儿进餐,氛围更为自由,允许幼儿进餐时交谈,教师与幼儿共同享受美食。另外,从午休环节来看,中国幼儿园相比美国幼儿园也更为注重午休的仪式感,提供专门的睡房、成套的幼儿被褥,且被褥会按照要求定期洗晒更换、午睡时间长(2小时左右)、提出床铺整理的要求。美国幼儿午休的时间较短,通常为1小时左右,睡觉的床是移动的,甚至简单到直接睡在干净的地毯上,每名幼儿自主铺盖薄毯子。随着幼儿年龄增长,美国教师也会有意识地减少护理时间,幼儿自我服务事件增多,这说明美国教师在培养幼儿自理能力时会更加大胆地"放手"。

在班级管理上,很多中美幼儿园都有类似的值日生制度或服务生制度。其不同点在于美国教师根据幼儿的特点和兴趣给每一名幼儿进行分工,每个人工作平等,都是为班级环境服务,不存在工作的等级差异,没有印上权力的色彩。相比之下,中国幼儿园实行的是轮流制,小值日生的权利由老师决定,一定程度上助长了幼儿的权力意识。

5. 活动节奏与转换

中美幼儿园在环节的衔接、转换、过渡中通常都会把唱歌、音乐提示、手指游戏作为"信号器"。然而,中国的活动转换节奏较快,活动环节衔接紧凑,教师有时还会计时催促幼儿加快手脚。一般中国幼儿在园中,上午半日会忙碌一些,下午则较为缓慢疲沓。美国有的幼儿园会将整理活动和过渡时间的安排包含到日程表中,因此幼儿会感觉轻松缓慢一些。与我国幼

"被牵引"和教师"疲于奔命"的状态相比,美国幼儿园"安静型"的室内活动和"运动型"的户外活动保持了相对平衡,教师会减少不必要的过渡环节使幼儿能全心投入与享受活动。

综上所述,中美两国幼儿园在一日活动的安排与组织上的不同主要体现在"集体行动-个体选择""教师主导-幼儿自主""严格紧凑-宽松平缓"上。学者们在研究中建议,中国幼儿教师应该适当给予幼儿在活动中的自主权与选择权,增强活动的弹性,切实扮演好支持者、引导者与合作者的角色,回归儿童的生活世界,不要在"赶集"中走形。同时,在分析差异时,应考虑中美两国幼儿教育背后所隐藏的文化因素、现实压力和价值观念。我国自古以来的制度化、集体化的教育体制与"克己""抑身扬心"的教育观念深刻地影响着我国幼儿教师的教育观念,导致我国更多地强调把幼儿作为社会中的人来培养,形成共性和集体意识。相反,美国的个人主义文化使教师充分认同幼儿作为独立个体的价值,崇尚个性的发展。此外,中国幼儿园班额过大也制约了教师实现民主管理、给予幼儿更多自由的愿望。

三、启示

(一)立法明确各级政府职责,发挥政府主导作用

中国与美国同样都是幅员辽阔的多民族国家,两国在学前教育的管理体制、财政投入等方面也面临着类似的矛盾,即如何平衡中央政府与地方政府在学前教育发展中的职责。美国联邦政府对学前教育的干预是全面的,对学前教育采取主动承担的态度。因此,首先在思想上,我国各级政府应继续提升对学前教育的重视程度,将学前教育问题作为社会民生问题,充分重视学前教育的社会公益性与福利性。学前教育的双重价值是指其不仅能促进个体全面和谐的发展,还能推动社会经济发展与维护社会稳定,我国政府有必要将学前教育事业提升至构建和谐社会的高度来看待,主动担负起责任。其次,在行政与立法上,我国应加快学前教育立法以弥补各级政府对幼儿园教育责任承担的问题,杜绝各级政府在领导学前教育发展中滥用职权与监管不力的问题,保障运营管理、财政拨款和质量评估等方面的顺利进行。中央政府把控与统筹全国学前教育事业的发展大方向,协调各省的职权,激发各省与地方政府结合本地资源发展学前教育的积极性,确保幼儿入园率与学前教育质量,使学前教育经费投入政策法制化、监察评级制度化。我国可结合自身具体国情,参考美国学前教育"双轨制"管理的优秀经验,建

立我国学前教育分级保障机制。

（二）提升教育协调发展水平，填补落后"短板"

在均衡发展上，促进我国学前教育公平也是我国政府在推进学前教育普惠改革过程中的关键着力点。各级政府应确保财政资金用到"扶弱""保量""提质"的实处，化解我国教育资源分布不均、学前教育机会不平等的矛盾，尤其是帮助突破农村贫困地区学前教育发展薄弱的瓶颈。在促进学前教育公平的问题上，刘焱教授作为第十一届全国政协委员时，曾提出普及"学前一年义务教育"的提案，建议以刚性的制度安排保障农村儿童（包括城市流动儿童）获得一定的学前教育机会。这一提案结合了我国的山区贫困地区学前教育欠发达的国情和国外学前一年免费教育的经验。这一方面尚有政策探寻的价值。

（三）因地制宜完善区域性幼儿园课程标准，增强课程活力

在幼儿园课程标准的制定上，如果单独采取"一刀切"的全国统一标准会导致各地幼儿园教育失去地方特色，忽视幼儿个体发展的方面。如果将标准制定与实施权抛给地方，又无法保证"百花齐放"的特色标准具备科学性，教育条件与水准不足的地区还可能会大失方寸，陷入市场乱象满天飞的局面。为了解决这一矛盾，中央政府必须扮演好"指挥"的角色，把握全国幼教发展的基本方向，出台全国性幼儿园课程标准的指导性文件，作为各省市在制定地方性标准时的"底线"，同时允许地方结合实际情况制定地方性幼儿教育课程标准，并鼓励幼儿园根据课程标准开发园本特色课程。这样既能推动全国对儿童发展期望的共识，又能调动各地幼教发展的活力，保证幼教课程的科学性、普适性、灵活性与适用性。目前，我国区域性幼儿园课程标准的建构尚处于缺失状态，但完善区域学前教育课程标准是我国学前教育课程标准成熟的重要前提。有的教育发达省市积极响应教育部《幼儿园教育指导纲要（试行）》和《3—6岁儿童学习与发展指南》的精神号召，将其作为本地幼儿园教育教学的指导，如上海市出台了《上海市学前教育课程指南》（此举能否彰显区域特色还有待考证），而大部分省市都没有地级幼儿课程标准。为了实现中国幼儿教育的整体发展，各地都应调动促进本地幼儿教育发展的能动性，制定与《3—6岁儿童学习与发展指南》一致的地方性课程标准。此外，还应建立与课程标准或者课程指南相配合的课程评价体系，评价是课程理念与教学实践是否落到实处的保障。

(四)完善幼师专业标准,搭建梯次化的幼师队伍

随着社会对幼儿园教育的要求越来越高,对教师的专业素养也提出了更高的要求。其一,在学前教育行业教师专业标准的制定上,我国有必要针对0—3岁婴幼儿教育师资专业要求的空白进行填补,防止资本市场中婴幼儿教育乱象丛生。同时,从教师专业发展阶段的角度出发,虽然目前我国已出台了《幼儿园教职工配备标准(暂行)》《幼儿园园长专业标准》《幼儿园教师专业标准(试行)》,但为了提高教师继续学习和继续教育的积极性,保持专业发展的连贯性,可分层制定幼儿园教师职前、入职、职后的教师专业标准。其二,可以考虑学习美国设定不同学历层次的教师专业准备标准,明晰大专、本科和研究生的培养定向,帮助搭建我国梯次化的幼儿教师队伍,补充阶段性、层次性和地域性的幼师专业标准。同时,还应拓宽教师补充渠道,吸引和鼓励优秀人才进入教师队伍,不断优化农村幼儿教师的队伍结构,以保证农村地区幼儿教育的质量。其三,幼儿教师数量、待遇和质量仍有待进一步提高。目前专任幼师缺口约为52万人,持证上岗率和同工同酬等问题亟待解决,在用标准要求教师的同时,也需用优厚的福利薪资吸引和保障高学历人才,这是贮备优质教师的必要措施。

第二节　中德学前教育比较

德国是一个拥有8000多万人口的中欧国家,其学前教育历史悠久、源远流长。德国著名教育家、幼儿教育之父——福禄贝尔建立了世界上第一所幼儿园,并逐渐形成自己的教育理论和教育方法,推动了德国幼儿教育事业的快速发展。时至今日,德国幼儿教育还可以依稀看到福禄贝尔教育思想的烙印,以及对其思想的继承和发展。德国作为幼儿园的起源地,对世界学前教育的发展产生了深刻影响,德国的森林幼儿园曾被众多国家的幼儿园效仿。其教育理念、管理模式、师资培养、课程设置等也可为我国学前教育的发展提供有价值的参考和启示。

一、德国学前教育发展历程

德国的学前教育历史悠久,在福禄贝尔之前就已有了一定的发展,其发展历程可以一直追溯到文艺复兴之前。文艺复兴之前,德国学前儿童的主要教育形式是家庭教育。母亲在学前儿童教育中扮演了十分重要的角色。

16世纪,发生于德国的马丁·路德宗教改革对德国教育的发展产生了巨大的影响。改革期间,德国宗教派别共同体(再浸礼派)中出现了最早的集体幼儿设施,对所有教徒的幼儿实行共同教育。在这个机构里,他们注意幼儿独立自理能力的培养,强调幼儿健康和幸福的公共责任,这在德国当时的幼儿教育中是一个亮点。在其他地区,学龄前儿童的教育仍主要在家庭中进行。

进入18世纪,德国主要实施强迫教育。在一些法令中明确要求5岁儿童必须到学校接受教育,否则家长要提交罚金。这就保证了学龄前儿童提前进入正规学校接受不同于学前教育的正规教育。18世纪末,泛爱主义出现于德国。泛爱主义者接受卢梭的思想,反对压抑儿童身心发展的经院主义和古典主义的教育,强调教育的最高任务是增进人类现世的幸福,培养掌握实际知识的健康乐观的人。和卢梭一样,泛爱主义者认为儿童的天性是善良的,要求热爱儿童,以顺乎天性为出发点来安排其生活,让儿童得到自由发展。在泛爱主义者所办的学校中,以鼓励儿童的积极性为教育的主要目的,以奖励好的行为来代替体罚;其教学方法在于使学习变成有趣的游戏,特别是语言教学;法文和拉丁文要通过日常应用来学习;户外活动和游戏占有重要地位。这些对德国后来学前教育的发展产生了一定影响。

18世纪到19世纪初,德国出现一批伟大的教育家、哲学家,如康德、赫尔巴特,他们都对幼儿教育发表了一些自己的看法。康德认为,教育是塑造新人并进而改良社会的重要工具。他批判了家庭教育的弊端,主张发展公共教育,要求挑选受过良好教育并有远见卓识的专家办理学校教育。他同意泛爱派的主张,重视幼儿的保育,重视儿童的游戏,认为游戏是实施儿童体育、智育、德育的重要方法与途径之一。另外,康德对儿童德育也提出了自己的看法。他受卢梭自由教育思想的影响,反对对儿童进行"奴性的约束",但儿童的自由必须是有节制的,因为儿童的本性除了善的倾向外,还有一种动物性冲动,如果听任野性的冲动自由发展,儿童就会成为一个无理性的人。康德的思想对后来一些教育家,如赫尔巴特等也产生了重要影响。赫尔巴特在其著作《教育学讲授纲要》的第四部分,按年龄阶段论述了普通教育,其中第一、第二章专门论述了婴、幼儿(0—8岁)教育。他主张0—3岁的教育主要包括体育、智育、德育,尤以体育为重,智育包括有感官教育和语言教育,德育则强调把握分寸和服从成人;4—8岁则主要进行德育和智育教育。

自近代以来,德国的学前教育发展大致经历了以下三个发展阶段。

第一阶段是近代德国学前教育的创立与发展期。19世纪上半期,冠以各种名称的幼儿教育设施已遍布德国各地,其中最具影响的是1802年被称为"巴乌利美设施"的保育所和1819年被称为"瓦德蔡克设施"的托儿所。从1824年《一般学校新闻》上重登伦敦幼儿学校协会的创立宗旨,1826年威尔托哈伊马用德文翻译并出版维罗达斯比的著作开始,德国的幼儿教育开始受到英国的影响,引起了德国幼儿教育设施真正发展的开端,开创了幼儿教育论的高潮时期。在这期间出现了弗利托娜的幼儿学校运动和阿尔古斯堡的托儿所,被誉为"幼儿园之父"的福禄贝尔的思想也逐渐成熟。福禄贝尔深受裴斯泰洛齐思想的影响,在实践中形成了一套有自己特色的教育理论和方法。1837年,他在家乡附近的勃兰根堡开办了一所学龄前儿童教育机构,1840年将它正式命名为幼儿园(Kindergarten),这成为世界上第一所真正的幼儿教育机构,标志着幼儿教育进入了一个新的阶段。在幼儿园的工作中,福禄贝尔逐步形成了包括游戏和唱歌、玩具"恩物"以及作业的幼儿教育体系;同时,他还在幼儿园中组织了幼儿教师的培训工作。他先后著有《人的教育》(1826)、《慈母曲及唱歌游戏集》(1843)、《幼儿园教育学》(1861)等幼儿教育专著。福禄贝尔促进了德国学前教育事业质的飞跃,同时也对世界学前教育的发展产生了重大的影响。他首创了幼儿社会教育的重要形式之一——幼儿园,并且组织了幼儿园教师的培训工作;在幼儿园实践及长期研究的基础上,创立了幼儿教育学,使其成为教育理论中的一个独立分支;他还积极进行了幼儿教育的宣传活动,提倡发展幼儿社会教育,引起社会重视入学前儿童的教育;他确定的游戏和作业成为幼儿教育的重要活动形式,他设计的"恩物"、作业和幼儿玩具被广泛采用,成为幼儿园不可缺少的设备。福禄贝尔重视儿童的积极活动,重视游戏对儿童的教育作用,强调儿童的天性,遵循其自然发展规律,这一切都为德国学前教育的发展开创了一个崭新的局面。自福禄贝尔之后,学前教育成为一个独立的学科发展起来,德国对学前儿童的教育也逐渐走上正轨。

1848年欧洲革命失败后,德国政府趋向保守和反动,在此形式下,德国教育一度处于停滞甚至倒退的局面。由于幼儿园曾获进步势力(包括反对党)的支持,这导致了当局不满。1851年8月7日,普鲁士政府以"灌输无神论"及政治上有破坏倾向等莫须有的罪名,查封了福禄贝尔幼儿园,直到1860年才取消禁令。随后,各地纷纷成立福禄贝尔幼儿园团体,将幼儿园运动推向深入发展。柏林福禄贝尔主义幼儿园妇女促进协会于1860年成立。1861年,该协会设立了四所幼儿园和一个幼儿园师资培训机构。1863年,家庭教育和民众教育协会亦告诞生。该协会的目标是根据福禄贝尔的思想,致力于幼儿教育的全面改革,包括设立幼儿园和幼儿园师资培训机构,创办以福禄贝尔方法为指导的儿童游戏场,使幼儿园向民众化方面发展,以及将福禄贝尔方法引进女子学校等。至1869年,家庭教育和民众教育协会共设立7所幼儿园。到1870年,其培训幼儿园女教师共计200多人。1874年,上述两个协会合并为柏林福禄贝尔协会。1871年,以别劳夫人为核心的教育协会总会成立,开展了运用福禄贝尔教育原理进行全面教育改革的运动。

第二阶段是20世纪初至二战前的德国学前教育。在一战(1914年)前,德国的幼儿教育机构呈多元化之势。除幼儿园外,还有一些从历史上沿袭下来的收容幼儿的慈善机构及幼儿学校等。一战后,魏玛共和国成立,并开始对幼儿教育进行整顿。1924年,政府制定了《青少年福利法》,规定了儿童受教育的权利以及家庭教育在学前教育中的优先地位。该法案基本上定下了现代德国学前儿童教育的基调,即把学前儿童的教育视为青少年福利事业,并划归青少年福利部门管辖。该法案提出要建立"白天的幼儿之家",还提出要训练修女担任看护工作,并要求加强幼儿教师的培训。《青少年福利法》对战后德国学前教育的发展产生了重要影响。

第三阶段是二战后德国学前教育的发展与改革期。二战后,德国的学前教育主要在幼儿园及学校附设幼儿园(或学前班)实施。此外,还有多种形式的其他辅助幼教机构。1966年后,在美国及其他发达国家的诸如开端计划、幼儿教育机会均等的影响下,德国日益重视幼儿教育。1970年,联邦德国教育审议会公布了包括学前教育在内的全国教育制度改革方案《教育结构计划》,将3—6岁的幼儿教育第一次纳入教育体系的基础部分。到1980年,全联邦已有近80%的幼儿入园。1990年,德国统一,此后德国的学前教育由儿童和青少年福利部负责,但学前教育的发展在原东德地区和原西德地区仍存在明显的差异。

在当今世界普遍重视学前教育,以及家庭对学前教育的实际需求日益强烈的大背景下,德国也大力扩建幼儿园、发展学前教育事业。1990年新的《青少年福利法》要求各州承担扩建幼儿园的义务,以保证满足家庭的需要。尽管德国今天并没有按《教育结构计划》把学前教育机构纳入学校教育系统,然而,德国在学前教育的普及程度、指导思想、课程内容、经费投入、师资培养等方面都有较大的发展。

二、中德学前教育现状比较

(一)幼儿园普及程度

1990年德国3—6岁学前儿童的入园率为73.7%,到2013年,德国3—

6岁儿童总体入园率约为94.0%,其中,3岁儿童入园率为88.6%,4岁儿童入园率为95.2%,5岁儿童入园率为98.1%。但是,在原东德和原西德地区间的发展很不平衡,尤其是原西德地区3岁前儿童入园率相对较低,具体见表1-1。

表1-1　2006—2013年德国3—6岁儿童入园率的变化(%)

统　计　项		2006年	2008年	2010年	2011年	2013年
3岁	原西德	74.0	80.0	84.9	86.5	87.4
	原东德	89.5	92.4	93.8	94.4	93.8
	总	76.7	82.9	86.6	88.0	88.6
4岁	原西德	91.9	95.3	95.3	96.5	95.1
	原东德	92.7	96.2	95.1	96.2	95.2
	总	92.0	95.5	95.3	96.4	95.2
5岁	原西德	93.4	96.7	97.5	97.6	98.1
	原东德	93.3	95.2	96.4	96.1	97.9
	总	93.4	96.5	97.3	97.3	98.1

根据数据显示,2016年德国3岁和4岁儿童总体入园率达到了94.0%。

20世纪末,我国3—6岁儿童入园率约为35%。随着学前教育在园人数与幼儿园数量的持续增加,学前教育三年普及率从2009年50.9%提升到了2018年81.7%,提升了30.8%。到2016年年底,武汉市共有1303所幼儿园,在园儿童人数28.41万人,专任教师1.78万人,学前三年教育毛入园率88.95%,公办幼儿园和普惠性民办幼儿园的在园儿童占比达到65.88%,省、市级示范幼儿园103所。而这组数据在2017年年底又有了新变化,截至2017年年底,全市共有幼儿园1391所,在园幼儿30.21万人,教职工4.11万人,全市学前三年教育毛入园率达89.11%,公办幼儿园和普惠性民办幼儿园在园幼儿占比达83.14%。学前教育普及程度的提升在很大程度上要归功于民办学前教育的持续发展。2009—2018年我国学前教育毛入园率发展趋势如图1-1所示。

经过对比可见,虽然近十年我国幼儿入园率大幅提升,但是从学前教育的普及程度来看,我们与德国仍有较大差距,我们还需加快发展。

(二)办园体制

1. 机构设置

德国鼓励兴办学前教育机构,社区、教会、企业和私人都可以根据法律

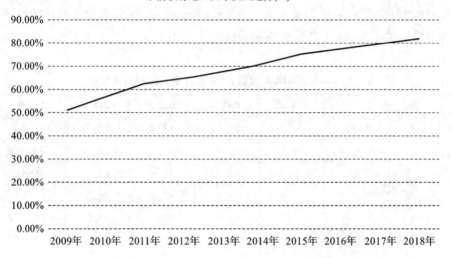

图 1-1 2009—2018 年我国学前教育毛入园率发展趋势

要求设立幼儿园。各类幼儿园受到同等对待,不会因非公立幼儿园而受到歧视。德国学前教育机构呈现多元化特点,其主要有以下几种类型。

(1)幼儿园。幼儿园是德国传统的也是最普及的学前教育机构,大多由地方政府、企业、社会团体和私人创办,招收 3—5 岁儿童,采用混龄编班。幼儿园分为普通幼儿园、学校附设幼儿园、特殊幼儿园、林间幼儿园、个体幼教从业者等多种办学形式。其中,按照幼儿园的设立者及接受政府补助和辅导的程度,普通幼儿园又分为公办幼儿园、民办幼儿园和独立自主的幼儿园三种形式。学校附设幼儿园主要为已到入学年龄但身心发展较为滞后的儿童而设置的预备教育机构,儿童在此接受特殊的训练,以便为进入小学做准备,这种幼儿园大多是公立幼儿园,由政府负责管理,儿童免费入园。特殊幼儿园主要是针对残疾儿童而设置的教育机构,旨在通过特殊的训练和教育,为帮助儿童更好地融入社会做准备。林间幼儿园打破传统幼儿园固定活动场所的限制,将幼儿带到林间,开展各种游戏和运动,以发展幼儿的运动能力和创造力。个体幼教从业者,其前身为"白天的母亲"(即不外出工作,在家照顾自己子女的妇女在接受一定的培训后帮助临近的职业妇女照看儿童的一种教育形式),根据德国法律规定,经过行政主管部门的备案许可后,个人可在家从事有偿的儿童看护服务,且要求个人辅导的儿童不能超过 5 人,这种教育形式满足了很多家庭的特殊需要,成为德国学前教育体系的有益补充。根据德国联邦统计局数据,2011 年 3 月,德国共有 4.2 万名家庭看护从业者享受公共财政补贴,共看护 12.4 万名儿童,其中 3 岁以下的儿童约 8 万人。德国幼儿园的学制多样化,有全日制和半日制等多种形式,如柏林颁布的《幼儿园促进法》明确指出幼儿园的学制有四种,即半日制(每天 4—5 小时)、非全日制(每天 5—7 小时)、全日制(每天 7—9 小时)、全日制延长(每天 9 小时以上),可以供不同需要的家庭灵活选择。

(2) 托儿所。托儿所招收 0—3 岁儿童,其主要是针对父母为双职工的家庭而设置的机构。

(3) 学前班。学前班主要是针对不到入学年龄但心理发展已经达到入学年龄水平的儿童而设置的教育机构,与小学相连接,儿童在此接受有针对性的教育,其主要任务是帮助幼儿做好接受小学教育的准备。值得注意的是,近年来,德国幼儿园和托儿所合二为一成为主流趋势,即托幼一体化发展(统称幼儿园)。在这样的学前教育机构里分为小班(2.5 岁或 3 岁以前)和大班(3 岁至入小学前),小班儿童在幼儿园里有单独封闭的室内外活动区域,教师负担幼儿数更少,儿童能享受更为细致的照顾。

中国的学前教育也包括托儿所、幼儿园和学前班三种主要形式。其中,三岁以下的儿童由托儿所负责,坚持以保为主、保教结合的方针;幼儿园主要接纳三岁以上的儿童,实行保育和教育相结合的方针,幼儿园分为公办幼儿园、民办幼儿园和民办普惠性幼儿园;而那些没有条件进入幼儿园且年龄在 5—6 岁的儿童则进入学前班学习,学前班有两种形式,一种是存在于幼儿园里的学前班,一种是存在于小学里的学前班,主要目标都是为了帮助儿童进入小学做好认知和心理准备。值得注意的是,近年来中国更为注重发展 3—6 岁儿童的学前教育,3 岁前儿童的保育和教育的发展相对滞后。从 2019 年国务院办公厅发布《国务院办公厅关于促进 3 岁以下婴幼儿照护服务发展的指导意见》(国办发〔2019〕15 号)开始,我国才开始更多地关注 3 岁前儿童的保教服务工作,湖北省和武汉市也开始着手建立地方标准和服务规范。相比较而言,德国学前教育机构更为多元化,能够满足各种家庭和儿童的多样化需要,且比我国更加关注和发展 3 岁前的儿童保教服务。

2. 幼儿园班级规模及教学组织形式

与国内幼儿园的规模相比,德国幼儿园的规模相对很小,多数幼儿园不超过 100 个幼儿,大部分幼儿园只有三四个班(或小组),每个班(或小组)一般不超过 20 个孩子,且多采用混龄编班(或编组),幼儿园通常由 0—6 岁不同年龄段的幼儿混合组成各个班级(德国很多幼儿园称为"小组")。在全日制幼儿园,3—6 岁儿童的师生比为 1∶9。通过异质分组,强调尊重不同年龄幼儿的相似性和相异性。这也与他们的教育理念紧密相关,即在幼儿园教育中,主要以游戏和幼儿自主活动为主,这就不必要求儿童有相近的认知水平和理解能力。在此前提下,混龄编班,可以更好地发挥年长幼儿带领年幼幼儿学习、活动和交往,即"大带小"的积极作用,有利于培养幼儿互助、关爱、集体、团队等意识,有利于发挥和培养幼儿的个性,增强其社会适应能力,也便于每个孩子得到适宜的教育。当然,这也与德国"两孩儿"或"多孩儿"的家庭结构相对应,是对家庭教育的有力补充。

我国《幼儿园工作规程》指出,幼儿园规模一般不超过360人,幼儿园每班幼儿人数一般为小班(3周岁至4周岁)25人,中班(4周岁至5周岁)30人,大班(5周岁至6周岁)35人,混合班30人。幼儿园可以按年龄分别编班,也可以混合编班。目前中国幼儿园通常采用按年龄编班的原则,即同一年龄段的幼儿编到一个班,甚至在同一个年龄段的几个"平行"班级中,一些幼儿园会将同龄孩子按照出生的季度(月份)分成4个月龄段,根据月龄段再分班。根据教育部2013年颁布的《幼儿园教职工配备标准(暂行)》,全日制幼儿园保教人员与幼儿比为1∶9—1∶7(见表1-2和表1-3)。

表1-2 不同服务类型幼儿园教职工与幼儿的配备比例

服务类型	全园教职工与幼儿比	全园保教人员与幼儿比
全日制	1∶7—1∶5	1∶9—1∶7
半日制	1∶10—1∶8	1∶13—1∶11

表1-3 幼儿园班级规模及专任教师和保育员配备标准

年龄班	班级规模(人)	全日制		半日制	
		专任教师	保育员	专任教师	保育员
小班(3—4岁)	20—25	2	1	2	有条件的应配备1名保育员
中班(4—5岁)	25—30	2	1	2	
大班(5—6岁)	30—35	2	1	2	
混龄班	<30	2	1	2—3	

德国幼儿园的教学组织形式多是以小组活动或个别教学为主,基本不组织全班性的集体教学活动,幼儿可以自由选择活动内容,而中国幼儿园的教学组织形式则包括集体教学、小组活动和个别教学等几种形式。虽然近年来,我国也特别强调游戏在幼儿发展中的重要作用,但在当前,采用最为广泛的仍然是集体教学活动,活动内容与形式更多地是由教师决定的。

武汉市在班级规模和教学组织形式上与全国标准基本一致。只有极个别幼儿园用游戏活动完全代替了传统意义上的集体教学活动。

无论是班级规模还是教学组织形式，德国模式都更有利于培养幼儿的个性和社会性，也能更好地因材施教。

3. 学前教育经费投入

德国共有16个州，实行联邦制，中央政府有行政、立法和司法权，各州拥有《德国基本法》所保障的地方自治权力，在教育上各州则拥有独立的教育自主权。德国学前教育尚没有纳入义务教育范畴，由各州文化事务部门管辖，联邦只负监管职责，具体管理则由地方青少年局负责（只有巴伐利亚州直接归州教育部管理）。地方的青少年局有整体规划当地学前教育发展的责任，保证提供相应的幼儿教育机会。德国的幼儿园经费由联邦、州和地方政府共同负责。经费主要来源于地方政府，全国平均占85%，联邦根据相关法律给各州提供补贴。其余的则由家长交费、主办机构自筹和少量的州政府补贴所构成。各州在经费结构上差别很大，柏林、汉堡、不来梅等州政府有直接投入，下萨克森州政府完全没有直接投入。各州在家长交费上也存在较大差别，有的州上小学前最后一年幼儿园免费，莱茵兰-普法尔茨州自2010年起幼儿园全部免费。

2010年以前，与发达国家相比，德国政府对学前教育的财政投入并不高，甚至也存在经费投入不足的问题。2009年其学前教育财政投入占GDP的0.63%（其中公共投入占70.2%，其他非政府投入占29.8%），低于1996年"欧盟幼儿照顾网络"的建议：学前教育经费总投入应占GDP的1%。此外，联邦政府的经费投入使用限制很多，一般仅用于基础设施建设。州和地方政府可根据地方实际灵活支配自己投入的比例，这导致德国的学前教育投入在州和地方之间差异很大。值得注意的是，公办园在学前教育中并没有绝对优势，包括财政投入上也没有政策优势，非政府组织开办的幼儿园也会从地方政府获得一定的资助。

据最新资料显示，德国的收费政策发生了较大变化，即三岁以上免费，三岁以下按家庭收入比例缴费。如柏林三岁儿童理论上每月应付入园费538欧元，这部分费用全部由政府承担，相当于儿童免费入园，家长只承担每位儿童每月23欧元的膳食费；三岁以下儿童入园需要家长承担一小部分费用，不足部分由各州政府根据幼儿园儿童数量向其发放补贴。家长自己承担的部分根据收入折算，普通工薪阶层承担的入园费用最高不超过家庭月收入的6.89%（折合466欧元），同时有两个子女入园的，家庭只需承担自付费用的80%。家庭月收入低于1875欧元的,无须自付费用。这说明近年来,德国政府进一步加大了学前教育经费投入的力度,保证了幼儿的受教育机会。

除了对幼儿园的财政投入,德国还实施一系列针对学前儿童的家庭援助项目,如家庭社会教育援助项目、家庭互助项目、临时保姆项目、家长和孩子共同活动项目、补贴家庭教育基金等,发动政府和社会力量为家庭教育提供支持、指导和优质服务。

中国的学前教育也不属于义务教育范畴,实行"国务院领导,省地(市)统筹,以县为主"的学前教育管理体制。幼儿园的经费来源主要包括中央政府投入、地方政府投入、企业或个人、家庭缴费等。据统计,我国教育经费占GDP比例已经连续7年超过4%,2017年全国教育经费总投入中学前教育经费的占比为7.65%,2018年全国学前教育经费总投入为3672亿元,比上年增长12.79%。虽然近几年我国持续加大对学前教育经费的投入,但学前教育经费在教育总投入及GDP中所占份额还相当有限。此外,中央和地方财政对公办园和民办园的投入比例存在较大差别,在城乡之间、地区之间也存在较大差异。如2011年我国农村与城市之间学前教育财政性经费比例是1:1.95,全国生均学前教育经费支出为4439.98元,而农村生均学前教育经费仅为2439.69元;2011年民办幼儿园的教育经费投入中仅有2.78%的经费来自公共财政预算经费。

中国幼儿园的收费与幼儿园的性质有关,公办园和民办园及普惠性民办园的收费均有差别。公办幼儿园,因幼儿园等级不同,在收费上略有差异,且相对收费较低。普惠性民办园则执行政府指导价,政府按照入园幼儿数量给予一定补助。民办园则根据运行成本,在政府调控范围内自主收费,价格区间浮动很大。

如何建立公平、合理、切实可行的学前教育财政投入和分担机制一直是我国关注的问题,我国制定了一系列政策不断加大对学前教育的投入,致力于促进学前教育的均衡发展。在第三期学前教育三年行动计划实施之际,我国正在努力建立与管理体制相适应的生均拨款、收费、资助一体化的学前教育经费投入机制,保障幼儿园正常运转和稳定发展。同时,根据幼儿园可持续发展需要和当地实际,我国正逐步制定公办园生均拨款标准和普惠性民办园的补助标准,进一步健全资助制度,确保建档立卡的家庭经济困难幼儿优先获得资助,并根据经济发展状况、办园成本和家庭经济承受能力,对公办幼儿园的收费标准进行调整。

4. 学前教育立法

德国的法律体系严谨，各州在遵守联邦法律的基础上制定了各自的地方法律或实施细则。德国非常重视教育立法工作。在联邦层面，涉及学前教育的法律主要有《社会法》和《儿童促进法》。《儿童和青少年福利法案》《国家学前教育质量指导条例》《托幼机构拓展法案》《幼儿园教育条例》《发展和提高学前教育质量的建议书》等对学前教育的性质、职责归属、质量等进行了规定，保证了学前教育顺利开展。《联邦和州财政平衡法》《扩大幼儿园教育联邦经济资助法》《所得税法》《联邦教育促进法》《收养中介法》《联邦休假法》等也都有相关条例涉及学前教育。1990 年 6 月首次颁布，并于 2011 年 12 月最新修订的《社会法第八部（SGB Ⅷ）：儿童与青少年扶助法》（以下简称《社会法第八部》），对幼儿入园的权利、学前机构设立和运营的审批、当地审核、机构申报和备案义务、取消运营资格等做出了明确规定。其规定满 3 岁至入小学前的儿童有权入幼儿园，公共青少年扶助机构有义务设法使这一年龄段的儿童得到相应的全日制幼儿园名额，并尽可能为 3 岁以下的儿童提供所需的幼儿园名额。2008 年 12 月颁布的《3 岁以下儿童幼儿园和托儿所促进法》，主要是对《社会法第八部》多个条款的修改以及《扩大幼儿园教育联邦经济资助法》的颁布。还包括对《联邦和州财政平衡法》《所得税法》《联邦教育促进法》《收养中介法》等法律有关条款的修改。其中《扩大幼儿园教育联邦经济资助法》对联邦政府为 3 岁以下儿童幼儿教育提供经费补贴的具体办法进行了规定。

州层面各自颁布的《幼儿园和托儿所促进法》中明确指出，幼儿园作为社会教育机构是家庭幼儿教育的补充和支持。其规定了学前教育的任务和宗旨、地方政府的整体责任和规划，开办学前教育机构的条件、范围、程序、人员和设施的配置、质量管理，幼儿园和托儿所的学制、组织、经费、管理，幼儿的报名、健康措施和家长的参与等。另外，相关的州法律还有《学前教育机构经费分摊法》《儿童和青少年扶助法》等。2013 年 8 月生效的学前教育新规规定满一周岁的儿童即有法定入园权。截止到 2014 年 3 月的统计数据显示，全德共有 66.2 万名 3 岁以下儿童入园，即已有半数的 1—3 岁儿童入园。

1995 年，我国正式颁布实施《中华人民共和国教育法》，标志着我国进入依法治教的新时期。当前，我国的教育法律法规体系正处在不断充实、完善的过程中。我国专门的学前教育法律法规主要有《幼儿园管理条例》《托儿所幼儿园卫生保健工作规范》《幼儿园工作规程》《幼儿园教育指导纲要（试行)》《幼儿园教师专业标准(试行)》《3—6岁儿童学习与发展指南》等。此外,《中华人民共和国宪法》《中华人民共和国教育法》《中华人民共和国未成年人保护法》及一些地方性法律法规对幼儿教育也有相应规定。这些法律法规成为规范幼儿园保育和教育工作的准绳,为幼儿园教育、管理等提供了法律依据。各地也出台了适合本地实际的相关法规,如武汉市出台的《武汉市幼儿园教育常规管理暂行办法》等,对规范办园行为、提升保教质量起到了积极的促进作用。但是,目前在全国范围内尚没有专门的学前教育法,多年来,各界人士正在酝酿促成学前教育法的颁布。

(三)幼儿园课程

受福禄贝尔教育思想的影响,德国历来崇尚贴近自然、生活化的幼儿园环境和游戏化的幼儿园课程。德国幼儿园课程设置没有全国统一的标准,虽然每个州都会制定自己的幼儿园教学大纲,但在具体实施过程中,幼儿园有高度的自主权。课程内容多以游戏为主,多自由活动少集体活动,德国强调生活体验,让幼儿自主活动和学习,注重儿童独立意识的培养和社会适应能力的培养,幼儿园阶段不强调基础知识教育。课程主要包括游戏、生活教育、语言教育、动作教育、韵律与音乐教育、图像与劳作性教育、事实与环境教育、实际生活与家政教育八个方面,每个方面都有其各自的目标和要求。游戏是幼儿通向真实世界的桥梁,是幼儿生活与学习的活动形式,游戏给予幼儿自由的机会,使幼儿的个性得到发展。生活教育是按照幼儿身心发展的需要及社会发展的需要,通过游戏活动促进其社会性发展。语言教育则是通过阅读图书、听故事、猜谜语等,促进幼儿的语言表达能力。动作教育主要是发展幼儿的动作能力,包括触摸、手工操作、闻气味、跳跃、跑步等,提高幼儿的行动欲望和自我创造能力,学会认识和领会世界各个部分之间的相互关系。韵律与音乐教育则是通过音乐节奏、运动、舞蹈的体验,使幼儿获得对美的感受力、想象力和心灵的陶冶。图像与劳作性教育是给幼儿提供各种各样的材料,引导他们熟悉不同的工具和技术,引发幼儿对创造性活动的兴趣,给他们设计和实施自己想法的机会,从而进一步训练他们的注意力和耐心。事实与环境教育主要是通过观察、访问不同的机构,提高幼儿对周围环境的兴趣,通过各种方式让幼儿接触事实与自然,培养幼儿环保意识;实际生活与家政教育主要是通过创设有意义的情境,给幼儿以机会,形成集体生活中必须具备的技能,如穿衣,能够使用各种玩具,认识每件重复的事件,掌握家务劳动,熟悉交通规则,学习操作一些仪器,对紧急情况做出反应等。

简单来说,德国幼儿园通过创设生活化、贴近自然的环境,采用游戏化的方式渗透以上八个方面的教育,致力于培养幼儿自我能力、社会能力、实际事务处理能力和学习能力。同时,在幼儿园中特别重视建立平等、友好、互信的师幼关系。不强调知识教学、强调真实的学习环境、重视游戏作用、崇尚自然教育、强化环保意识培养、师幼平等,这已成为德国幼儿园课程的突出特点。

中国的《幼儿园教育指导纲要(试行)》等文件曾明确指出,幼儿的教育内容应是多方面、多领域的,主要包括健康、语言、社会、科学、艺术五大领域的教育内容。这五个领域的内容相互渗透、不可分割,目的是通过不同领域的教育促进幼儿成为德智体美劳全面发展的"全人"。但受管理体制及传统应试教育的影响,幼儿园课程在公办园和民办园间存在较大差异,公办园按照《幼儿园教育指导纲要(试行)》的要求严格实施五大领域的课程,主要通过集体教学和区域游戏等形式开展,但是民办园的课程内容小学化倾向明显。多年来,尽管我们在这方面做了很多努力,但目前仍未能避免小学化的倾向,在去小学化的道路上我们仍大有可为。

(四)教师队伍

1. 教师队伍构成

(1)专兼比例。德国幼儿教师由全职教师和兼职教师两类人员构成。2013年德国学前教师人数为44.42万人,其中原东德地区9.33万人,原西德地区35.09万人。在1990年到2002年间,德国学前教师队伍中兼职教师比例有所增长,原西德地区兼职教师占学前教师总人数的比例由1990年的29.9%增长到2002年的49.4%,原东德地区兼职教师占学前教师总人数的比例由1990年的12.8%增长到2002年的79.7%。2006—2011年,德国全职学前教师的人数有所增加,但在整个教师队伍中的比例依然只有40%左右。兼职教师队伍中每周工作时间在21—32小时的最多,约占30%。兼职教师比例过高造成教师流动性大,教师队伍稳定性较差,这对儿童发展、教师自身专业发展及幼儿园管理都带来了负面影响。

我国2003—2018年基础教育阶段专任教师增长情况,如图1-2所示。2018年,我国学前教育阶段专任教师有258.14万人,从2003年到2018年,在基础教育阶段,专任教师共增长314.49万人,其中,学前教育阶段专任教师增长了187.23万人,涨幅最高,占增长总量的59.5%。

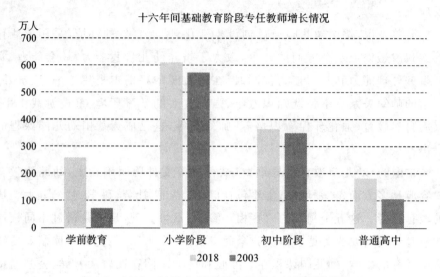

图 1-2　2003—2018 年基础教育阶段专任教师增长情况

（2）学历结构。德国幼儿教师必须拥有专科及以上学历才能进入幼儿园任职，这部分教师占 70% 以上。保育员的准入标准相对较低，其中有 25% 左右在各类职业学校接受教育并参加保育员资格考试所要求的培训，30% 左右只参加过保育员资格考试所要求的培训课程，还有超过 30% 的保育员没有资格证。学前教师队伍中也有少部分教师有大学及以上学历，但其所占比例很小，且主要在规模较大的学前教育机构中执教或担任行政领导等要职。学前教师中持有高等教育学历的教师所占比例过小（见表 1-4）。

表 1-4　2002—2009 年持有不同学历的学前教师人数百分比（%）

学　　历		2002 年	2006 年	2009 年
专科	原西德	65.8	68.6	70.2
	原东德	92.2	92.0	91.4
	总	71.6	73.7	74.6
本科	原西德	2.5	3.0	3.3
	原东德	1.1	2.1	3.1
	总	2.2	2.8	3.2
硕士	原西德	2.2	2.5	2.7
	原东德	0.8	1.7	2.5
	总	1.9	2.3	2.7

近几年，有高学历的学前教师人数有所增加。2011 年有硕士学位的学

前教师所占比例达到3.2%,2013年达到3.6%。

我国的学前教师有编制内和编制外的区别,同样也存在流动性大、教师队伍不稳定、教师持证率不高等问题。

2. 幼儿教师培养

德国通过制定"幼儿早期教育计划"及"日托机构教保人员专业训练计划",提出了有关教保人员培养的建议,要努力提升学前教育的品质,提升教保人员的素质。

(1)职前培养。德国的幼儿教师的职前培养主要有三种途径,即技术学院、大学和培训学院。

技术学院。在幼儿教师的培养上,德国的技术学院(各类专科学校和职业学校)担负着主要责任。未来的教师,在中学或职业学校毕业后,获得一年以上的工作经验,再在技术学院进修3年。前两年主要学习体育、德语、社会学、宗教教育、卫生保健、心理学、教育学、教学理论与方法、儿童文学、美术、手工、音乐、律动、游戏等教育理论性较强的课程,后一年要参加学前教育实践活动。为了提高学前教师的培训质量,在课程建设中,非常重视学前教育理论与实践的紧密联合。德国的《专科学校框架协议》中规定,只有取得了相应中等毕业文凭的学生才能被录取,并参加2—5年不等的培养和培训,学习至少2400个课时和1200小时的实践,参加并通过国家考试方能获取国家认可的幼儿教师证书。在此基础上,各州的《幼儿教师培养条例》做了更为具体的规定。

大学。从大学毕业的学前教师所占的比例较小。这些大学生在校的前三年,主要是学习学前教育基本理论,进行深入的专题研究;后一年需要参加学前教育实践活动。大学毕业后,其往往到规模较大的学前教育机构中执教、担任行政领导等要职。在大学系统学习过社会教育学、儿童医疗卫生教育,并获得本科或硕士文凭的毕业生,或者获得幼儿教育本科文凭的,可以直接向教育部门申请资质认证,通过认证则可担任幼儿园教师。

培训学院。培训学院主要培养学前教师助手,培训时间灵活多样,根据具体情况,对学生进行1—3年的培训,毕业后在学前教育机构担任教师的助手。

我国幼儿教师的职前培养有职业学校、普通高等学校等,最低学历层次标准是中专。当然,这一学历要求在全国分布不平衡,就武汉市而言,最低学历标准基本达到专科,甚至部分区和公办幼儿园要求最低学历标准是本科。近年一定比例的研究生也加入幼儿教师队伍中来。无论是何种学历层次,均需通过全国幼儿教师资证考试,才能获取幼儿教师资格证书。当然,非专业人员也可以通过该考试获取入职资格。目前,我国还没有完全实现持证上岗。此外,2012年教育部颁布的《幼儿园教师专业标准(试行)》对幼儿教师的职业核心素养和职业能力有更为具体的规定。

(2)职后培训。德国还通过其他的一些形式来培养保教工作者。在重视对未来教师进行职前教育的同时,还强调教师的在职进修,以提高师资队伍的水平,增强教师的适应能力。为提升幼儿教师的专业素养和学历水平,德国开始在不来梅大学、柏林的爱丽丝所罗门学院、巴登-符腾堡的弗莱堡大学、萨克森自由州的德累斯顿工业大学等开设幼儿教师继续进修课程,为幼儿教师提供取得大学或硕士文凭的机会。

近几年,我国针对幼儿教师的国家级、省级、市级等培训项目众多,大部分幼儿教师都能从中受益,为我国学前教育的可持续发展提供了重要保障。如武汉市每年会为新入职的幼儿教师提供集中培训,幼儿园骨干教师会有参加各类培训和学习的机会。

三、对我国办园的启示

(一)积极推动学前教育立法,保证学前教育事业持续健康发展

当前,人民群众对学前教育的需求与学前教育发展不平衡、不充分之间的矛盾仍然比较突出。为保证学前教育事业的持续健康发展,我国需加快学前教育立法步伐,以法律形式明确学前教育的地位和作用,发挥法律约束力,保障儿童和教师的合法权益。

《中华人民共和国教育法》明确规定了幼儿园教师享受与中小学教师同样的政治和经济待遇,但由于经济条件与人为的诸多因素的影响,幼儿教师的待遇仍普遍偏低,也与中小学教师在社会地位、经济收入等方面存在差距,这与我国的教育法是不相符的。改革开放以后,国家就有文件规定,教师工资不能低于当地公务员的平均水平,可是几十年过去了,一直没有得到有效地落实。2017年,中共中央办公厅、国务院办公厅颁布了《关于深化教育体制机制改革的意见》,进一步强调了要切实提高教师待遇,确保教师平均工资水平不低于或高于当地公务员平均工资水平。这一规定到现在同样尚未落实。学前教育事业发展中的诸多问题尚未得到有效解决。德国在学前教育法治建设上的经验可供我国参考借鉴,德国不仅在联邦层面有学前教育法律法规,还有各州的《幼儿园促进法》等相关法律,以确保学前教育顺

利发展。

因此,我国相关部门一方面要加速落实《中华人民共和国教育法》《关于深化教育体制机制改革的意见》等相关法律、文件的规定,另一方面要积极推动出台学前教育法,使学前教育事业的发展切实有法可依,使幼儿和幼儿教师的权益得到法律保护。通过立法明确学前教育的基础性、公益性属性,尤其要重点规范学前教育的责任归属、领导体制、管理机制、办园体制、办园标准、经费投入、教师权利与义务、教师待遇、教师入职标准等重要法律关系问题,以确保学前教育事业在法律的框架下健康有序发展。

湖北省作为教育强省,应该积极推动和参与学前教育立法工作,为确立学前教育法律地位以及推进学前教育事业更好发展贡献力量。同时,也要加快地方学前教育立法,依法推进和保障各地学前教育工作的开展。武汉市虽然在2014年9月开始实施《武汉市学前教育管理办法》,但该办法中仍有诸多问题需进一步细化,并且重点要强化落实。

(二)理顺管理体制机制,规范办园行为,提升保教质量

我国幼儿园管理存在责任部门多但发挥合力不够的问题,也存在民办园科学规范管理的问题。因此,急需建立政府统筹下各部门对学前教育事业的责任分担机制,理顺管理体制机制,强化质量监督体系,提升治理能力。强化政府监督责任,确保各类学前教育机构有序规范地运行。严格执行幼儿园准入和年检制度,实行动态监管、分类治理,妥善解决无证办园和先办园后办证的问题。加强幼儿园安全监管,建立健全安全责任制度。加强对民办幼儿园收费的管理,坚决查处乱收费行为。加大引导民办幼儿园制定合理收费区间,使得教育消费水平与市民的收入水平相匹配,在一定程度上缓解"入园贵"问题。保证政府、教育等部门对幼儿园的管理监督到位,安全、卫生、人员等确保达到最低标准。强化对幼儿园保教工作的指导和质量监督体系。强调遵循幼儿身心发展规律,坚持以游戏为基本活动,坚决防止和纠正幼儿园教育"小学化"倾向,确保幼儿园保教质量。

(三)加大财政投入,促进学前教育公平

加大政府公共财政的投入。资金投入是学前教育事业发展的前提条件。据统计,在国家财政性教育投入上,目前世界平均水平为7%左右,其中发达国家达到9%左右,经济欠发达的国家达到4.1%左右。中国早在1993年就提出要在2000年实现国家财政性教育经费占GDP 4%的目标,实际上这一目标到2010年才基本实现。虽然国家财政性教育经费投入连年增加,

但是直到2017年国家财政性教育经费也只占GDP的4.14%左右,并没有实现大幅度突破。而学前教育经费在教育经费总投入中只占7.65%的份额,这与学前教育事业的公益性和基础性性质是不匹配的。为了解决学前教育资源供给不足尤其是经费不足的问题,我们应进一步加大政府财政投入,提升学前教育经费支出及支出占比。在经费投入上也应努力缩小城乡之间、地区之间、园所之间的差距,促进学前教育事业均衡和公平发展。尤其是在民办园占比大、发展不平衡的背景下,各地要加大对民办园的支持、投入、指导和管理,减轻家庭负担,缓解社会矛盾,保证适龄幼儿接受学前教育的权利。同时,各地也应根据实际,积极探索适合各地区生均教育经费投入标准,不断加大政府财政投入,进一步缓解学前教育资源(尤其是普惠性资源和优质资源)紧张、"上幼儿园难""上幼儿园贵"等民生问题。

我们可借鉴德国经验,加大对家庭尤其对处境不利家庭的支持和援助,通过免除入园费用、进行经费资助等方式,确保处境不利家庭的儿童有机会享受学前教育,保证特殊儿童入园权利,推进教育公平发展。

(四)坚持儿童成长价值取向,促进幼儿全面和谐发展

我们已经深刻认识到我国长期以来过度强调"学习价值取向"的弊端,许多教育家提出"成长价值取向"才应是我国幼儿教育发展的正确走向。德国幼儿教育强调通过创设贴近自然、生活化的环境,以及幼儿在真实环境中的体验和实践来培养幼儿的认知、情感和社会性发展。其突出强调游戏在幼儿园教育中的重要性,德国幼教工作者普遍认为,玩是幼儿最重要的活动,也是幼儿园里最重要的课程,幼儿在玩中学习和掌握技能、培养合作意识、发展想象力和创造力,在游戏中获得全面和谐发展,从而培养"完整的人"。同时,德国幼儿教育秉持师幼平等的理念,在教育中充分尊重幼儿的主体性,让幼儿自主选择活动,促进幼儿个性发展。

虽然我们已经认识到游戏和适宜的环境对儿童成长的价值,但是有些幼儿园的游戏还流于形式,并非"真游戏",环境的塑造完全成为教师个人的事,在幼儿园课程中有太多成人参与甚至控制的痕迹,这在很大程度上限制了孩子主体性的发挥,也在一定程度上限制了孩子的发展。因此,我们应在树立正确的儿童观的基础上,充分尊重和信任幼儿,让儿童成为幼儿园环境塑造和幼儿园课程的主体,通过幼儿的体验、操作、游戏、互动实现其对外界事物及社会关系的认识,培养幼儿的认知能力、动手能力、合作意识、心理品质及良好个性,真正促进其全面和谐发展。

（五）实施幼儿教师素质提高工程，提升教师队伍素质

教师队伍的整体素质是影响学前教育事业发展的关键要素。若要彻底转变观念和扭转"小学化"倾向，就要从根本上提高教师包括管理人员的素质。通过实施幼儿教师素质提高工程，建设一支满足事业需要的、兼具规模和质量的幼儿教师队伍，这直接决定学前教育事业的兴衰。

严格幼儿教师准入制度。学前阶段对于儿童的未来发展具有奠基作用，对教师的职业道德、职业规范、职业操守和职业素养都应有更高的要求。因此，幼儿教师的准入必须实现全员"持证上岗"，且对非师范、无专业背景、跨专业持证上岗的教师进行一定期限的专业培训，而后才能上岗。在职前培养上，提高学前教育专业的入学门槛，招收思想文化素质较高的学生从事学前教育专业。实施学前教育专业免费师范生的优惠政策，吸引更多优秀人才从事学前教育事业。

提升幼儿教师学历定位标准。多年来，我们对幼儿教师最低学历标准的定位是中专，而且这一局面在全国范围内短时间不会有太大变化。但是在经济不断发展和人民群众对高水平、优质学前教育需求日益强烈的情况下，提升幼儿教师定位标准是必然趋势。各地可以根据实际因地制宜，确定幼儿教师入职学历标准。近年来，武汉市已着力解决教师规模和数量问题，但随着事业发展的需要，我们必须在保证规模的同时，不断提升幼儿教师队伍的整体素质，我们可以考虑加大学前教育专业全日制本科生的培养力度，充分利用高校的优秀资源培养高水平的幼教师资，分步提升幼儿教师学历标准。

加强幼儿教师职后培训实效性。虽然近年来从中央到地方对幼儿教师的职后培训力度较大，但仍不能很好地满足幼儿教师自身专业成长和素质提升的需要，一是因为培训内容的针对性有待加强，二是培训对象的选择有待更加科学合理。基于此，我们要不断研究并完善幼儿教师培训制度，建立多层次、多形式、多元化的幼儿教师培训体系，并与教师的任职资格、职务晋升等挂钩，促使教师不断学习，提高自身专业水平，从而不断提高教师队伍的整体素质。

加快学前教育领域人事制度改革，完善教师职称制度改革，打通教师发展通道；依法落实幼儿教师地位、待遇、职称评定和社会保障等权益，稳定幼教师资队伍，使幼儿教师真正成为有吸引力的、受人尊重的职业。

（六）关注3岁前儿童保教服务，推动托育一体化发展

从2013年8月起，德国新《幼儿教育促进法》已经规定满一周岁的儿童

就有入园的权利。与之相比,我国3岁以下儿童的保教工作相对滞后,甚至在相当一段时间内,这项工作处于停滞状态。随着社会经济快速发展和二胎政策的实施,越来越多的家庭对3岁前儿童的保教服务需求旺盛,促使我们开始关注3岁前儿童的保教服务。在这方面,上海走在全国的前列,已经积累了一定的管理经验,也在一定程度上缓解了供需矛盾,但面对巨大的需求,仍要加速发展。2019年4月,国务院办公厅发布《国务院办公厅关于促进3岁以下婴幼儿照护服务发展的指导意见》,指出要加快发展多种形式的婴幼儿照护服务,支持社会力量兴办托育服务机构,旨在推动全国3岁以下婴幼儿照护服务工作的发展。受市场驱动,包括武汉在内的很多地区开始积极推动针对3岁前婴幼儿保教服务的托育机构的成立,在这样的背景下,政府和相关部门一定要加大对托育机构的指导和监管力度,保证其健康发展。同时,借鉴德国经验,在条件较好的幼儿园推进托育一体化办学和管理,以最大限度发挥优质学前教育资源的社会效益。

(七)重视早期家庭教育,强化家园合作育人

德国十分重视家庭教育和家园合作,并建立了相关法律法规,明确家长有参与幼儿园教育的权利和义务。《幼儿园促进法》明确指出幼儿园教育是对家庭幼儿教育的补充和支持;同时规定,包括保证教师与家长的合作,通过成立家长委员会(有区家长委员会和州家长委员会)和幼儿园委员会共同参与和决定重要事项等,鼓励家长共同参与幼儿园活动。但我国的家园合作多流于形式,家长大多数情况下是参观者和旁观者。因此,我们应借鉴德国家园合作经验时,一方面要加强对家庭学前教育的指导,另一方面要切实强化家园合作,使家庭和学校教育形成强大的教育合力,最大限度地促进儿童全面发展。

此外,德国的学前教育机构多元化、混龄编班模式、重视幼小衔接、强调环境保护等也给我国带来诸多启发,我国应结合实际、取其精华、为我所用。

总之,虽然近年我国学前教育事业发展迅速,但由于基础薄弱,学前教育师资队伍缺口严重与幼儿教师流动性大、普惠性学前教育资源短缺与人民日益扩大的高质量学前教育需求等矛盾仍然非常突出,我们必须加强管理、理顺关系、注重监督、深化改革、促进发展,不断夯实学前教育基础,推动学前教育可持续发展,解决民生问题。

第三节 中日学前教育比较

依托强大的经济实力,日本政府大力发展学前教育,其整体水平已走在了世界的前列。日本与我国地理位置相邻,文化背景相仿,学前教育的发展历程也存在诸多相似之处,如相对西方国家来说起步较晚,都经历了向欧美国家学习和本土化发展的阶段。通过了解日本学前教育的发展状况,有利于我国借鉴日本办园体制、师资队伍建设、教育内容等多方面的发展经验。

一、日本学前教育发展历程

自1876年成立第一所幼儿园——东京女子师范学校附属幼儿园以来,日本学前教育的发展大致经历了三个重要的阶段。第一阶段是二战前的法治化时期。20世纪初,随着幼儿园数量的不断增加,针对幼儿园规范化建设的条令相继出台。1926年,《幼儿园令》的颁布标志着日本学前教育开始走向法制化的道路。第二阶段是二战后的制度化时期。1947年,文部省(现文部科学省)颁布了《儿童福利法》《学校教育法》,1948年又颁布了《保育大纲》,保育园和幼儿园二元(双轨)学前教育体制得以确立,日本学前教育基本实现了制度化。第三阶段是稳定发展期。20世纪60年代,日本政府开始实施幼儿教育振兴计划,幼儿入园率逐渐提高,到70年代增加至53.7%,名列世界前茅。20世纪90年代后,日本制定了《紧急保育对策等五年事业》《全国儿童计划》等政策法规,由此,日本的学前教育模式基本确立。历经百年的发展,日本学前教育体制相对健全,管理也比较系统规范。但随着21世纪全球化与信息化的加剧,如何使得学前教育人才培养更好地与未来接轨、如何实现学前教育的义务化与平等性,仍然是目前日本学前教育有待解决的问题。

二、日本学前教育发展现状

(一) 机构设置

长期以来,日本学前教育机构一直由保育所和幼儿园组成。保育所主要招收1岁到学龄前的儿童,但近年逐渐前移至0岁新生儿。幼儿园主要招收3岁到学龄前的儿童。虽同属学前教育机构,但二者性质有所不同,前者源于帮助低收入的生活困难家庭,是依据厚生劳动省颁布的《儿童福利法》设立的，归厚生劳动省管辖，属于儿童福利机构，以保育为主。后者依据文部科学省颁布的《学校教育法》设立，归文部科学省管辖，属于学校教育体制，以教育为主。依据设置主体不同，保育所和幼儿园都有公立和私立之分。无论何种性质的保育所、幼儿园，都可分为政府认可和非认可两类。"认可保育所/幼儿园"需要依据国家标准设立并获得审批。国家标准具体且详细。保育所设置标准包括幼儿与保育士比例、设备、保育时间、灾害对策、园舍要求、幼儿的待遇、意见对策等内容。幼儿园设置标准除了幼儿人数、园址园舍及运动场地、设施设备等内容外，还有一些关于专任教师、幼儿园名称等规定。"认可保育所/幼儿园"可以获得政府的运营费补助，老师的福利待遇好。"非认可保育所/幼儿园"在设置上达不到国家标准，绝大多数得不到政府的运营费补助，其规模、质量、老师的稳定性比不上"认可保育所/幼儿园"，但在保育教育时间和形式上较为灵活，可以满足有特殊要求的家庭。

  在"男主外、女主内"的传统日本家庭结构中，很多母亲全职在家照顾孩子，二元化学前教育制度可以满足社会的托育要求。但随着女性就业率的提升和少子化的加剧及原有"二元制"的局限，出现了保育所的儿童骤增而幼儿园利用率不高的双向问题。为了适应多样化的社会需求，解决"二元制"的双向问题，日本政府于2006年正式推行"认定儿童园"制度。认定儿童园是一种新型学前教育机构，力求将保育所和幼儿园的优点融为一体，兼顾保教双重职能。认定儿童园招收0岁到学龄前的儿童，归文部科学省和厚生劳动省联合设置的"幼保衔接推进办公室"管辖。认定儿童园招收儿童方式灵活、年龄范围扩大、保育时间延长，且认定权限下放给地方政府，便于因地制宜，为日本的保教一体化开辟了新的道路。认定儿童园制度确立后发展迅速，据统计，截至2015年4月，日本认定儿童园2836所，和2014年的1360所相比，增加了1476所，增长了近一倍。目前，保育所、幼儿园、认定儿童园是日本较主要的学前教育机构，三者在招收对象、录取方式、开设目的、保育教育内容依据等方面各有特色，具体比较见表1-5。

表1-5 保育所、幼儿园、认定儿童园比较

名称	保育所	幼儿园	认定儿童园
招收对象	缺乏保育的0岁至学龄前儿童，原则上父母需在职	3岁至学龄前儿童	0岁至学龄前儿童

续表

名称	保育所	幼儿园	认定儿童园
录取方式	由地方公共团体依据保育需求程度等条件进行审查,在市、町、村教育委员会办理录取手续	由幼儿园审核,直接在幼儿园办理录取手续	由认定儿童园审核,直接在园所办理录取手续
开设目的	对缺乏保育的乳幼儿进行保育(儿童福利法第39条)	为以后的义务教育奠定基础,提供适合幼儿的成长环境,促进幼儿身心健康发展(学校教育法第22条)	促进幼保一体化,对学龄前儿童实施保育、教育
基本类型	公立:地方公共团体运营,公建民营的情况增加 私立:社会福利法人等运营	公立:国家、地方公共团体运营 私立:学校法人运营	幼保联合型:认可幼儿园与认可保育所联合运营 幼儿园型:以认可幼儿园为基础,增加保育职能 保育所型:以认可保育所为基础,增加幼儿园职能 地方政府审定型:无幼儿园、保育所基础,由地方政府按照自定标准认定
保教依据	保育所保育指南	幼儿园教育要领	保育所保育指南、幼儿园教育要领
保教时长	标准8小时,一些保育所会延长时间	标准4小时,私立园有所延长	依实际情况自行设定

(二)经费投入

日本的学前教育尚未纳入义务教育范围,学前教育的费用需要国家、地方政府和个人共同承担。保育所的运营费用中,大约60%是个人承担,剩余约40%的经费依据保育所的性质而定。公立保育所由市、町、村政府承担,而私立保育所则由国家政府承担1/2,地方政府承担1/4,市、町、村政府承担1/4。为进一步满足社会的多样化需求,鼓励保育所延长保育时间,厚生劳动省要求对延长保育时间的保育所发放相应的补助金。保育所对家庭的收费依据国家公布的保育费征收标准，由家庭收入和儿童的年龄确定。

与其他发达国家相比，日本政府对学前教育的财政投入并不高，以首都东京为例，2011—2015年，幼儿园教育经费在学校教育经费中的占比仅为1.2%—1.3%。日本家庭需要负担高额的学前教育费用，尤其是私立幼儿园，费用较高，学费大约是公立园的2—3倍。而截止到2012年，日本幼儿园共计13170所，其中私立幼儿园8197所，占幼儿园总数的62%，私立幼儿园幼儿人数占在园幼儿总数的80%。为了让更多学龄前儿童接受幼儿园教育，缩小私立园与公立园之间的差距，文部科学省制定了幼儿园保育费减免、私立幼儿园入园奖励政策，依据家庭收入和家庭结构给予对应的补助，在此基础上，地方政府还可以依据实际情况再予以优惠。总体而言，入私立幼儿园、低收入家庭、多子家庭获得的补助更多。文部科学省的保育费减免政策在全国范围内实施，但各个地方政府的补助政策不尽相同，有的补助入园费、毕业纪念品费，有的发放祝贺金、教材费等。

尽管日本学前教育财政性投入比例不高，但其总体经济基数较大，加上系列补助金制度的实施，2011年，日本学前教育公共财政投入占学前教育总投入的93%，学前教育生均经费5591美元，远高于我国同期数据。我国同期学前教育公共财政投入比例为40.8%，生均经费460美元。近年来，日本政府致力于研究学前教育的义务化与无偿化，并取得一定成效。2018年，文部科学省公布了幼儿教育无偿化的推进状况，决定从2019年10月1日起，免除所有3—5岁儿童在保育所、幼儿园和认定儿童园托育的一切费用。

（三）师资队伍

1. 幼儿园教师资格制度

想要在日本的学前教育机构任职，无论是公立还是私立，所有的教师都必须持证上岗，但不同机构对任职资格的要求有差异。保育所的老师被称为保育士，《保育所保育指南》规定，保育士的专业性体现在保育士的伦理道德、知识、技艺及判断能力。毕业于厚生劳动省指定的有保育士专业的职业学校、大专或大学可以直接获得保育士资格。其他人员必须通过保育士资格考试。保育士资格考试一年举行两次，包括笔试和技能考试两部分。报考保育士需要大专学历，如果是高中毕业，需要有两年以上在儿童福利机构工作的经历，初中毕业则需要五年工作经验，在读大学生修满62个学分后也可以参加考试。历年保育士的笔试合格率很低，大约为11%—14%。笔试科目十门，包括社会福利、儿童福利、发展心理学、精神保健、小儿保健、小儿营养、保育原理、教育原理、保健原理、保育实习理论。技能考试则是在音乐、绘画制作和语言中选择两项进行考核。

　　日本对幼儿园教师资格证的种类、级别及相应要求的规定均非常细致。幼儿园教师依据《教育职员执照法》规定,持相应教师资格证上岗。幼儿园教师资格证分为特别教师资格证、普通教师资格证和临时教师资格证。特别教师资格证需要由地方教育委员会推荐,只在地方范围获得认可,必须具备学士以上学历、有特别的知识或技能。普通教师资格证在全国通用,既有专业的划分也有等级的划分。按专业分,可分为一般教师、保健教师和营养教师,每个专业又细分为专修证、一种证、二种证三个等级。不同的等级对学历的要求也不一样,专修证要求硕士毕业,一种证要求大学毕业,二种证要求大专毕业。临时教师资格证是按地方政府制定的条件来聘任,也分为一般教师、保健教师和营养教师。临时教师资格证每3年更新一次,其他类型的每10年更新一次。教师资格证的获取有两种途径,一种是修满规定的大学教育专业学分,不同等级的教师资格证对应的学分不一样。还有一种是参加幼儿园教师资格考试,考试每年举行一次,参加考试获得的资格证是二种证。满足一定条件后,幼儿园教师资格证是可以升级的,如具备5年优良工作经验、教职课程修满45学分,二种证即可升级为一种证。

　　认定儿童园肩负保育所和幼儿园的双重功能,其教师资格一直难以明确定位。2012年修订的《认定儿童园法》规定,认定儿童园的教师职称为保育教谕,保育教谕要同时具备保育士和幼儿园教师资格。为鼓励现有教师向认定儿童园教师转型,在规定实施的五年内,保育士或幼儿园教师可以通过简化措施取得保育教谕资格。例如,具备4320小时(6小时×20天×3年)工作经验的保育士修满5门指定课程学分就可以获得幼儿园教师资格。有4320小时工作经验的幼儿园教师参加保育士资格考试,可免除相应笔试科目及技能考试。

　　2. 幼儿园教师的地位与待遇

　　1997年,保育所职员的专业性通过《儿童福利法施行令》得以确立。《儿童福利法施行令》将保育所职员改称为保育士,强调保育士的专业性、不排除男性的职业定位,保育士的地位得到了极大的提升。日本《教育公务员特例法》规定,公立幼儿园教师同其他学段教师一样,属于教育公务员,具有同等的身份和法律地位。以法律形式明确教师的身份地位、提供高于一般国家公务员五分之一左右的优厚薪资待遇,这有效保障了自二战后至今的几十年间幼儿园教师队伍的稳定与发展。但2018年相关数据显示,总体来看,日本幼儿园教师和保育士的工资待遇并不高。日本全国幼儿园教师2012—2016年的年均收入大约335万—348万日元,保育士大概309万—327万日元,远低于全国学校教育的年均收入626万日元,也低于教育相关行业年均收入434万日元。这和日本私立幼儿园占据大半壁江山有关,以东京为例,2013—2017年,东京在职幼儿园教师稳定在10700—10850人,其中私立幼儿园教师9800—10000人,是公立幼儿园教师的11倍。私立幼儿园教师待遇参差不齐,直接影响幼儿园教师整体工资水平,这也是造成日本幼儿园教师短缺,师幼比较低的重要原因。

3. 幼儿园教师的在职培训

日本《教育公务员特例法》明确规定,教育公职人员必须进行职后研修。接受在职培训既是幼儿园教师的权利,也是义务。培训组织部门主要是国家、地方教育委员会和学术团体。幼儿园教师在职培训贯穿整个教师职业生涯。其中,新入职和工作满10年的教师培训是法定的。新入职教师的培训分为园外培训和园内培训,园外培训是由各地教育委员会安排的,园内培训则更贴近岗位实际情况,由有经验的老教师带领或专门的指导员指导。工作满10年的教师先接受园外培训,再接受园内培训,贯穿全年。还有专门针对工作满5年和20年的教师培训。此外,在教师资格证需要更换或者升级时,教师也必须完成规定的在职培训。保育所的教师培训除了依托国家政府、地方行政部门和学术团体外,也经常在园所内开展学习会,学习会的内容形式各异,主要是交流教育理念、加强互相学习、促进共同提升。

(四)教育内容

1. 幼儿园课程

1956年,日本文部科学省出台了《幼儿园教育要领》,明确规定了幼儿园的教育内容。《幼儿园教育要领》是幼儿园制定课程的国家标准,自出台以来进行过五次修订,最近的一次修订是2017年,新修订版于2018年开始正式实施。《幼儿园教育要领》规定幼儿园的教育内容为五大领域,有关身心健康的健康领域、与人交往的人际关系领域、与周围环境互动的环境领域、语言能力获得的语言领域、关于感受性与表达的表现领域,如表1-6所示。

表1-6 五大领域及目标

领域	目标
健康	培育健康的身体和心灵,培养幼儿自己开展健康安全生活的能力
人际关系	培养幼儿自立性和与人相处的能力

续表

领域	目标
环境	培养幼儿对周围环境产生好奇心和探究意识,并将这种能力运用到生活中
语言	用自己的话表达经历过或内心所想的事情,培养倾听的意愿和态度以及用语言表达内心的能力
表现	通过自己表现感受到的、想到的事物,培养幼儿的感受性、表达能力和创造性

为了提高教育与社会的适应性,应对日益复杂的挑战,日本从国家宏观层面研究未来人才所需要的资质与能力,并将培养学生未来所需的资质与能力作为主要出发点,对学校教育课程的目标、内容与评价进行系统改善。幼儿园教育应培养的资质与能力、幼儿入学前应达到的理想状态是新修订版《幼儿园教育要领》的一大亮点,其可以概括为"三大支柱与十项目标"。"三大支柱"是指适应未来社会所需的资质与能力,即知识与技能的基础,思考力、判断力、表现力等基础和学习力、社会性等基础。"三大支柱"贯穿日本幼儿园、小学、初中、高中以及特殊教育整个教育系统,每个学段的教育都是为了培养学生这三大模块的能力,不同学段的能力培养目标相互联系,其中,幼儿园阶段是奠定基础的重要时期。"十项目标"紧密围绕"三大支柱",是幼儿期发展的终结性目标,包括健康的身心、自立心、合作性、思考力的萌芽等内容。"三大支柱"不仅是幼儿园课程设计的重要依据,也是幼小衔接工作的基本点,而"十项目标"则是幼儿园教师与小学教师需要共同明确的幼儿入学前应达到的理想状态。

2017年,与《幼儿园教育要领》一起修订的有《保育所保育指南》《幼保连携型认定儿童园教育、保育纲要》和小学及小学以上《学习指导要领》。《保育所保育指南》《幼保连携型认定儿童园教育、保育纲要》中,对1岁以上儿童的保育、教育内容都围绕"三大支柱",且包含五大领域,有效促进了不同学前教育机构间的关联,有利于提升学前教育的整体质量。同时,《学习指导要领》在教育目的和目标制定上与《幼儿园教育要领》保持连续性和一贯性,为幼小衔接提供了制度保障。

2. 幼儿园行事活动

行事是指日本幼儿园、保育所常年例行的较大规模的庆祝活动,幼儿园、保育所的教育活动主要围绕一年中各种各样的行事活动展开。行事活动虽不是每天的日常活动,但作为重要的教育途径,其与日常保育相互联系,共同实现预期教育培养目标。行事活动主要可以分为三类:第一类是国民行事,如国庆节、文化日等有关国民生活、国家政治的行事;第二类是社会行事,如端午、七夕、打年糕等民间传统节庆民俗行事;第三类是幼儿园行事,如入园式、毕业式、运动会、成果展示会、远足等幼儿园的重大活动。在开展各类行事活动时,幼儿园一般都会围绕活动主题,选取贴近幼儿生活实际的内容,将五大领域的发展有机联系起来,鼓励全员参与。

行事活动是日本民族特有的生活方式,民间也经常自发举行。幼儿园举办行事活动具有社会性和开放性,社区、家长和附近的居民都乐于参与,甚至提供无偿服务,加强了幼儿园和家庭、社区的联系,也扩大了幼儿的生活范围。行事活动常常富有仪式感,特别是传统民俗活动,围绕特定的民族文化主题,通过特定的服装、奏乐、程序仪式等营造出庄严神圣的氛围,幼儿受到熏陶并感到震撼,印象深刻,久不能忘。有专家总结说,幼儿园一年中的行事活动是留在幼儿心中永远的一片故土。日本《现代与保育》杂志还专门设置了一个刊登成年人回忆幼儿园时代参加各种行事活动的专栏。日本强大的民族凝聚力也是在此基础上逐渐形成的。如果说"三大支柱、十项目标"着眼于培养适应全球化、信息化发展的未来人才,那么行事活动则致力于增强对地域民族生活方式、文化精神的认同感,将二者有机融合,有利于世界性核心素养的养成和本民族文化的传承。

三、对我国办园的启示

(一)健全学前教育政策和体制,促进其健康持续发展

日本系列相关法律法规为学前教育的发展奠定了坚实的基础。《学校教育法》《儿童福利法》为保育所与幼儿园并立的双元教育体制提供保障,而当社会需求发生改变,原有教育体制需要变革时,为推进幼保一体化的实施,日本又颁布了《认定儿童园法》。相对而言,我国学前教育的发展还处于探索阶段,没有专门的法律。尽管近年我国高度重视学前教育的发展,出台了系列规章制度和法规性文件,但其约束力、约束范围远比不上法律。一方面,未经许可的"山寨"幼儿园依然存在。以武汉市为例,仅2018年武汉市就摸排无证幼儿园378所。另一方面,0—3岁婴幼儿教育缺乏相应的监管机构和政策支持。当然,我国学前教育的立法准备工作已经全面开展,但在众多关键问题上仍需社会各界共同努力达成共识,逐步建立长效机制,为学前教育体制的高效运行提供全面可行的实施细则。

在建立学前教育发展的长效机制中,普惠性幼儿园的发展政策和体制不容忽视。我国普惠性幼儿园在一定程度上和日本的认定儿童园一样,是在社会发展的推动下应运而生的。随着"入园难""入园贵"的问题日益凸显,加强普惠性幼儿园建设逐渐成为解决矛盾的重要举措。自2010年11月国务院办公厅发布的《国务院关于当前发展学前教育的若干意见》明确要求"积极扶持民办幼儿园,特别是面向大众、收费较低的普惠性幼儿园发展"以来,鼓励普惠性幼儿园发展成为国家层面的政策指导,各地普惠性幼儿园发展迅速。2017年,武汉市新改扩建公益普惠性幼儿园34所,新增学位7630个。2018年,新改扩建公益普惠性幼儿园54所,新增学位1.2万个。经认定的普惠性民办幼儿园数量扩大至804所,惠及幼儿增至15.65万人。2019年,武汉市继续新改扩建公益普惠性幼儿园。然而,面对如此迅猛的发展趋势,普惠性幼儿园应如何认定、政府对普惠性幼儿园应采取哪些优惠扶持政策,国家制度层面并未做具体规定,而是由各省市依据区域情况,自主制定普惠性民办幼儿园的认定标准、监管制度及扶持政策,这就导致各地区间出现较大的发展差距。日本认定儿童园是根据国家统一制定的《认定儿童园法》进行认定的,《认定儿童园法》是最低标准,地方政府在《认定儿童园法》的基础上制定符合自身实际的规章制度,这不仅从根本上确保了认定儿童园的办园质量,也一定程度上放权给各级政府,对我国当前普惠性幼儿园的发展具有一定的参考价值。

(二)提高学前教育财政投入效率,加大公共财政投入

据统计,2010—2015年,我国学前教育经费在教育经费总量中占比最高达6.72%,超过日本同期数据,这表明我国对学前教育的经费投入并不少。目前已有较多数据统计政府对学前教育的投入,却缺乏对投入效率的评估,经费投入是否合理、能否解决我国学前教育发展中的问题是急需评估的。在学前教育财政投入中,公共财政投入是保证学前教育公平的重要手段,具体措施包括举办公立园、购买民办园服务、税费抵扣等。2011年,我国学前教育的公共财政投入仅占学前教育总投入的40.8%,而日本为93%,学前教育的公共财政投入上存在较大差异。日本政府通过系列优惠政策,如幼儿园保育费减免、私立幼儿园入园奖励、依据家庭收入和家庭结构给予对应的补助等,帮助更多的学龄前儿童接受幼儿园教育。

虽然当前我国学前教育的供求矛盾有了一定程度的缓解,但学前教育依然是整个国民教育体系中最薄弱的环节,"入园难""入园贵"的问题仍是

人民较为关心的问题。据武汉市统计局提供的数据,2014年年底,武汉市户籍人口大约830万人,流动人口298万人,总人口约1130万人。2011年到2015年,武汉市常住人口流入平均每年超过14万人,大学生留汉工作的比例从2009年之前的5%左右上升为约15%,2014年全年,武汉市净流入人口11.8万人。而根据规划,到2020年,武汉市常住人口将达1200万人。伴随着人口的急剧增长,其对学前教育的刚性需求增量也必然随之扩大。截至2015年,武汉市共有学前教育机构1185所,其中民办性质的有874所,占比74%,公办性质的仅有311所,占比为26%。以洪山区南湖片区入园现状为例,2015年洪山区公办性质(含政府办、大学办、部队办、企事业单位办)幼儿园26所,其中教育局举办的为3所,而南湖片区内共计只有3所公办园。在对已入园及计划入园的12347组家庭调查中发现,超过50%的家庭倾向于选择公立园,但受现实因素影响,公立园"门槛高"进不去,迫于无奈,只能选择私立园。在接受调查的7598组家庭中,入读公立园的仅707户,占比为9.31%,90.69%的家庭入读的是私立幼儿园。私立园收费高,南湖片区大部分家庭月均收入在5000—8000元,入读私立园的家庭平均每月入园花费大约在1801—2600元,约占整个家庭收入的23%—52%,家庭承担的经济压力很大。因此,在我国"入园难""入园贵"的问题仍未从根本得到解决的背景下,更应加大公共财政投入。通过增加公立园、推动普惠性幼儿园建设、奖励资助私立幼儿园、给入园幼儿家庭发放津贴、入园家庭税收减免优惠政策等途径解决"入园难""入园贵"的问题,公共财政投入向西部、农村和低收入、特殊困难家庭倾斜,促进资源的有效配置和教育的公平。

(三)完善幼儿园教师准入制度,重视职后培养的有效性

日本幼儿园教师资格准入制度最鲜明的特点是严格且灵活。教师必须持证上岗是硬性的法律规定,与教师资格相对应的学历条件、适应范围、更新期限、等级、种类等都有严格要求。日本政府为解决认定儿童园的师资问题,针对实际情况,制定了弹性化标准,在一定期限内放宽保育教谕的准入条件,因时因地制宜。我国一方面虽有教师资格制度,但其不具备法律效力,在职教师中还存在没有幼儿园教师资格证的情况,尤其是民办园。通过对武汉市某声誉较好的民办幼儿园的调查发现,38名教师中有22人具有幼儿园教师资格证,16人没有取得幼儿园教师资格证。也就是说,该幼儿园有42%的教师未取得资格证书就上岗了,现实状况令人担忧。另一方面,幼儿园教师资格证类型单一、无等级差别,既打消持证教师晋升的积极性,又难

以满足幼儿园对教师的多样化需求层次。因此,应该加强教师资格认定制度管理,严守教师准入的"门槛",同时从实际问题出发,设定灵活多样的准入标准,以满足多样需求。

此外,自实施学前教育三年行动计划以来,我国幼儿园教师的在职培训,如国培计划、省培计划等都在如火如荼地进行着,在职培训的有效性也成为研究热点。目前,湖北省主要对公办幼儿园的教师展开培训,尚未将民办幼儿园的幼儿教师纳入国培计划。武汉市幼儿教师的市培项目中,如幼儿园新入职教师培训,也大多以公办园为主。虽然民办幼儿园也会自行组织一些培训,但是培训质量不高,幼儿教师积性和参与性不足,效果很不理想。日本幼儿园教师法制化和贯穿整个职业生涯、园外园内交替进行的职后培养模式值得借鉴。

(四)提高幼儿园教师地位,兼顾不同类型幼儿园

日本以法律形式明确了幼儿园教师的专业性,并确定了其教育公务员的身份,受人尊敬的社会地位有效保障了幼儿园教师队伍的稳定与发展。在我国,幼儿园教师因其面对的工作对象是幼儿,教师身份难以像其他学段教师一样得到认可,特别是农村幼儿园教师。政府有必要在法律层面明确幼儿园教师的身份,提高其社会地位,吸引更多优秀人才。从日本幼儿园教师仍面临很大缺口的现状来看,单纯依靠提高社会地位难以保证教师队伍的发展,还应同时提高幼儿园教师的工资待遇。

在一项对武汉市8所幼儿园(公办园与民办园各4所)221名教师心理压力的调查中,约70%的幼儿教师表示经济收入是重要的心理压力源。武汉市幼儿园教师的工资待遇因幼儿园性质和人事聘用方式而异。幼儿园在编教师工资收入与同样处于非义务阶段的高等教育教师相比,在基本工资和津贴上处于明显偏低水平。公办园聘用制幼儿教师待遇远低于在编教师,民办园幼儿教师待遇普遍低于公办园。针对不同性质的幼儿园,解决教师队伍建设问题的侧重点也不同。对于公办园,关键是健全教师编制核定、补充制度,保障人事代理、聘用制教师与在编教师同工同酬的权益。对民办园而言,应进一步提高教师工资水平、落实社会保险等制度,规范管理,增强教师职业归属感。

(五)规划教育系统的顶层设计,落实幼小衔接

日本幼儿园课程围绕《幼儿园教育要领》的五大领域展开,《幼儿园教育要领》类似于我国的《3—6岁儿童学习与发展指南》,其详细介绍了每个领域

的内容及要达到的目标。2017年,日本在修订《幼儿园教育要领》时,不是孤立地看待幼儿教育,而是把幼儿教育纳入国家教育体系中进行整体、纵向的分析。首先,应时代发展要求,日本从国家层面确定了人才培养目标,以及未来人才必备的资质与能力。其次,将宏观的人才培养目标细分到相应的学段,规定每个学段(包括幼儿园阶段)学生毕业时应该具备哪些资质与能力。各学段之间的培养目标相互联系,前一学段具备的资质与能力为后一学段的学习奠定基础。最后,依据各学段培养目标制定课程标准,将资质与能力的培养融入具体的课程教学与考核中。

幼小衔接一直是我国幼教界关注的重点,近两年幼儿园教育"小学化"专项治理取得了一定的成效,但"小学化"现象依然广泛存在,尤其是在民办园。以武汉市民办园为例,在教育内容选择方面,大多数教师认为幼儿园应该教幼儿识字和算数,选择促进幼儿长远发展的教育内容、尊重幼儿自主选择的教师较少。究其根本原因,是家长对于孩子升学的焦虑。只有加强系统的顶层设计,确立幼儿园与小学甚至其他学段在培养目标、教育内容等方面的内在关联性与一致性,才能真正去"小学化",科学开展幼小衔接工作。

(六)形成幼儿教育的本土特色,传承传统文化

虽然日本每个幼儿园的行事活动内容、开展形式有所不同,但所有的行事活动都具备联合社区与家庭、注重幼儿内心感受、鼓励全员参与、富有仪式感等共同特征,因此形成了日本幼儿园教育的特有风格。尤其是仪式性的外在形式与民族民俗文化的结合,有效实现了文化传承,极具日本幼教特色。随着"传统文化进校园"的提出,我国许多幼儿园正在尝试将传统文化融入幼儿园课程,一些幼儿园还结合地域文化特点,开发园本课程,但其规模、影响远比不上日本幼儿园的行事活动。

我国传统文化博大精深,剪纸、字画、扎染、皮影、京剧等数不胜数,还有民谣、民间游戏、玩具、饮食文化、各地习俗等,其中很多传统文化都是深受幼儿喜欢的,理应成为幼教名片上的亮点。我们可以参考日本行事活动的发展模式,在全国范围内规划、倡导,分门别类地开展传统文化活动。如针对一些典型的传统节日(如端午节)活动,各地幼儿园基本上可以大同小异,形成相对固定的庆祝模式,与家庭社区联合,主要在于普及文化,感受氛围,扩大影响力。针对那些具有当地特色的文化活动,其活动内容、表现形式可由幼儿园自主选择,先在少数幼儿园开展试点工作,再依据实际情况在当地进行推广。例如,湖北是楚国的中心,武汉又是湖北省的省会,武汉的地域

文化中有很深厚的楚文化的基因。将楚文化融入武汉市幼儿园教育中,从小开始培养幼儿的民族自豪感,有利于中华优秀文化的传承。汉绣、楚剧、糖塑、湖北大鼓、江汉平原皮影戏、楚美术等具有湖北特色、武汉特色的传统文化和民俗艺术都可以引入幼儿一日活动中。幼儿园开展活动时,应注意教育价值,关注幼儿的体验与感受,教育内容要贴近幼儿生活,教育形式要吸引幼儿。

第二章
武汉幼儿园发展历程及经验

回顾过去是为了正视现在,规划未来。1978年以来,武汉幼儿园历经四十多年的发展,取得了令人瞩目的成就。武汉幼儿园在这一发展过程中,历经了恢复发展期、深化改革期、稳步推进期和快速发展期,逐步完成了"政府主导、社会参与、公办与民办多元并举"的办园体制改革和普惠性幼儿园的发展规划,相继实现了幼儿园师资、课程、办学水平的合格化、标准化,为更好地发展21世纪武汉学前教育事业奠定了坚实基础。

第一节 武汉幼儿园教育发展历程概述

武汉幼儿园的发展既受到了全国学前教育政策的深刻影响,又显现出"敢为人先,追求卓越"的地方特征。结合全国政策和地方特征进行综合判断,1978年以来,武汉幼儿园发展历程可以划分为恢复发展期(1978—1991年)、深化改革期(1992—1998年)、稳步推进期(1999—2009年)和快速发展期(2010年至今)。

一、恢复发展期

1978年党的十一届三中全会恢复了"实事求是"的思想路线,1987年党的十三大提出了"百年大计,教育为本"的兴教思想。在"三个面向""科教兴国"等战略方针的指引下,随着经济和社会的恢复和发展,广大人民对发展学前教育事业提出了新的要求。这一时期,武汉市学前教育与全国发展态势基本保持一致,处于恢复发展时期。

1979年11月,教育部颁布了《城市幼儿园工作条例(试行草案)》。作为粉碎"四人帮"后第一个学前教育政策文件,该文件对学前教育发展方针、目标、内容和管理制度做出了详细规定,为我国学前教育事业摆脱"四人帮"造成的混乱、无序状态奠定了坚实基础。1980年,教育部发布了《中等师范学校教学计划(试行草案)》和《幼儿师范学校教学计划(试行草案)》,加强了对幼儿师范学校的教学管理。1981年6月,卫生部(现国家卫健委)颁布了《三岁前小儿教养大纲(草案)》,是新中国成立后首次就0—3岁儿童的集体教育工作做出的明确规范。1981年10月,教育部发布了《幼儿园教育纲要(试行草案)》,该文件是我国改革开放以后第一个幼儿园课程标准,它继承了20世纪50年代《幼儿园暂行规程(草案)》《幼儿园暂行教学纲要(草案)》的基本思想,吸取了国内外幼儿生理学、心理学的理论精华。在此基础上,教育部还组织编写了中华人民共和国成立以来第一部全国统编的幼儿园教材,为保障《幼儿园教育纲要(试行草案)》的有效实施,提高学前教育质量发挥了重要的指导作用。

针对当时农村学前教育工作在不少地区尚未受到应有重视,农村学前教育事业发展缓慢的问题,教育部于1983年9月发布了《关于发展农村幼儿教育的几点意见》。该文件要求积极恢复和发展教育部门在农村办的幼儿园,采取多种形式、多种渠道在农村开办幼儿园,并规定各地要有计划地发展幼儿师范教育。

随着国家经济体制改革和教育体制改革的逐步展开,广大农村学前教育发展迅速。为了规范其办学行为、保证教育治理,1986年9月,原国家教育委员会(现教育部)颁布了《关于进一步办好幼儿学前班的意见》,进一步明确了因地制宜、规范办学的学前班教育发展原则。同年,还颁布了《小学教师职务试行条例》《中、小学教师考核合格证书试行办法》,极大地调动了地方和幼儿园教师的专业发展积极性,各地为此制定了幼儿教师专业发展规划,采取多种形式组织幼儿教师在职培训,各地幼儿教师的学历合格率也逐年快速提高。

进入20世纪80年代后期,在教育体制改革的大背景下,学前教育重新被纳入国家教育行政管理体系。针对1982年机构改革中全国托幼工作领导小组及其办事机构撤销导致的学前教育管理分工不清、职责不明的问题,1987年国务院在召开的全国学前教育工作会议上,转发了原国家教育委员会(现教育部)等9部门《关于明确幼儿教育事业领导管理职责分工的请示》,确定了学前教育实施地方负责,分级管理和有关部门分工负责的原则,明确规定了教育、计划、卫生、财政、劳动人事、城乡建设环境保护、轻工业、纺织、商业等部门对学前教育工作的职责。此后,全国学前教育管理体制基本理顺,并逐步建立起省、地、县、乡四级学前教育行政管理、教研、科研、培训网络。

1987年,原劳动人事部(现人社部)和原国家教育委员会(现教育部)颁布的《全日制、寄宿制幼儿园编制标准(试行)》中规定,专职教师:全日制幼儿园平均每班配0.8—1人;寄宿制幼儿园平均每班配2—2.5人。1988年,国务院办公厅转发了原国家教育委员会(现教育部)等8部门《关于加强幼儿教育工作的意见》的通知。1989年6月,原国家教育委员会(现教育部)颁布《幼儿园工作规程(试行)》。在重申1981年《幼儿园教育纲要(试行草案)》的基础上,《幼儿园工作规程(试行)》规定了国家对幼儿园的基本要求(新教育观)和管理原则,全面、系统地对幼儿园的各项保教工作做出了规定。1989年8月,国务院批准了新中国第一个学前教育行政法规——《幼儿园管理条例》。《幼儿园管理条例》明确了地方政府发展和管理学前教育的职责,并对开办幼儿园的基本条件、审批程序以及幼儿园的保教工作、行政事务、奖励处罚等做出了明确规定。《幼儿园工作规程(试行)》和《幼儿园管理条例》是我国学前教育迈向法制化的里程碑,推动了学前教育的全面改革。1991年12月,第七届全国人民代表大会常务委员会第二十三次会议批准了联合国(1989年)制定、中国政府(1990年)签署的《儿童权利公约》。

从武汉市统计年鉴对应年份的数据来看,1987年武汉市共有幼儿园1098所,教职工14574人,其中教师6751人,保健员606人,在园幼儿15.28万人,师幼比为1∶22.63。此后,由于受企业办园负担加重、探索改制转并等原因的影响,武汉市幼儿园数量曲线开始持续走低,到1991年,幼儿园数量下降到940所,教职工、教师、保健员和幼儿数量则分别增加到17126人、8605人、630人和17.79万人,师幼比变为1∶20.16。参照国家标准1∶16进行估算,1991年武汉市幼儿教师的缺口约为2514人。

二、深化改革期

进入1992年以后,我国改革开放逐步深入发展,党的十四大要求各级党政部门改变国家包办教育的局面,支持和鼓励民间办学。1993年中共中央颁发的《中国教育改革和发展纲要》首次提出了"积极鼓励、大力支持、正确引导、加强管理"的发展民办教育的十六字方针。这一时期,中国民办学前教育发展迅速,在幼教事业中所占比例几乎翻了一番。

1993年10月,第八届全国人民代表大会常务委员会第四次会议通过了《中华人民共和国教师法》,该法从教师的权利和义务、资格和任用、培养和培训、考核与待遇、奖励、法律责任等方面对包括幼儿园教师在内的教师队伍提出了系统要求。在师资素质方面,其要求取得幼儿园教师资格者应当具备幼儿师范学校毕业及其以上学历。

1995年9月,为适应中国经济体制改革的日益深入和社会主义市场经济体制的建立,学前教育工作面临一些新情况和新问题,特别是在当时企业转换经营机制的过程中,为保障学前教育事业的健康发展,原国家教育委员会(现教育部)等7个部门联合下发了《关于企业办幼儿园的若干意见》,提出要坚持依靠社会力量发展学前教育的方针,有条件的企业应继续办好幼儿园,要积极稳妥推进学前教育逐步走向社会化,各级政府和教育行政部门要加强对企业办园的业务指导,在城市规划建设中要安排好幼儿园规划和建设,要加强社区对学前教育的扶持与管理。

在这一时期,武汉市民办幼儿园内部成分急剧变化,企事业单位因管理体制改革和经济效益考虑,纷纷开始关、停、并、转所属幼儿园,私人团体及个人办园、股份制园、外资办园大量出现,转制园、园中园、分园等介于公办和民办之间的过渡性幼儿园占有相当比例,"公退民进"和过渡性幼儿园兴起,民办学前教育呈现出繁荣与混乱并存的发展态势。

随着3—6岁儿童适龄人口下降和幼儿园办学规模效应的日益显著,武汉市幼儿园数量持续下降。其间,随着"公退民进"和过渡性幼儿园兴起,在幼儿在园规模显著下滑(从1992年的18.85万人下降到1998年的14.05万人,降幅25.46%)的背景下,幼儿园教师数量降幅相对较小(从1992年的9127人下降到1998年的7885人,降幅13.61%),并使得武汉市师幼比从1991年的1∶20.68变为1998年的1∶17.82(1998年全国师幼比为1∶25.14),显著高于同期全国平均水平。参照国家标准1∶16,1998年武汉市幼儿教师缺口为896人,比1991年下降了64.36%。而从毛入园率角度来看,1994年前武汉市在园幼儿数与当年3—6岁幼儿数的比值一度接近60%(1994年为57.76%),1995年后这一比值陡降至45%左右(1998年为45.43%),这反映出"公退民进"时期武汉市学前教育办园供求矛盾的尖锐化。

三、稳步推进期

1999年到2010年间，武汉市幼儿园教育的发展跨越了千禧年，经过国家"九五"计划末期，与"十五"和"十一五"计划阶段同步，并在国家"科教兴国"战略和实现健康发展的战略部署的带领之下，在应对经济、社会和政治的变革中努力前行、稳步发展。这些年，国家相继推出了《中华人民共和国教育法》《中华人民共和国教师法》《幼儿园管理条例》《幼儿园工作规程》，下发了《全国幼儿教育事业"九五"发展目标实施意见》《关于幼儿教育改革与发展的指导意见》等，这些法律法规和指导意见对武汉市学前教育和幼儿园的发展具有极强的现实指导意义。武汉开启了学前教育的深化改革之后的健康稳步发展时期。

这一时期，武汉市幼儿园在数量上的发展呈现出前期高低起伏，后期持续增长、稳步提高的态势。自1998年起，武汉市幼儿园总数和在园人数持续走低，2005年达到最低，幼儿园减少206所，在园人数减少47214人，幼儿园总数和在园人数与1998年（幼儿园814所，在园人数155634人）相比跌幅分别达25.3%和30.0%。导致这种状况的原因较为复杂。一方面是因为1996年国家颁布的《幼儿园工作规程》将幼儿园纳入学校教育制度的基础阶段进行管理，在主管单位、管辖范围以及管理方式等方面进行摸索调试而造成的。另一方面也跟这一阶段幼儿园"公退民进"的不断推进有关。为提高幼儿园入园率，解决幼儿"就近入园"等问题，武汉市进一步推动公立幼儿园、单位机关幼儿园等"公家"性质的幼儿园面向社区招生，服务社区、服务家长。这是有利于推动武汉市幼儿园教育快速发展的规划设计，但在此过程中出现了收费机制改革与管理的问题，导致收费标准不一，部分家庭持迟疑观望态度，进而影响幼儿园整体入园率。

2005年之后，幼儿园数量与在园幼儿整体人数持续增长，增幅不等，有快有慢，增幅最快的时期是在2009年到2010年间，幼儿园总数增加了118所，在园幼儿人数增加了28481人，增幅达17.7%和20.8%。2010年幼儿园总数基本回到1999年数量，在园幼儿人数较1999年增加了25215人（见表2-1）。分析显示有三个因素在起作用，一是人口小高峰的出现，二是国家强化幼儿园教育政策的推动，三是市教育经费投入的增加。

表 2-1　武汉幼儿园数量与在园人数(1999—2010 年)

统计项 \ 年份	1999	2000	2001	2002	2003	2004
园数(所)	795	772	624	624	621	624
在园人数(人)	140514	131678	113320	113641	102452	108330

统计项 \ 年份	2005	2006	2007	2008	2009	2010
园数(所)	608	616	631	638	667	785
在园人数(人)	108420	112551	118836	125351	137248	165729

尽管幼儿园数量和在园人数起伏变化较大,但是这一时期武汉市通过实施学前教育整体规划、加大教育经费投入、完善幼儿园等级评估、注重保教质量提升、向农村学前教育倾斜、幼儿园课程改革、鼓励民间教育发展等举措,使幼教事业稳步向前发展。以城镇入园率与农村学前一年入班率为例,1998 年和 1999 年全市城镇入园率保持在 93.5%,农村学前一年入班率分别为 91.2% 和 90%。2001 年和 2002 年城镇入园率增长至 94.5% 和 95%,农村学前一年入班率为 90% 和 92%。到 2010 年,这两项分别达到 96.97% 和 97.0%。

与幼儿园数量和在园人数起伏变化不同,全市幼儿园教职工数量呈现出相对稳定的增长态势。从 2001 年后的变化来看,总人数从 2001 年的 10662 人增长到 2010 年的 16905 人,增额为 6243 人,增幅为 58.6%。除了 2001 年到 2002 年人数呈现下降趋势外,以后的每一年教职工人数都呈现不同幅度的增长,少则 300 余人,多则 2000 余人,后期涨幅较大。如 2008 年到 2009 年,人数增加了 1034 人,2009 年到 2010 年增加了 2433 人。其中,园长人数、教师人数和保育员人数的变化与总人数变化同步,整体是稳定攀升的态势。变化不大的是平均每一位教员负担幼儿数,2001 年居最高值,2005 年和 2006 年降到 17 人以下(见表 2-2)。

表 2-2　武汉市幼儿园教职工数基本情况(2001—2010 年)

年　份	合　计	教职工数(人)			平均每一位教师负担幼儿数(人)
		园长	教师	保健员	
2001	10662	923	5933	546	19.1
2002	10308	914	5767	665	17.8

续表

年 份	合 计	教职工数(人)			平均每一位教师负担幼儿数(人)
		园长	教师	保健员	
2003	10643	928	5836	653	17.6
2004	11253	962	6179	748	17.5
2005	11669	965	6432	721	16.9
2006	12177	1066	6672	868	16.8
2007	12908	1047	6992	950	17.0
2008	13438	1073	7261	1164	17.26
2009	14472	1116	7874	1188	17.43
2010	16905	1268	8968	1466	18.48

这一时期武汉市幼儿园教育认真贯彻国家学前教育发展规划与部署，通过深化改革，保持着健康发展的势头，教学质量明显提高。1999年，年内新增合格幼儿园12所、示范性幼儿园4所、省级示范幼儿园2所，首批验收农村"一级学前班"8个。2000年完成了对全市各类幼儿园的等级评定。2001年在办园体制、内部管理体制和中外合作试办双语合作幼儿园方面进行了有益的改革尝试，保教质量和办学水平有了明显提高。2006年到2009年启动4批幼儿园课程改革基地评估验收工作，至2009年全市建有课改实验基地41所，占全市幼儿园总数的6.1%。

整体看来，"十五"和"十一五"期间，武汉市幼儿园教育在改革创新中不断前进，后期展现出强劲的发展势头。这一时期，教育规模持续增长，普及水平继续提高，民办幼儿园兴起，且发展速度显著快于公办幼儿园。

四、快速发展期

2011年起国家开始实施学前教育三年行动计划，旨在加快学前教育、有效缓解"入园难"等问题。经过雷厉风行、环环相扣的三期学前教育三年行动，加上国家颁布了《国家中长期教育改革和发展规划纲要（2010—2020年）》等举措，推动政府主导、社会参与、公办民办并举的办园体制建设以及普惠园发展规划与设计，武汉市幼儿园教育事业获得了快速且高质量的发展。

（一）幼儿园数量与在园人数稳步增加

2011年9月8日，中共武汉市委、市政府召开了全市教育工作会议，颁布了《武汉市中长期教育改革和发展规划纲要》,明确了未来10年武汉市教育改革与发展的战略目标。2011年武汉市共完成了50所公办幼儿园新改扩建任务,新增公办适龄幼儿园学位约1.2万个。全市共有40所新审批的民办幼儿园于当年秋季开始招生,新增适龄幼儿入园学位约7200个。市级财政对体现公益性、普惠性的民办幼儿园安排补助资金800万元,惠及126所幼儿园、约2.2万名幼儿。

继通过政府购买服务的方式,武汉市加大了对公益性、普惠性民办幼儿园的奖补力度。2016年,武汉市为扩大普惠性学前教育资源,启动了53个公办幼儿园新改扩建项目,完工30所,13所主体结构封顶,新增幼儿园入园学位5000个。安排3450万元扶持普惠性民办幼儿园374所,受惠幼儿8.07万人。2011—2018年,武汉市幼儿园数量与在园人数如表2-3所示。

表2-3 武汉市幼儿园数量与在园人数(2011—2018年)

统计项\年份	2011	2012	2013	2014	2015	2016	2017	2018
园数(所)	785	888	1024	1097	1184	1303	1391	1511
在园人数(人)	186921	203448	224274	240162	268747	284141	302075	318026

从表2-3可以看出,这一时期武汉市幼儿园数量在稳步增加。幼儿园数量的不断增加,带动了幼儿园在园人数的变化,两者呈现正相关关系,幼儿园历年在园人数增幅相对稳定,如2014年较上一年度增加了15888人,增幅达7.1%,2016年较2015年增加了15394人,增幅达5.7%。整体看来,在园人数从2012年的186921人增加到了到2018年的318026人,7年时间增加了131105人,增速明显,入园问题得到有效缓解。这也反映出在武汉市经济状况良好发展背景下,市政府对学前教育的重视和财政投入的增加带来了增幅变化。

(二)教师队伍建设成绩显著

教师是教育事业发展的基础,是提高教育质量、办好人民满意教育的关键,也是影响幼儿发展最为直接的关键性因素。实施学前教育三年行动计划以来,我国幼儿园教师数量不断增长,学历不断提升,专任教师中学前教育专业毕业的比例不断提高,幼儿园教师队伍建设取得了显著成就。从近几年来湖北省与武汉市幼儿园教职工人数情况来看,幼儿园园长、专任教师、保健员数量逐年递增,幼儿园专任教师中专科、本科和研究生学历的教师数量也在不断增加。2011—2015 年,武汉市幼儿园教职工数基本情况如表 2-4 所示。

表 2-4 武汉市幼儿园教职工数基本情况(2011—2015 年)

年 份	幼儿园从业者总数(人)	教职工数(人)			平均每一位教师负担幼儿数(人)
		园长	教师	保健员	
2011	19227	1320	9582	4396	19.51
2012	22204	1514	10906	5079	18.65
2013	26029	1738	12832	6876	17.48
2014	29141	1894	14032	7701	17.12
2015	32701	1964	15758	8292	17.05

注:幼儿园从业者总数包含教职工人数,以及炊事员、医务人员、财会人员等其他工作人员人数。

通过数据比较,湖北省学前教育及幼儿园发展的状况在全国居于中等地位。而武汉市情况不太一样,武汉市居于湖北政治、经济、文化与金融中心,其幼儿园发展速度与规模、办园质量与标准、教师队伍素质与发展情况长期居于省内中心地位。总的来说,武汉市幼儿园教师整体学历在不断提升,专任教师中学前教育专业毕业的比例不断提高,幼儿园教师队伍建设取得了显著成就。从可查找的数据来看,2011 年到 2015 年间,武汉市幼儿园从教人数不断增加,包括园长、教师、保健员等人员情况,基于满足家长对优质学前教育资源的需求以及破解入园难等问题的现实情况。虽然幼儿园教师数量整体逐年增加,但反映在平均每一位教员负担幼儿数即师幼比例仍然是起伏变化的,有升有降。

湖北省的研究生与高中以下学历者入职幼儿园教育情况有所波动,高中、专科及以上学历的入职人数稳步增长。专科与本科学历情况在 2013 年至 2016 年间增加趋势明显,说明近年来湖北省幼儿园教师专科层次的培养居主要地位,本科学历的幼儿教师的培养正在逐步跟进。

(三)幼儿园教师职称问题得到关注

职称是幼儿园教师学术身份的象征,也是其专业水平的具体体现。从幼儿园教师职称情况来看,2013 年到 2017 年,湖北省幼儿园教师群体具有中学高级教师职称的人数虽然占整体人数的比例较低,但也呈逐年增加的趋势;小学高级职称的情况呈现先升后降再升的变化,呈现出这样起伏变化的还有小学一级、小学二级幼儿园教师职称情况,小学三级职称的人数增长情况明显(见表 2-5)。2017 年,全国中学高级、小学高级、小学一级、小学二级、小学三级和未评职称幼儿园教师的数量分别达到了2.3万人、21万人、29.8万人、14.7万人、2.8万人和200.8万人,湖北省情况分别约是0.08万人、0.8万人、0.9万人、0.5万人、0.1万人和7.3万人,武汉公办园也存在数量较大的教师职称评级缺口。

表2-5 幼儿园专业技术职务情况(2013—2017年)

年份	区域	合计	中学高级	小学高级	小学一级	小学二级	小学三级	未定职称
2013	全国	1885003	13574	210850	242836	75609	14742	1327392
	湖北	66194	504	8696	8897	3510	840	43747
2014	全国	2080917	15197	219177	260249	89337	15988	1480369
	湖北	72319	581	8942	8634	3368	942	49852
2015	全国	2303134	16891	222002	276233	105051	18561	1664396
	湖北	78420	641	8435	8506	3925	1132	55781
2016	全国	2498783	19242	222553	294687	117494	22130	1822677
	湖北	88617	799	8609	8698	4427	1450	64634
2017	全国	2712065	22736	209649	297644	146776	27636	2007624
	湖北	95908	783	7748	8654	4654	1406	72663

(四)开展新改扩建项目,全面改善办园条件

为保障幼儿就近入园,解决入园难问题,武汉市以热点、难点问题为导向,关注发展短板,兑现民生承诺,启动学前教育发展规划的编制。2011年到2018年间,武汉市在充分调研的基础上分阶段地开展了新改扩建幼儿园项目。为了加快扩大市公益普惠性学前教育资源,全市列入建设计划的公益普惠性幼儿园新改扩建项目共72个,其中新改扩建公益普惠性幼儿园40所,新增学位1万个,列入了市教育局全面建设小康社会绩效目标考核。

至2018年秋季开学,武汉市共投资36.85亿元,共新改扩建中小学、公益普惠性幼儿园85所交付使用,增加供给学位5.98万个,提前完成市政府1件实事目标任务。截至2018年10月底,新改扩建公益普惠性幼儿园40所的目标已完成,新增办园规模357个班,新增幼儿园用地面积15.77公顷,新建园舍建筑面积11.82万平方米,新增入园学位1.07万个。这些积极举措极大地缓解了我市部分地区存在的学龄前幼儿"入园难""入园贵"的矛盾和适龄儿童、少年就近入学难的问题。

办园条件是幼儿园教育质量的重要构成要素,直接影响着幼儿的生活、学习和发展。整体来看,武汉市幼儿园的发展是在国家与湖北省学前教育

事业的发展和经费投入不断增加的大环境中逐步成长起来的,各级各类幼儿园硬件条件的变化也是有目共睹的。幼儿园生均占地面积、生均建筑面积、生均各种教学用房面积,以及生均图书数量等均呈现不断增加的趋势,幼儿园办园条件不断改善。

第二节　武汉幼儿园教育管理经验

一、净化教育环境,开展绿色校园活动

近十年来,武汉市紧跟中央部署步骤,积极开展普惠园及公共教育服务体系建设,努力提高学前教育公益普惠水平,在绿色校园活动、幼儿园评比活动、常规管理以及其他方面也有属于自己特色的探索过程与经验成果。

（一）幼儿园内的美化绿化活动

绿色校园活动是武汉市在教育管理当局引导下坚持持续开展的一项旨在美化、优化、净化校园（含幼儿园）环境的活动。2007年7月,武汉市教育局、武汉市环保局印发了《武汉市绿色学校、绿色幼儿园的创建和管理办法》,目的在于进一步贯彻落实《全国环境宣传教育行动纲要》有关创建绿色学校活动精神,规范和加强我市绿色学校、绿色幼儿园的创建和管理,推动绿色学校、绿色幼儿园创建活动的深入开展,促进武汉市中小学、幼儿园环境教育和可持续发展教育工作。

该办法所称的绿色学校、绿色幼儿园,是指在实现其基本教育功能的基础上,以可持续发展思想为指导,在学校全面的日常管理工作中纳入有益于环境的管理措施,并持续不断地改进,充分利用学校内外的一切资源和机会全面提高师生素养、教学环境的武汉市中小学校和幼儿园。武汉市绿色学校、绿色幼儿园的创建和管理办法本着整体发展、共同参与、循序渐进、因地制宜的原则,力求多元化、本土化、个性化,鼓励学校、幼儿园结合各自的实际开展创建活动。市教育和环保行政主管部门共同设立了武汉市创建绿色学校、绿色幼儿园领导小组办公室,指导、协调全市绿色学校、绿色幼儿园的创建活动。绿色学校、绿色幼儿园分市级和区级两级创建命名,每两年命名一次。单年号为创建命名年,双年号为复查年。市、区教育行政主管部门应当把绿色学校、绿色幼儿园的创建和评定工作列为学校考核的内容。

申请命名武汉市级绿色学校、绿色幼儿园,应当具备下列条件:①学校、

幼儿园将环境教育和可持续发展教育列为学校重要工作内容;②学校、幼儿园有专门的环境教育领导机构,有环境教育规划、计划且环境管理制度健全;③学校、幼儿园开展了具有特色的环境教育教学、实践活动,且相关档案资料齐全;④学校、幼儿园分管领导和有关教师参加过主管部门举办的有关绿色学校、绿色幼儿园创建工作和环境教育的培训;⑤师生具有较高的环境意识和良好的环境道德行为;⑥校园清洁优美,可绿化面积得到绿化,环境文化氛围浓厚;⑦校内所有污染源得到有效控制和治理,节水、节电,注重使用可再生能源,可再生资源得到回收和综合利用;⑧学校、幼儿园开展创建绿色学校、绿色幼儿园活动两年以上;⑨三年内无环境违法记录;⑩获得区级绿色学校、绿色幼儿园称号一年以上。

市级绿色学校、绿色幼儿园创建步骤和申报程序如下:①符合《武汉市绿色学习、绿色幼儿园的创建和管理办法》第十条的学校、幼儿园做出创建市级绿色学校、绿色幼儿园的决定,制订创建工作计划和施行方案;②报区教育、环保部门备案;③实施创建工作计划和方案;④区教育局、环保局通过检查合格后向市创建绿色学校、绿色幼儿园领导小组办公室推荐申报;⑤市创建绿色学校、绿色幼儿园领导小组办公室对推荐学校、幼儿园进行评定;⑥经评定合格由市教育和环保行政主管部门联合发文公布并授予市级绿色学校、绿色幼儿园称号。

绿色校园活动一直延续至今,其创建、申报、验收、复查基本步骤不变。2018年11月,市教育局、市环境保护局共同发布《关于开展2018年度武汉市市级绿色学校(幼儿园)复查工作的通知》。根据通知要求,各区、校(园)先行自查,市评估组进行资料评估及现场复查,复查情况公布在官网。2018年复查合格的绿色幼儿园有江岸区的六合路幼儿园,江汉区的百灵幼儿园,汉阳区的晨光幼儿园、白鹤幼儿园、知音幼儿园、江汉二桥幼儿园,青山区青宜居幼儿园、青山实验科技幼儿园,洪山区武南幼儿园。对于存在一定问题的学校和幼儿园,市教育局要求相关部门督促整改。对督促整改后检查仍不合格的学校或幼儿园将予以取消武汉市绿色学校(幼儿园)称号。

"绿色校园活动"的意义在于规范和加强绿色学校、绿色幼儿园的创建和管理,提高师生环境保护意识,树立良好的环境道德观念和行为规范,大力推进素质教育和社会主义精神文明建设,努力构建资源节约型和环境友好型社会,促进可持续发展。

(二)还园所一片净土,绿色校园延伸举措

"绿色校园"是一个动态宽泛的概念,除了在市政府支持下和管理当局积极推动下开展的专项"绿色校园活动"及其相关的评比、审查、跟踪复审、指导等活动以外,"绿色校园活动"还包括市教育局主导下的各项教育环境治理活动。

为还教育一片清明之境,市教育局针对当下干扰教育秩序、影响教育效果的问题进行期中整治,特别是学校与幼儿园周边环境治理活动,针对性强且管理效果突出。如2018年,教育部发布了《教育部办公厅关于严禁商业广告、商业活动进入中小学校和幼儿园的紧急通知》(以下简称《通知》),各省市紧跟其后,发布关于严禁商业广告、商业活动进入中小学校和幼儿园的紧急通知。武汉市各区教育局和全市中小学、幼儿园高度重视,认真学习《通知》精神,逐条研究贯彻落实的措施,制订工作计划和方案,组织开展全面排查,排查工作要覆盖每一所学校,坚决禁止任何形式的商业广告、商业活动进入中小学校和幼儿园,确保中小学校和幼儿园良好的育人环境。

自查工作全面细致地覆盖到每一位教职工、每一个班级,并按要求向区教育局提交自查报告。各区、校排查中发现的问题,坚决查处并及时整改到位。各区教育局责任人全程监管,一经发现与审批备案情况不符,或存在发布或变相发布商业广告的行为,要立即采取措施予以制止,并第一时间报告市、区教育局。各中小学校和幼儿园对有关"进校园"活动也进行了有效管理,自觉坚决抵制各类"进校园"的商业活动,各方联动积极营造美化、净化的校园环境。

垃圾分类关乎环境治理与保护,垃圾分类的宣传与教育活动是重要环节,也是绿色校园及教育环境治理的重要组成部分。从2018年11月14日江岸区中小学幼儿园垃圾分类工作简讯中看到,江岸区教育局深入贯彻习近平总书记关于普遍推行垃圾分类制度的重要指示精神,落实绿色发展理念,根据生态文明建设总要求,遵循"统筹规划、先易后难、循序渐进、分步实施"的原则,按照市教育局、市城管局文件要求,积极开展垃圾分类宣传教育工作和实践活动。

由教育局积极协调各职能部门与学校进行对接,由专业的人员引领学校开展垃圾分类的实践活动,出资制作展板,设计并印制了10万份垃圾分类宣传手册,免费分发给辖区师生,人手一册,努力做到人人知晓,还充分利用环保节日如植树节、世界环境日、世界水日等活动宣传、普及垃圾分类知识。例如,武汉市六中上智中学、江岸区模范路小学、江岸区珞珈街幼儿园怡和分园等学校通过举办黑板报评比主题实践活动,积极开展垃圾分类宣传活动,收到了良好的效果。

除此以外,加强垃圾分类的学习与管理,开展师资培训,践行实践以及将垃圾分类引进课堂等做法也取得了良好的成绩。例如,2018年3月在湖北省供销社幼儿园召开了全区幼儿园环境教师培训会,辖区幼儿园均派人参加,会上重点宣讲了幼儿园怎样开展环境教育实践活动以及怎样上好垃圾分类专题课;江岸区教育局在40余所中小学开展了"废纸置换厕纸"志愿服务项目,在全市起到了良好示范作用;2018年6月,由江岸区教育局、江岸区城管委、江岸区环保局主办、江岸区青少年科技活动中心承办,在黄浦幼儿园开展的主题为"倡导垃圾分类,共建生态文明——江岸区垃圾分类文艺展演"的活动,旨在提高对垃圾分类问题的重视程度;科技中心教研员每周下校授课,通过课程让学生们学会基本的垃圾分类知识,让一个个环保小卫士变成环保使者,传递绿色能量。

无论是"绿色校园活动""教育环境专项治理",还是垃圾分类等,都旨在进一步提高对教育环境重要性的认识,增强环境保护意识,深入贯彻习近平总书记生态文明思想,广泛地开展环境教育,努力提升青少年环保意识,为推进学校绿色发展,建设现代化、国际化、生态化大武汉做出新的更大贡献。

二、开展各类评比活动,提升办园水平

幼儿园领域内的活动种类繁多,根据主办方、评比级别、规模与标准的差异而不同。无论何种形式、何人组织、如何评选及结果公示均体现科学、严谨、规范、公平、公开的基本原则,旨在通过此类活动推动市幼儿园健康发展,提升市幼教质量与现代化水平。这里主要总结由市教育局组织开展的几类重要活动,如"省市级示范园评选活动""优秀教师评选活动""幼儿园成果评比活动"。

(一)开展示范园评选,整体提升幼教质量

武汉市教育局依据省市级幼儿园标准积极推进组织申请、预审、评审、公示以及复审等各项工作。2005年,经各幼儿园申报,检查组评审,市教育局决定命名武汉市常青阳光幼儿园、汉阳区玫瑰幼儿园为第八批武汉市示范性幼儿园。

2007年1月,武汉市教育局向各区教育局、局直属幼儿园发布了关于印发《武汉市幼儿园等级评定标准(修订稿)》的通知,该标准自2007年3月起施行,原《武汉市幼儿园等级评定标准(试行)》《武汉市示范性幼儿园标准(试行)》废止。这是武汉市示范性幼儿园评选活动历史中比较重要的一次

标准调整,此标准基于深入贯彻《幼儿园管理条例》《幼儿园工作规程》《国务院办公厅转发教育部等部门(单位)关于幼儿教育改革与发展指导意见的通知》《市人民政府办公厅转发市教育局关于我市幼儿教育改革与发展工作意见的通知》等精神,落实教育部《幼儿园教育指导纲要(试行)》《武汉市幼儿园课程纲要(试行)》要求,在认真总结前期我市幼儿园等级评定工作的基础上,结合幼教发展形势和我市幼儿园实际制定而成。

《武汉市幼儿园等级评定标准(修订稿)》(以下简称《标准》)的指导思想是以科学的发展观为指导,全面贯彻教育方针,全面提高教育质量和办园水平,进一步加强幼儿园管理,加快推进幼儿园课程改革,构建以实施素质教育为目标,全面评估幼儿园办园水平的科学机制,为幼儿园分级收费提供依据,促进幼儿园规范化、个性化发展。《标准》共含 2 个 A 级指标,11 个 B 级指标,42 个 C 级指标。总分满分为 100 分,分五个等级:评估总分在 90 分以上为示范性幼儿园;总分在 80—89 分为一级幼儿园;总分在 70—79 分为二级幼儿园;总分在 60—69 分为三级幼儿园;总分在 59 分以下为等外(不合格)幼儿园。评估采用定性、定量相结合的方法,通过看(教育活动、资料)、听(汇报、座谈)、问(问卷调查、个别访问)、评(评分、评级)等方法进行综合评估。评估实行分级负责、分等评估、动态管理的原则。幼儿园按《标准》自查后,向所在区教育局申报,由区教育局验收、评定等级。二级幼儿园、三级幼儿园由区教育局评定,市教育局抽查、验收;示范性幼儿园、一级幼儿园由区教育局申报,市教育局组织评定。示范性幼儿园、一级幼儿园、二级幼儿园、三级幼儿园均由市教育局统一核发等级证书。各级幼儿园凭证按等级收费。全市评估工作原则上每三年开展一次,评估结果要在全市予以通报。

该标准只是作为示范性幼儿园评定项目指导标准之一,历年会在不同的政策要求与规划目标等方面有所补充或调整。如 2009 年 1 月,为深入贯彻《国务院办公厅转发教育部等部门(单位)关于幼儿教育改革与发展的指导意见的通知》、教育部《幼儿园教育指导纲要(试行)》精神,认真落实《武汉市幼儿园等级评定标准(修订稿)》《武汉市幼儿园教育常规管理暂行办法》《武汉市规范幼儿园办园行为管理办法(试行)》《市教育局关于纠正"小学化"、"学科化"倾向,切实加强幼儿园教育教学管理的意见》的要求,各幼儿园、区教育局通过自查、检查组评审,坚持实行幼儿园动态管理,全面提升幼儿园保教质量和办园水平。2007 年,武汉市教育局经评审决定命名总后勤部(现后勤保障部)武汉后方基地机关幼儿园等 13 所幼儿园为第九批市级示范性幼儿园。截至2010年10月，武汉市市级示范性幼儿园共32所，不含省级示范幼儿园，具体有武汉市江岸区实验幼儿园、总后勤部（现后勤保障部）武汉后方基地机关幼儿园、空军雷达学院幼儿园、长江水利委员会幼儿园等。武汉市省级示范幼儿园共17所，含武汉市直机关健康幼儿园、武汉市直机关曙光幼儿园、武汉市直机关育才幼儿园、武汉市江岸区珞珈山街幼儿园等园所。

为认真贯彻落实《国务院关于当前发展学前教育的若干意见》，结合武汉市学前教育三年行动计划，进一步扩大优质学前教育资源，提升幼儿园保教质量和办园水平，促进全市学前教育健康、和谐发展。2011年8月，武汉市教育局向各区教育局，局直属有关单位发布关于做好第十批市级示范性幼儿园评估验收和第十一批市级示范性幼儿园预检工作的通知，10月底完成验收与预检工作，11月进行评选名单公示。第十批市级示范性幼儿园预检通过园所有中国人民解放军通信指挥学院幼儿园、华中农业大学幼儿园、武汉经济技术开发区沌口街阳光幼儿园等6所。第十一批市级示范性幼儿园共11所，为武汉航天中英文幼儿园、江汉区晶晶锦绣幼儿园、硚口区常码头幼儿园、汉阳区德才幼儿园、武昌区康乐幼儿园等。

示范性幼儿园评估后的验收与抽检工作也是评定管理常规项目之一。目的在于深入推进全市学前教育三年行动计划，加强幼儿园动态监管，防止和纠正"小学化"现象，打造优质学前教育资源。例如，武汉市教育局组织开展第十一批市级示范性幼儿园评估验收、第十二批市级示范性幼儿园预检和已评定市级示范性幼儿园抽检工作。评估验收对象有第十一批武汉市示范性幼儿园评估验收园所9所，包括武汉航天中英文幼儿园、武昌区教工幼儿园等；第十二批武汉市示范性幼儿园预检园所15所，包括江岸区英才幼儿园，江汉区大兴路幼儿园，江汉区红苗幼儿园等。抽检由市评估组到区后随机抽取1—2所已评定的部分市级示范性幼儿园进行检查。评估依据较之前增加了《市教育局关于进一步加强幼儿园常规管理工作的通知》等新要求。

评估验收、预检、抽检采取定量与定性相结合的方式逐园检查，具体分为6个环节。①听：听专题汇报，随堂听课，听师生、家长反映；②看：实地察看园所环境、设施设备，观摩幼儿园一日活动；③查：查阅幼儿档案资料、听课笔记、教案等；④问：向教师、家长发放问卷进行抽样调查；⑤谈：召开教职工代表座谈会，与园领导班子进行个别交谈；⑥议：对园所办园水平进行集中合议。评估程序采取区园自查和市级评估相结合的方式。各区、各园对照相关文件开展自查，做好迎评准备，市教育局基础教育处组织市评估组开展评估验收、预检和抽检工作。汇总全市评估结果,对评估验收通过的园所,以市教育局名义拟发命名通报并予授牌。预检和抽检结果在全市进行通报,未通过抽检的园所须限期整改。

（二）优秀教师评选推动教师队伍质量建设

优秀教师评选活动作为推动幼儿教师队伍建设的一种手段,为武汉市幼儿教师的专业成长与幼教质量的提升做出了应有的贡献。通过阶段性文献查找,发现自2005年开展"十佳班主任"和"百名优秀班主任"活动以来,几乎历年都有此项评比活动。其间,还在此项评比活动中加入了几届"功勋班主任"评选活动。

2005年,为深入贯彻《中共中央国务院关于进一步加强和改进未成年人思想道德建设的若干意见》,认真落实《教育部关于进一步加强和改进师德建设的意见》的要求,充分发挥班主任在未成年人思想道德建设中的骨干作用,不断推进"办人民满意的教育"主题创建活动,武汉市教育局决定在全市中小学、幼儿园教师中开展第三届"十佳班主任"和"百名优秀班主任"评选活动,并对评选结果进行表彰。2005—2018年各届评选结果情况如表2-6所示。

表2-6 武汉市幼儿园"十佳""百优"班主任评选结果（2015—2018年）

年 份	届 数	幼儿园"十佳"班主任		幼儿园"百优"班主任
		获奖（人）	提名（人）	获奖（人）
2018	15	1	0	28
2017	14	0	1	25
2016	13	0	0	12
2015	12	0	1	8
2014	11	0	1	—
2013	10	0	0	7
2012	9	1	0	6
2011	8	0	1	8
2010	7	0	0	7
2008	5	0	0	9
2007	4	0	0	11
2005	3	0	0	14

注：表中"0"代表"未获奖"；"—"代表"数据不详"。

从表2-6中可以看到,从2005年至2018年,除2006年、2009年数据不详外,幼儿园教师参与市"十佳班主任"和"百名优秀班主任"评比活动中,"十佳班主任"获评人数在2011年以后呈现稳定数量,即总数保持在1名范围之内,多数年份无获奖教师。"百名优秀班主任"情形则大不相同,幼儿园获奖教师呈现波浪起伏状态,时高时低,在2017年和2018年,获奖人数突破20人,增幅很大。

以2008年与2018年两年情况为例。2008年,经各区、校推荐,专家评审,社会公示,市教育局决定,授予市常青实验小学王蕾等10名同志第五届中小学、幼儿园"十佳班主任"荣誉称号,授予武汉外国语学校陈敬焕等100名同志第五届中小学、幼儿园"百名优秀班主任"荣誉称号。武汉市中小学、幼儿园第五届"十佳班主任"中无幼儿园教师获奖,武汉市中小学、幼儿园第五届"百名优秀班主任"中,幼儿园获奖教师有9位。在2018年全市中小学幼儿园"十佳""百优"班主任公示中,获得"十佳"班主任(共10名)的幼儿园教师有1名,为市直属常青阳光幼儿园朱姝月老师。获得"十佳"班主任提名人(共5名)的无幼儿园老师;获得"百优"班主任的幼儿园教师有江岸区实验幼儿园吴亚军、武昌区机关幼儿园李小玲等28人。

"十佳班主任"评选对象及范围为全市中小学、幼儿园曾荣获"省农村优秀教师""省农村优秀教育工作者""市优秀教师""市优秀教育工作者""市十佳班主任提名奖""市百名优秀班主任"及以上称号的在岗班主任教师。"百名优秀班主任"则在全市中小学、幼儿园凡曾荣获"区优秀班主任"及相关荣誉称号的在岗班主任教师中产生。评选条件包含基本条件和区别条件。基本条件包括:忠诚事业,爱生情怀;以身作则,行为示范;教书育人,育人为本;科学管理,民主治班;勤于钻研,学为人师;身心健康,情趣高雅。"十佳班主任"区别性条件为撰写的有关班主任工作或学校德育方面的论文(经验总结、专著)在市级或市级以上范围进行交流、发表;所带班级曾被评为市级以上(含市级)先进班集体。"百名优秀班主任"则要求担任班主任工作4年以上,所带班级曾被评为区级以上(含区级)先进班集体。这些条件在历年评比中变化不大,但也有因具体年份特殊要求而有所调整的现象,奖励设置情况也是如此。

在奖项设置这一块,"功勋班主任"为10名、"功勋班主任"提名奖5名;"十佳班主任"10名、"十佳班主任"提名奖5名、"百名优秀班主任"100名,名额分配各有不同。"功勋班主任"和"十佳班主任",区教育局及直属中小学(幼儿园)原则上可各推荐1名候选人参评,"百名优秀班主任"推荐名额原则上根据各区中小学幼儿园班级数进行分配。市教育局对"功勋班主任"获奖者一次性奖励10000元,对"功勋班主任"提名奖获奖者一次性奖励5000元。

简而言之,武汉市"十佳班主任"和"百名优秀班主任"评比活动的目的在于认真贯彻落实《中共中央国务院关于进一步加强和改进未成年人思想道德建设的若干意见》《教育部关于进一步加强中小学班主任工作的指导意见》的精神。按照《武汉市实施加强中小学班主任队伍建设工程方案》部署,积极实施加强中小学班主任队伍(含幼儿园)建设工程,充分发挥中小学班主任(含幼儿园)在学校教育中的骨干作用,发现新典型,树立新标杆,大力提升中小学班主任队伍(含幼儿园)整体素质。

与"十佳"和"百优"班主任评选工作相比,"功勋班主任"的评选情况并未形成常规机制,偶有举办。2010年4月至10月,武汉市教育局关于在全市中小学、幼儿园组织开展第二届"功勋班主任"和第七届"十佳班主任""百名优秀班主任"评选活动。此后,2013年和2017年也组织过"功勋班主任"评选活动。"功勋班主任"项目和"十佳班主任""百名优秀班主任"一样,旨在充分发挥先进典型的示范、引领和辐射作用,激励广大班主任教师静心教书、潜心育人。市教育局按照《武汉市实施加强中小学班主任队伍建设工程方案》部署,拟定"功勋班主任"评选对象及范围为全市中小学、幼儿园曾荣获"全国模范教师""全国优秀教师""全国优秀教育工作者""全国优秀班主任""湖北省优秀教师""湖北省优秀教育工作者""市功勋班主任提名奖""市十佳班主任"称号的在岗班主任教师。武汉市已举办三届"功勋班主任"评选活动,幼儿园均无获奖教师,这与幼儿园教育的属性、地位、当前办园条件、社会期望和活动主旨等有密切关系。

除基本条件外,"功勋班主任"区别性条件包括:长期坚守在班主任工作一线,任职15年以上,教书育人成效显著,形成了鲜明的班主任工作特色和教育风格,在管理班级、指导教师、培养学生等方面做出了突出贡献,在全市教育界中具有权威性和影响力,为同行公认;近5年,所撰写的有关班主任工作或学校德育工作方面的论文(经验总结、专著)在国家、省、市级以上综合(专业刊物)发表或在省、市级以上德育论文(案例)评比中获奖,在本地区享有较高知名度,具有推广价值;所带班级曾多次被评为市级以上(含市级)先进班集体。

自活动创办以来,在市教育局组织引导下,各区各教育单位认真贯彻落实《中共中央国务院关于进一步加强和改进未成年人思想道德建设的若干意见》《教育部关于进一步加强中小学班主任工作的指导意见》《武汉市实施加强中小学班主任队伍建设工程方案》，充分发挥班主任在学校教育中的骨干作用，切实增强教书育人的针对性、主动性和实效性，涌现出一批中小学、幼儿园班主任工作先进典型。

"功勋班主任""十佳班主任"和"百名优秀班主任"活动旨在面向全市中小学、幼儿园班主任教师，以获奖教师为榜样，爱岗敬业、关爱学生、刻苦钻研、严谨笃学、勇于创新、奋发进取、淡泊名利、志存高远，努力做受学生爱戴、让人民满意的教师。教育局以此活动为激励措施，指导各中小学校、幼儿园大力加强班主任队伍建设，充分发挥先进典型的榜样、示范、引领作用，切实增强广大班主任的职业荣誉感、工作责任感和政治使命感，鼓励他们在教育实践中不断升华育人艺术，创造工作佳绩，全面提升班主任工作质量与水平，促进全市基础教育发展。

（三）幼儿园优秀成果评选推动教育教学能力提升

除了严谨规范的示范性幼儿园评选和优秀班主任评选活动之外，幼儿园领域还可举办各类主题与不同形式的教育成果评选活动。这里简单回顾"全市幼儿园创意案例评比活动"和"幼儿园优秀自制玩教具展评活动"。

2005年下半年，为深入贯彻《基础教育课程改革纲要（试行）》《幼儿园教育指导纲要（试行）》精神，积极探索具有武汉地方特色的幼儿教育模式，促进幼儿教师专业化成长，按照武汉市教育局《关于开展全市幼儿园创意案例评比展示活动的通知》要求，市教育局在全市幼儿园组织开展了"创意案例"评比活动。经各单位推荐，专家评审确立得奖单位与教师。2006年1月20日，武汉市教育局向各区教育局、大单位教育局（处）、局直属幼儿园发布了关于全市幼儿园创意案例评比活动获奖案例的通报。

此次活动旨在总结、交流我市幼儿园课程改革的经验与成果，促进幼儿教师专业化成长，深入推进幼儿园课程改革。在单位推荐，专家评审的基础上，市教育局认定：江岸区竹叶山幼儿园教师叶露撰写的《"唱反调"的正效应》等10篇案例为"全市幼儿园创意案例评比活动"一等奖；江岸区珞珈山街幼儿园教师李莉撰写的《有趣的纸杯游戏》等20篇案例为"全市幼儿园创意案例评比活动"二等奖；江汉区小精灵幼儿园教师毕莹撰写的《开心水果》等30篇案例为"全市幼儿园创意案例评比活动"三等奖；海军工程大学幼儿园教师田立黎、蔡莲莲撰写的《轻轨》等14篇案例为"全市幼儿园创意案例评比活动"优秀奖。

2018年，武汉市教育局向各区教育局、市教育局直属幼儿园发布了关于全市第四届幼儿园优秀自制玩教具展评活动结果的通报。按照《省教育厅办公室关于开展全省第四届幼儿园优秀自制玩教具展评活动的通知》和市教育局《关于开展全市第四届幼儿园优秀自制玩教具展评活动的通知》精神，各单位积极响应，层层筛选和推荐，共有327件自制玩教具作品踊跃申报。经过网上初评、现场展评、专家组现场综合评议并进行网上公示，共选出一等奖27名、二等奖88名、三等奖135名，8个单位获得参评单位团体奖，6个单位获得参评单位组织奖。在此次评选基础上还推荐陈馨等37名教师的自制玩教具作品参加全省第四届幼儿园优秀自制玩教具展评活动。

举办此类活动的意义：一是希望获奖教师发扬成绩，再接再厉，积极投身于幼儿教育课程改革，不断提高专业能力和综合素质；二是发挥引领作用，引导各单位以活动表彰为契机，进一步深化幼儿教育课程改革，加强幼儿教师队伍建设，全面提高幼儿园教育质量，促进全市学前教育事业健康发展。

三、规范管理，引导幼儿园健康发展

（一）武汉市幼儿园管理相关条例简述

1989年9月，原国家教育委员会（现教育部）经国务院批准发布了《幼儿园管理条例》，该条例分六章共计32条。武汉市自1990年12月起遵照实施，依据该条例创办幼儿园，鼓励和支持企事业单位、社会团体、居民委员、村民委员和公民举办幼儿园或捐资助园。原国家教育委员会（现教育部）主管全国幼儿园管理工作，地方各级人民政府的教育行政部门主管本辖区内的幼儿园管理工作。

2004年在遵照执行《幼儿园管理条例》的基础上，武汉市教育局组织市教育科学研究院、原江汉大学实验师范学院（现武汉城市职业学院）、市妇幼保健院等单位的专业人员和省、市幼教专家组成评估小组，依据《湖北省示范性幼儿园评估标准（试行）》《武汉市示范性幼儿园评估标准（试行）》《武汉市幼儿园等级评定标准（试行）》，对各单位推荐申报的13所省级示范性幼儿园、7所省级先进民办幼儿园、4所市级示范性幼儿园进行了预检，对6所限期整改的幼儿园进行了复查。经评估，教育局推荐武汉市实验幼儿园等13个单位申报第三批省级示范性幼儿园，桥口区添添幼儿园等5所幼儿园申报首批省级先进民办幼儿园；常青阳光幼儿园等3所幼儿园已通过市级示范性幼儿园预检；武汉市卫生局幼儿园等5所幼儿园已通过限期整改幼儿园复查。

这13所幼儿园申报第三批省级示范性幼儿园占全市示范性幼儿园总数的36.1%,其基础设施均已达到省级示范性幼儿园的标准,保教质量显著提高,综合实力明显增强,"向管理要质量,让管理出效益"已成为大家的共识。各申报幼儿园高度重视教科研工作,"科研兴教、科研兴园、科研育人"的意识蔚然成风,他们分别参与了10多项国家、省、市、区教科研课题的研究,近半数幼儿园还独立承担了教科研课题,深入扎实的教科研工作促进了幼儿园办园特色的显现。2004年,武汉市有市级示范性幼儿园36所,面对日益增长的人民群众子女接受优质早期教育的需求,仍显得供不应求。因此,加强示范性幼儿园的建设和管理,扩大优质幼教资源,整体提升武汉市学前教育的综合实力,成为迫在眉睫的问题。

2005年,武汉市教育局发布了《武汉市规范幼儿园办园行为管理办法(试行)》的通知。《武汉市规范幼儿园办园行为管理办法(试行)》分别对办法条例颁布宗旨、幼儿受教育权利保障、幼儿身心全面和谐发展的教育目标、保护幼儿生命和促进幼儿健康的工作重要性进行说明,对幼儿园实验班、兴趣班、特色班和幼儿园其他教育服务进行界定并提出要求,突出并强调管理责任。该办法适用于全市各级各类幼儿园(含民办幼儿园)。《武汉市规范幼儿园办园行为管理办法(试行)》旨在进一步提高幼儿园教育质量和管理水平,依法实施幼儿教育管理,规范幼儿园办园行为,促进幼儿教育事业持续、健康、协调发展。

为了认真贯彻落实《国务院关于当前发展学前教育的若干意见》和《湖北省政府办公厅关于印发湖北省学前教育三年行动计划的通知》精神,进一步规范我市民办幼儿园的办园行为,切实缓解当前学前教育"入园难"的矛盾,2011年市教育局按照"引导发展、规范管理、确保安全"的原则,结合实际制定了《武汉市民办简易幼儿园办园基本标准(试行)》。该标准由市教育局负责解释,试行期为3年。2011年12月,市教育局下达通知,要求各区教育局要在区政府的领导下,对照本标准全面开展区域内无证幼儿园的清理整顿工作,采取"引导发展一批、限期完善一批、坚决取缔一批"的思路,全面规范无证幼儿园;明确职责,加强对民办简易幼儿园的管理,要按照业务归口的原则,将民办简易幼儿园纳入各区教育局相关部门的日常管理范畴,确保落实各自的工作职责,坚持属地管理原则,把安全工作放在首位。各区教育局相关职能部门要将民办简易幼儿园纳入常规管理,与公办幼儿园和审批设立的其他民办幼儿园同等对待,在保育教育、师资培训、财务管理、制度建设等方面加强管理和指导,促进其提高保教质量和水平。

（二）专项治理与规范管理常抓不懈

开展幼儿园乱收费整治工作。针对部分幼儿园兴办各种特色班以及乱收费现象,武汉市教育局关于开展幼儿园办园行为专项检查的工作,坚决查处幼儿园违规举办特色班、兴趣班、双语班、学前班、实验班和以开办特色班、兴趣班、双语班、学前班、实验班为由,另外收取费用的行为。检查形式采取自查与抽查相结合的方式,接受举报与实地暗访相结合。自查结果形成武汉市幼儿园办园行为专项检查工作自查表,实地暗访入武汉市幼儿园办园行为专项检查工作实地督查暗访情况登记表。后期经过几次专项治理,全市幼儿园特色班举办情况以及借此乱收费用的情况得到规范管理。

如2011年4月,武汉市教育局向各区教育局,局直属中小学校、幼儿园发布关于重申中小学幼儿园收费政策的通知,严厉重申收费政策,严格收费程序,按照"五统一"（统一规定的收费项目、统一规定的收费标准、统一规定的时间、统一规定的地点和统一使用规定的收费票据）的要求,推行"阳光收费"。通知明令中小学含幼儿园服务性收费和代收费必须坚持学生自愿和非营利原则,即时发生、即时收取,据实结算,不得与学费合并统一收费,严禁中小学、幼儿园强制服务并收费,或只收费不服务。要求对违反规定乱收费的中小学、幼儿园,除责令全额退款给学生外,还将依法追究当事人和相关责任人的责任。

为进一步加强中小学、幼儿园交通安全管理,消除校车交通安全隐患,预防重特大道路交通事故,切实保障广大中小学生和幼儿的人身安全,2006年,武汉市教育局根据《教育部公安部关于对中小学校车开展集中排查整治的紧急通知》要求,下发了关于对全市中小学和幼儿园校车开展集中排查整治的紧急通知。2007年到2008年间,根据市综治办、市学校及周边治安综合治理暨安全文明校园创建工作领导小组办公室、市教育局、市交委、市公安局交通管理局联合发布的《关于进一步加强中小学校及幼儿园校车安全管理的通知》,要求进一步加强对全市中小学（幼儿园）校车及其驾驶人的管理,确保中小学生和幼儿安全出行。

对于校车安全管理,要加强组织领导,安全排查整治工作专班,责任到人,集中开展校车排查和检验,一旦发现安全隐患,立即要求整改,不消除隐患则禁止行驶。对校车驾驶人员开展资格审查和安全教育,签订安全驾驶责任书。与此同时,深入到中小学、幼儿园中开展交通安全教育,增强学生和幼儿交通安全意识。在市校车管理专项工作领导小组统筹管理之下,全市教育行政部门在籍中小学校、幼儿园符合条件的校车,办证率、复核率达100%,全市教育行政部门在籍中小学校、幼儿园校车驾驶员办证率、复核率达100%,健全全市教育行政部门在籍中小学校、幼儿园校车规范管理工作制度,依法取缔了一批非法的"黑校(园)车"。这一系列集中整治举措有效地消除了校车安全隐患,保障了幼儿日常安全出行的基本需求。

遭遇恶劣天气时,要及时采取应急预案措施。2010年1月,天气寒冷恶劣,武汉市教育局发布了关于做好中小学、幼儿园强降雪恶劣天气期间教育教学管理工作的紧急通知,要求各单位进一步加强中小学、幼儿园强降雪恶劣天气期间教育教学管理工作。面对强降雪恶劣天气的突然出现,市教育局果断决定全市义务教育阶段学校和幼儿园全部停课,直属中小学、幼儿园恢复上课时间由基础教育处根据天气情况决定。各区、校要严格执行值班制度和安全保卫工作信息报告制度,认真安排好值班工作,确保学校校舍安全和教育教学工作万无一失。

常规管理是正常教育教学秩序与各项安全稳定的保障,也是教育工作常抓不懈的重点。市教育局认真学习并贯彻执行《国务院关于当前发展学前教育的若干意见》,阶段式地开展进一步加强幼儿园常规管理的工作部署,结合省、市学前教育三年行动计划,不断重申幼儿园常规管理的重要性,要求各区认真落实,切实规范幼儿园办园行为,维护正常保教秩序,提高办园水平和保教质量,保障适龄儿童身心健康成长。在教育教学单位管理机制方面,要求幼儿园完善管理体制,进一步厘清幼儿园规范管理职责,科学设置幼儿园课程,重视队伍建设,进一步规范幼儿园师资队伍管理,强化安全责任,进一步规范幼儿园安全防护管理。

开展幼儿园专项治理,取缔无证"黑园"。2011年年底,湖北省教育厅对全省学前教育有关工作进展情况进行了一次全面调查摸底,各地以县(市、区)为单位在"湖北省教育数据直报系统"中填报了2011年度幼儿园资质清理整顿情况统计表。报表显示,我市有230所无证办园尚未整改完成,28所无证办园尚未清理。2012年2月,武汉市教育局发布了关于做好无证幼儿园清理整顿工作的通知,要求对无证幼儿园进行清理整顿。各区依据《武汉市民办学前教育机构设置审批标准》和《武汉市民办幼儿园简易设置审批标准(试行)》,按照"规范一批,整改一批,取缔一批"的原则,加强幼儿园审批准入和依法依规管理,收效显著,全市幼儿园持证办园、规范管理的整体情况迈上新台阶。

（三）教育教学管理持续发力推动质量建设

1. 开展"小学化、学科化"治理行动

2005年9月，《武汉晨报》刊载题为《满园特色禁不住 顶风开班谋钱途——江城多数幼儿园有特色班》的报道，开启了市教育局全面开展幼儿园办园行为专项检查，坚决纠正幼儿园"小学化、学科化"倾向治理工作。市教育局基教处经过调查、核实报道中反映的问题，印发了《市教育局关于开展幼儿园办园行为专项检查的紧急通知》，并针对报道问题加强了督查督办，严肃查处违规办班行为，且召集市教科院等部门幼教专家，研究制定了《市教育局关于规范幼儿园办班行为的暂行办法》，对幼儿园办班行为进行规范指导。

时至2008年，市教育局根据当时的问题与意见反馈，再次向各区教育局、局直属幼儿园发布《关于纠正"小学化"、"学科化"倾向，切实加强幼儿园教育教学指导与管理的意见通知》。通知要求以科学发展观为统领，全面贯彻落实《幼儿园工作规程》《国务院办公厅转发教育部等部门（单位）关于幼儿教育改革与发展指导意见的通知》《幼儿园教育指导纲要（试行）》，严格执行省、市关于幼儿园教育教学管理的有关规定，遵循学前教育自身规律，尊重幼儿身心发展客观规律，深刻反思当前我市幼儿园教育教学管理中存在的问题，认真总结前期幼儿园课程改革工作经验，深入推进幼儿园课程改革，科学探索幼小衔接，大力加强家园共育等各项工作，全面贯彻教育方针，全面实施素质教育，促进全市学前教育健康发展。

各幼儿园学年度执行课程计划要求全面贯彻教育部颁发的《幼儿园教育指导纲要（试行）》和《武汉市幼儿园课程纲要（试行）》精神，认真落实《武汉市幼儿园教育常规管理暂行办法》要求，以游戏为基本活动，保教并重，关注个别差异，尊重幼儿身心发展和学习特点，为幼儿提供健康、丰富的生活和活动环境，满足他们多方面发展的需要，培养幼儿良好的习惯和兴趣，切实遵循幼儿发展的规律，全面实施素质教育，积极推进幼儿园教育改革，摆脱"保姆式"教育模式，纠正幼儿教育"小学化"倾向，防止应试教育的消极因素向幼儿教育渗透。市教育局多次重申严禁违规开办各种类型的特色班、兴趣班和实验班，严禁开展违背幼儿身心发展规律的教育实验和教科研活动，入园率达到85%以上的地区一律不得举办学前班。

2. 推进实验基地建设，促进幼儿园课程改革

为进一步深化基础教育课程改革实验，推进市幼儿园教育课程改革向

纵深发展,武汉市决定开展市级幼儿园教育课程改革实验基地园评审工作。2005年到2009年共推进4批幼儿园课程改革实验基地项目的评审、评估和验收工作。2005年10月开始第1批实验基地评审工作,评审名称包括"武汉市幼儿园教育课程改革实验综合发展基地园"和"武汉市幼儿园教育课程改革实验特色示范基地园"。评审对象为各区(大单位)教育局(处)开展幼儿园教育课程改革实验的幼儿园。工作程序包括自查、申报、专家考核、确定名单。评审方法包括听取汇报、查阅资料、观摩活动、走访、座谈、问卷调查、反馈意见等方式。

2006年1月,通报命名武汉市实验幼儿园、汉阳区晨光幼儿园等8所幼儿园为武汉市第一批幼儿园教育课程改革实验基地园,武汉市实验幼儿园、武钢金色阳光幼儿园和江岸区珞珈山街幼儿园为武汉市第一批幼儿园教育课程改革实验特色示范基地园,汉阳区晨光幼儿园、洪山区街道口幼儿园、湖北省省直机关第三幼儿园等5所幼儿园为武汉市第一批幼儿园教育课程改革实验综合发展基地园。2007年,经过评审,武汉常青阳光幼儿园等11所幼儿园成为武汉市第二批幼儿园教育课程改革实验基地园。

2009年11月,市教育局要求全面贯彻教育部《幼儿园教育指导纲要(试行)》和《武汉市幼儿园课程纲要(试行)》精神,认真落实《武汉市幼儿园教育课程改革实验基地园建设的指导意见(试行)》的要求,通过评估深入推进幼儿园课程改革,构建具有武汉地方特色的幼儿园园本课程体系,全面提升幼儿园的保教质量和办园水平。评估对象为全市各级各类幼儿园。

评估按类别分为综合发展基地园和特色示范基地园两类。综合发展基地园从"课程编制""课程管理""课程实施""课程评价"四个方面进行考核评估。特色示范基地园在综合发展基地园评估的基础上,增加"课程特色"作为考核评估内容。两类课程改革实验基地园采用同一评估标准,其指标体系由三级指标构成。根据评估指标的重要性分配不同的等级权重,赋值计分。评估采取听取汇报、教师座谈、实地考察、资料查阅、教学观摩、问卷调查、作品分析等多元评价方式进行,客观、公正、全面地评价幼儿园的课程体系。课程改革阶段性成果明显,时至2009年全市建有课程改革实验基地41所,占全市幼儿园总数的6.43%。

3. 办好家长学校,提升家长教育水平

家庭教育是现代国民教育的重要组成部分,是学校教育、社会教育和终生教育的基础。要积极引导家长与学校主动配合,促进学生全面发展、健康成长。从教育局官网获悉的资料可以看出,2005年以前市教育局就指导各区开展家长学校的活动至今。举办家长学校的初衷是为了提高家长的教育能力和水平,家长学校的规范化组织、管理和教育质量是提升家长素质的重要环节。

2005年11月至12月期间,武汉市教育局关于对全市中小学、幼儿园家长学校办学情况进行了专项调研,主要采取听、查、访的调研方法。听,即听取区、校家长学校的情况汇报;查,即查阅区、校家长学校的工作资料和工作记录;访,即走访学校、社区和有关部门,了解其对家长学校工作的意见和建议。调研内容包括各中小学、幼儿园家长学校的基本情况和区级教育部门推动家庭教育工作的情况。

在调研基础上,2006年5月,市教育局向幼儿园发布了《关于在"十一五"期间进一步加强全市中小学幼儿园家长学校工作的意见》。意见提出,中小学幼儿园家长学校工作的目标为中小学幼儿园家长学校办校率中心城区达到100%,新城区达到90%以上,中心城区家长受教育率巩固在95%以上,新城区家长受教育率巩固在90%以上,中心城区家长掌握家庭教育知识率达到80%以上,新城区达70%以上。将家长学校的办校规模与办校质量目标化、任务模块化,防止出现办学形式化和片面化。

在《市教育局关于在"十一五"期间进一步加强全市中小学幼儿园家长学校工作的意见》精神的引领下,通过各种举措切实加强幼儿园家长学校科学化、规范化、制度化建设,武汉市幼儿园家长学校教育教学质量得到了全面提升。2007年4月至10月,全市组织开展了中小学幼儿园家长学校优质课评选活动。举办单位是市教育局基教处、家教办、关工委家庭教育中心。参赛对象为全市中小学幼儿园家长学校专职教师(限本校教师)。从教学目标、教学内容、教学方法、教学能力、教学效果五个方面进行评审,其中着重评议教学的科学性、针对性、实效性。市教育局组织专家采用观看教学录像、审阅相关资料的形式进行综合评定,最终评选出一、二、三等奖,并颁发荣誉证书。

这次评选活动获得了很好的效果,2007年全市中小学幼儿园家长学校优质课评选活动经学校初评、区教育局评审推荐和市教育局组织专家集中评审,评选出新洲区直属机关幼儿园何丽萍老师主讲的《请为孩子的发展做正确的事》、武汉市常青童馨幼儿园周玮老师主讲的《玩具的教育功能——如何利用废旧材料制作玩具》等8节课获市中小学幼儿园家长学校优质课一等奖(含幼儿园获奖教师2人);江汉区武汉关小学韩晖老师主讲的《走进孩子的心灵》等9节课获市中小学幼儿园家长学校优质课二等奖(含幼儿园获奖教师3人);市第二十三初级中学周剑老师主讲的《如何指导孩子养成良好的学习习惯》等12节课获市中小学幼儿园家长学校优质课三等奖(含幼儿园获奖教师3人)。

家长学校工作在不断取得新进展的同时,也存在着一些亟待解决的问题,如少数区的家长学校工作发展不平衡,办学理念与社会发展不相适应,一些家长学校管理工作不够规范,教学内容缺乏时代性、针对性、实效性,办学质量有待进一步提高等。针对这些现实问题,2009年2月,市教育局发布了《关于进一步加强全市中小学、幼儿园家长学校工作的通知》。此次通知在对各区家长学校办校率、家长受教育率和家长掌握家庭教育知识率提出新的任务部署以外,还要求各区进一步明确幼儿园家长学校性质和工作目标,争取创建一批省级家庭教育工作示范区、示范家长学校,以及市级示范家长学校。

近几年来,武汉市不断发布有关意见与活动通知,以达到持续跟踪管理与提高办校水平的目的。2015年,为贯彻落实《教育部关于加强家庭教育工作的指导意见》,进一步提升全市中小学幼儿园家长学校教师授课水平,提高家长学校课堂教学质量,武汉市于上半年举行了幼儿园家长学校优质课展示活动。2018年,市教育局关工委向各区教育局,局直属中小学、幼儿园发布了第七届全市中小学幼儿园家长学校优质课展示活动结果的通知。举办家长学校优质课活动的目的在于按照《武汉市家庭教育"十一五"计划》要求,创造性地开展家长学校教育科研活动,利用集体备课、优质课评比、课题研究等形式,积极探索中小学、幼儿园家长学校工作机制,包括规范教学管理、加强学员管理、注重教学研究和加强督导评估。

第三节 武汉幼儿园教育科研教研取得的成果

一、中国知网平台分析结果

中国知网始建于1999年6月,是以实现全社会知识资源传播共享与增值利用为目标的信息化建设项目。凭借优质的内容资源、领先的技术和专业的服务,中国知网在业界享有极高的声誉。借助知网平台,笔者对"武汉市 幼儿园"进行文献搜索与整理(见表2-7),其中既包括发表论文与期刊类型获取,又包括对武汉市幼儿园教育进行相关研究的历程和成果。

表 2-7　中国知网主题检索"武汉市 幼儿园"文献年度层次结果

年度	1960	1963	1982	1984	1986	1989	1990	1992	1998	1999
篇数	1	1	1	1	1	1	2	1	2	4
年度	2000	2001	2002	2003	2004	2005	2006	2007	2008	2009
篇数	3	2	2	3	14	5	7	8	9	9
年度	2010	2011	2012	2013	2014	2015	2016	2017	2018	2019
篇数	19	13	20	20	24	17	23	18	13	5

注:检索时间截止于 2019 年 8 月 14 日星期三中午 12 点。

中国知网主题检索"武汉市 幼儿园"文献分类结果如表 2-8 所示。1960 年至 2019 年间,1960 年发表了一篇题为《武汉市幼儿园 969 名儿童身长体重、胸围的初步调查报告》的论文,作者是苏正华,发表于《武汉医学院学报》,用繁体字撰写而成,这是主题检索结果里年代最早且有记录的一篇文章。1963 年 5 月,《武汉医学院学报》上发表了《武汉市学龄前儿童蛲虫感染情况调查》。这两篇是在中国知网上进行"武汉市 幼儿园"主题检索得到的最早的文献记录。1982 年有一篇发表在《人民音乐》里的名为《全国少年儿童"红五月"歌咏比赛一、二等奖获奖单位》的报道,在幼儿园组评比中武汉市未获得奖项。刘荣才撰写的期刊论文《普教改革要跟上全国改革的形势——记湖北省暨武汉市心理学会关于幼儿园与小学衔接问题学术讨论会》,发表于《教育研究与实验》,发表时间为 1984 年 5 月 15 日,下载量为 35。2019 年最新发表的五篇论文中,有一篇硕士论文,名为《幼儿园主题活动的实施现状、问题及对策研究——以武汉市 Y 幼儿园为例》,其他 4 篇均为期刊论文,涉及幼儿园创建纪实和园本课程,以及教师专业成长等方面,主要发表在《新课程研究》和《黄冈师范学院学报》两种期刊上。

表 2-8　中国知网主题检索"武汉市 幼儿园"文献分类结果

类别	武汉市	幼儿园	幼儿教育	幼儿教师	幼儿园教师	幼儿园管理	幼儿发展
篇数	156	152	17	22	18	12	10
类别	幼儿家长	幼儿园工作	教育行政组织	学前教育	幼儿教师流动	托幼机构	意外伤害
篇数	7	6	6	6	4	5	4
类别	儿童忽视	民办幼儿园	调查研究	现状研究	武昌区	洪山区	东西湖区
篇数	4	6	6	4	5	5	4

注:检索时间截止于 2019 年 8 月 14 日星期三中午 12 点。

对从中国知网上通过相关主题的检索获取的文献信息进行简单分析，可以得出两点结论。第一，从年度层次看，关于武汉市区域范围内的幼儿园教育相关性研究整体呈上升趋势。从1960年到2019年，这方面的研究可以明显地分为三个发展段落。从1960年到1998年，知网登录的文章数量变化不大，这里面既有历史因素也有平台发展局限性的制约；从1999年到2009年，每年都有相关研究成果，数量呈现前低后高态势，中间达到顶峰，即2004年一年的成果达到14篇，居这一期间年发表量之最；从2008年到2018年，每年的研究成果篇幅差距不大，呈现相对连续且稳定的状态，这说明武汉市幼儿园相关研究持续得到了研究人员（包括一线教师）的关注与重视。第二，从武汉市关于幼儿园教育相关性研究类别来看，研究类别越来越丰富，从密切关注幼儿健康包括疾病预防等方面扩展到各个类别的研究项目中来，如既关注儿童又关注教师，既强调行政职能又注重管理艺术，既着重幼儿园视角又拓展至学前教育事业发展等。关于儿童发展、教师流动、薪资待遇、心理健康、规范管理、课程开发、园本研究、托幼机构等方面的研究逐渐成为热门课题。

二、武汉市教育专刊文献分析结果

武汉市教育科学研究院是2000年12月由原武汉市教学研究室、武汉市教育科学研究所、武汉市电化教育馆三单位合并，经武汉市机构编制委员会批准成立，隶属武汉市教育局的副局级事业单位。研究院基本职能是研究、指导、评价、服务，主要任务是开展"三大研究"，即教育理论研究、教育宏观决策研究、教育实践研究。

1981年至1993年，武汉市教育科学研究院创办《成才学报》，月刊发行。从1994年起更名为《武汉市教育科学研究院学报》，2007年出版第2期后停刊。该期刊的创办既为武汉市各教育单位进行教育研究提供了有力的指导，也是武汉市各级各类学校教师以及专业研究人员展现教育研究成果的高水准平台。按照布拉德福的文献离散规律，一个学科的绝大多数关键文献通常都会集中发表于少数核心期刊上。对一度影响较大的专业期刊进行量化分析，即可基本了解该领域的发展状况。因此，通过随机抽取某些年份进行幼儿园教育及其相关领域的文献搜索与整理（见表2-9和表2-10），可以发现幼儿园教育研究涉及园内、园外各个领域，研究成果多涉及实践层面，为提升武汉市整体幼儿园教育质量做出了历史贡献。

表 2-9　2004 年《武汉市教育科学研究院学报》刊登幼儿(园)教育类研究成果情况

期号	第 12 期	第 11 期	第 10 期	第 9 期	第 8 期	第 7 期
篇数	4	4	7	6	7	5
期号	第 6 期	第 5 期	第 4 期	第 3 期	第 2 期	第 1 期
篇数	6	6	5	0	1	7

表 2-10　2006 年《武汉市教育科学研究院学报》刊登幼儿(园)教育类研究成果情况

期号	第 12 期	第 11 期	第 10 期	第 9 期	第 8 期	第 7 期
篇数	6	2	0(高考相关)	4	32(幼教专刊)	1
期号	第 6 期	第 5 期	第 4 期	第 3 期	第 2 期	第 1 期
篇数	0	2	0	7	0	4

以 2006 年为例,《武汉市教育科学研究院学报》(以下简称《学报》)共出刊 12 期,这一年《学报》集中刊发了大量的幼儿园教育研究成果,共计 58 篇,特别在第 8 期进行了幼儿教育专刊设置。第 8 期刊载 32 篇,有彭兵、陈红梅发表的《研究型幼儿教师培养模式初探》和《幼儿实践潜能开发之研究》、张雁撰写的《以研究性学习促进教师专业成长》、缪金萍的《以园本培训促进教师专业成长》、王蕾的《建构师幼有效互动机制探析》、刘秀华的《教师观察笔记现状及改进对策》、武汉石化幼儿园课题组的研究成果《创设适宜的环境 培养幼儿创新潜能》、武汉市青山区第一幼儿园课题组的《构建以幼儿为主体的幼儿园健康教育体系》、军事经济学院幼儿园课题组的《学军活动中幼儿抗挫能力的培养》等。研究视角丰富,涉及幼儿园教育的方方面面,关注对象既有幼儿教师又有幼儿本身,幼儿教师研究又涉及专业成长问题、师幼关系、技能养成与培养模式等。几近涵盖与幼儿类研究成果相关的各个角度,既有关注幼儿自身性格能力的,又有关注课程研究引导成长的,还有注重家庭教育社区资源发挥其教育功能的,等等。

三、武汉市幼儿园相关研究评比活动

除了上面提到的武汉市教育科学研究创办的《学报》为幼儿园教育研究提供了平台与支撑,展现了武汉近年来的幼儿园教育发展脉络以外,市教科院还组织了许多有利于幼儿园发展、教师素养提升的各类研究评比活动。

(一) 2011—2014 年的主要活动

2011 年年初,为不断深化武汉市学前教育课程改革,加强幼儿园教研工

作管理，推进基层教研组建设，规范各级各类幼儿园教研工作，提高教育教学质量，根据"武汉市幼儿园优秀星级教研组评选条件"，在武汉市开展了第三届幼儿园优秀星级教研组评选活动。2011年3月8日，市教科院公布了评审结果，最终评审出江岸区爱儿坊东立国际幼儿园语言教研组、江汉区晶晶锦绣幼儿园体育教研组、洪山区街道口幼儿园丽岛分园科学教研组等12个优秀星级教研组。此项活动旨在积极推广优秀星级教研组的有益经验，进一步加强本区（本园）教研组建设，推动全市学前教育教学研究工作的不断发展。

优秀星级教研室评比活动结束后不久，在市教科院大力支持之下，市教育学会学前教育专业委员会组织了第十一次教科研成果评比活动，2011年6月20日评比结果公布。根据《武汉市教育学会学前教育专业委员会第十一次教科研成果评比的通知》的文件精神，由个人申报、各区（直属园）分会推荐，市教育学会学前教育专业委员会共受理全市各级各类幼儿园申报的论文147篇。经专家评审、学会审定，尹力等同志撰写的《幼儿园主题探究课程（小、大班）幼儿操作材料需求调研报告》等16篇论文获一等奖，张荣芬同志撰写的《新课程背景下教研组团队研修的有效探索》等37篇论文获二等奖，刘莉同志撰写的《在操作中学习——操作体验系列之我见》等76篇论文获三等奖。

为稳步推进幼儿园素质教育，强化幼儿教师队伍建设，全面提高幼儿园教学质量，促进全市学前教育事业可持续发展。市教科院按照《市教科院关于举办武汉市幼儿园教师优质教学活动（艺术领域）评比的通知》进行部署，经各单位推荐和专家评审，确定了江岸区大江园幼儿园国静老师执教的"奇特的手画"等两节艺术教学活动为一等奖；武汉市汉阳区德才幼儿园陈凤丽老师执教的"小小蛋儿把门开"等四节艺术教学活动为二等奖；江汉区小精灵幼儿园毕莹老师执教的"美丽的芭蕾舞裙"等六节艺术教学活动为三等奖。2011年6月30日，市教科院官网平台公布了武汉市幼儿园教师优质教学活动（艺术领域）评比结果的通报。此项活动既展示了优良的教学能力与水平，也起到了激励广大幼儿教师积极投身幼儿园教育课程改革、不断提升自身专业水平的目的。

2012年11月，市教科院组织了武汉市幼儿园教师教学技能大赛评比活动，评比结果为江岸区英才幼儿园周卫华、华中科技大学附属幼儿园蒋璐、湖北省省直机关第一幼儿园骆雯等8名教师获得一等奖；硚口区同馨幸福幼儿园姚薇、武汉市直机关育才幼儿园朱璇、青山区第一幼儿园夏艳等23

名教师获得二等奖。2012年10月,武汉市教育科学研究院发布《关于开展新形势下学前教育保教活动实验实施意见的通知》。2012年12月,武汉市教育科学研究院学前教育保教活动实验组为了深入推进《新形势下学前教育保教活动实验》的开展,结合当时学期研讨重点"幼儿游戏资源与家园互动合作研究"举行了一次现场研讨活动。

2013年也是学前教育暨幼儿园教育活动频繁、成果丰硕的一年。武汉市教育科学"十二五"规划重大研究项目"武汉市基础教育特色校(园)形成途径研究"已经正式批准立项,由市教科院基教所周冬祥研究员主持该课题的研究。为了更好地完成课题研究任务,研究人员决定诚邀有兴趣参与本课题研究的各位专家,征集子研究课题,发布了"武汉市基础教育特色校(园)形成途径研究"子课题邀约公告。该课题研究内容有6项要点,涵盖中小学和学前学段,其中第1项是基础教育特色学校(园)建设的基本理论研究,第5项为武汉市特色幼儿园形成途径研究。在武汉市特色幼儿园形成途径研究模块中,市教科院总课题组又开展了实验样本校(园)申报、审批以及调研等工作。

2012年到2013年,武汉市教科院组织了关于2013年中小学、幼儿园、中等职业技术学校教师竞赛评比活动,教育管理与发展研究室举行了武汉市特色学校文化建设优秀成果征集活动,得到了学校的积极响应。2013年9月至10月,在武汉市教育学会教育管理专业委员会理事会的协助下,收集了论文200余篇,其中江岸区19篇、江汉区26篇、硚口区20篇、汉阳区8篇、武昌区61篇、洪山区4篇、青山区10篇、东湖新技术开发区7篇、汉南区8篇、东西湖区3篇、黄陂区18篇、江夏区16篇、蔡甸区7篇、新洲区15篇。经过初审、复审环节,按照征文方案,评审出一等奖25篇(约占10%);二等奖47篇(约占20%);三等奖73篇(约占30%)。

2014年湖北省举办第五届幼儿园教师技能大赛活动,武汉市教育局十分重视此项活动,市教科院转发了"湖北省第五届幼儿园教师教育技能大赛竞赛规则"的通知,遴选并组织我市幼儿园教师参加。近年来,我国越来越重视学前教育的发展,尤其在就近入园、规范办园、提升幼儿园教育质量方面。百年大计教育为本,教育大计教师为本,归根到底,要想提高教学水平,首先要从提高教师整体素质和教学能力入手。虽然各届的幼儿园类教育教学技能比赛要求与规则会有所变化和调整,但总的方针指向不变,即"以赛促教",让教育教学竞赛成为幼儿园教师尤其是青年教师教学能力培养的重要途径。同时,大赛能够促进更大范围内教师之间的经验交流与共同提高,尤其能使青年教师从中获得教学方法、教学手段、教学组织、教学技巧等多方面的启发和帮助。该赛事的功能和意义是长久深远的。

（二）2015—2018年的主要活动

2015年年初，武汉市教科院公布了早期开展的"创设适宜的教学环境优化幼儿园区域活动"的评比获奖名单。团体奖项（包括整体介绍以及现场演讲环节）的获奖者：武汉市实验幼儿园主讲教师李耀娟的"童心世界＋绿色家园"等4所幼儿园团体获得一等奖；江汉区北湖稚雅幼儿园、市直机关健康幼儿园等8所幼儿园获得二等奖；江夏区藏龙岛圃蕾幼儿园、武汉经济开发区军山凤凰苑幼儿园等8所幼儿园获得三等奖。个人奖项：东湖新技术开发区流芳幼儿园周年香的"'我会玩'主题环境创设"、硚口区机关幼儿园石雪颖的"我爱家乡武汉"等4个教学活动为一等奖；市直机关健康幼儿园缪琼的"倾听孩子一百种语言"、洪山区实验幼儿园熊蕾蕾的"绿野仙踪武汉游记"等8个教学活动为二等奖；武汉经济技术开发区育才实验幼儿园张妍的"让环境成为无声、无痕的教育"、东西湖区为明幼儿园吕中雪的"快乐的小厨房"等8个教学活动为三等奖。

2015年5月，武汉市教科院围绕"聚焦教育教学，提高保教工作质量"开展了幼儿园教师优质教学活动评比。评比对象为全市各级各类幼儿园教师。评比活动内容选自"幼儿操作体验系列"、《豚豚活动包》（修订版）。评比活动包括教学活动方案设计、现场教学活动、教学活动反思。2015年7月，市教科院公布了武汉市幼儿园健康领域优质教学活动评比的获奖名单，武昌区江南庭苑幼儿园执教老师叶宁的"穿越大挑战"、江汉区北湖幼儿园执教老师胡华的"轮胎乐"等4个教学活动为一等奖；湖北工业大学幼儿园柴晓雯的"请大声说出来"、江岸区鄱阳街幼儿园肖屹春的"食物的旅行"等5个教学活动为二等奖；武钢幼教中心青青幼儿世界体育园汪菲的"挑战跳跳球"、黄陂区直属机关幼儿园胡坤的"弹珠挑战赛"等6个教学活动为三等奖。

除此以外，2015年11月至12月，市教科院还组织了关于开展武汉市幼儿园教师优秀论文评比活动。评比对象为全市各级各类幼儿园教师及教学研究人员。各区、各单位参评教师名额分配为江岸13篇、东西湖4篇、江汉11篇、汉南4篇、硚口11篇、蔡甸4篇、汉阳10篇、江夏5篇、武昌13篇、新洲5篇、青山10篇、黄陂5篇、洪山11篇、沌口开发区5篇、武钢5篇、东湖新技术开发区3篇、市教育局直属1篇，合计120篇。2015年11月，武汉市教科院召开了科研项目"武汉市基础教育特色校（园）形成途径研究"的结题筹备会。

  为全面推进幼儿园教育改革，稳步提升保教工作质量，不断提高单位时间内教学的有效性，促进幼儿身心全面、和谐发展，市教育局和教科院继续开展各类教学评比竞赛活动，以赛促教，引领行业发展、提升教育教学质量。2015年下半年到2016年，相继举办了武汉市幼儿园语言领域优质教学活动评比、武汉市幼儿园社会领域优质教学活动评比、武汉市幼儿园教师优质教学活动评比、武汉市幼儿园教师优秀一日活动方案评比等活动。如2016年1月，市教科院公布了武汉市幼儿园语言领域优质教学活动获奖名单，武汉市青山区第二幼儿园天兴分园何春燕的"要，不要"、武汉市东湖新技术开发区流芳幼儿园柴烨的"摇摇晃晃的桥"等4个教学活动为一等奖；武汉市江岸区珞珈山街幼儿园的胡询爽"有趣的动词游戏"、武钢青青幼儿世界紫荆园李青的"家里的新成员"等5个教学活动为二等奖；武汉市同济医院幼儿园朱丹的"会长高的房子"、武汉经济开发区薛峰幼儿园刘庭的"奇妙的骰子"等6个教学活动为三等奖。2016年5月，市教科院发布了举办2016年武汉市幼儿园教师优质教学活动评比的通知。全市各级各类幼儿园教师均可通过遴选参加，评比内容主要包括教学活动方案设计、现场教学活动、教学活动反思几个方面。

  武汉市幼儿园教师优秀一日活动方案评比活动于2016年9月发布，2017年在教科院官网对获奖名单进行了公示。2017年，市教科院组织了武汉市幼儿园教师艺术领域优质教学活动评比、关于开展国家学前教育改革发展实验区"健全学前教育教研制度"优秀论文评比、幼儿园教师科学领域（数学认知）优质教学活动评比，并于2017年7月公布了获奖结果。

  武汉市幼儿园教师艺术领域优质教学活动评比，其评比内容为幼儿园优质教学活动评比，主要包括方案设计、现场教学、答疑与反思几个方面。"健全学前教育教研制度"优秀论文评比的目的是依据区域教研、园本教研的内涵特征、研讨模式，不断健全运行机制、策略方法和评价机制，建立教研责任区长效机制，构建区域、园本教研整体推进制度和推进机制。武汉市幼儿园教师科学领域（数学认知）优质教学活动评比获奖结果为，东湖新技术开发区流芳幼儿园柴烨的"小兔寻宝记"、青山区第二幼儿园天兴分园吴红兰的"淘宝淘淘"等7个教学活动为一等奖；武昌区育红幼儿园汪浩的"果汁的多少变了吗"、洪山区街道口幼儿园彭伟的"最强大脑"等10个教学活动为二等奖；蔡甸区多山中心幼儿园蔡文心的"小猪盖房子"、江夏区金港幼儿园向萌的"感知10以内的数量关系"等14个教学活动为三等奖。

2018年在上一年活动的基础上,继续开展全市"健全学前教育教研制度"优秀案例评比活动,评比要求紧紧围绕《武汉市"健全学前教育教研制度"试点任务实施方案》精神,参评内容范围涉及教研管理、教研制度、教研活动、教研文化几个方面。参评案例内容包括文本材料和对应的微视频两个部分。此外,市教科院组织举办了武汉市幼儿园教师科学领域优质教学活动评比,并于2018年7月公示了获奖名单。汉阳区晨光幼儿园执教老师吴思的"好玩的空气炮"、省直机关第一幼儿园执教老师杨晓龙的"纸箱先生过生日"等5个教学活动为一等奖;江岸区珞珈山街幼儿园黎黄陂园区执教老师周苏的"会跳高的小动物"、青山区实验科技幼儿园执教老师周瑞翔的"战狼行动"等12个教学活动为二等奖;洪山区实验幼儿园执教老师王红的"有趣的影子"、江岸区珞珈百步亭幼儿园执教老师刘畅的"组装达人"等13个教学活动为三等奖。

这些活动的举办从园本教育来看,其宗旨是不断提高单位时间内教学活动的有效性,解决教师在社会领域教育活动组织与实施过程中的实际问题,提升幼儿园教师专业素养,促进幼儿身心和谐发展。从学前教育区域发展规划来看,其目标是希望通过实践、反思、再实践的工作思路,及时总结研究过程与评比活动中创造出的有益经验和做法,深化武汉市学前教育改革发展,提升武汉市幼儿园教师专业水平和实践能力,稳步提升幼儿园整体保教质量。

2014年,教育部、国家发展改革委、财政部印发的《关于实施第二期学前教育三年行动计划的意见》中特别强调:"坚持公益普惠,进一步优化学前教育资源配置,公办民办并举,努力提高学前教育公共服务水平。"同时,提出了"扩大总量、调整结构、健全机制、提升质量"四大重点任务。武汉市教育局针对基础教育工作要点也明确指出,要推进学前教育三年行动计划,促进学前教育优质普惠发展。从国家和武汉市的两个层面的工作要求来看,学前教育的"优质"和"普惠"工作重点得到了强调。

进行教育理论研究对我国幼儿园教育事业的发展起到的推动作用是不可否认的历史事实。随着时代变更,幼儿园教育类的理论研究与实践研究的联系也越来越紧密。研究者已从高校里的专家教授扩展至一线工作的幼儿教师。幼儿教师从本园的实际情况出发,从本园幼儿的实际水平出发,解决实际中的问题和难题,创造出适合本园情况的教学方案、教学模式,使所有的幼儿在现有的水平上有更进一步地发展,幼儿园的教育效率和教育质量也因此获得明显提升。

第四节 结　　语

　　改革开放四十多年以来,武汉市幼儿园教育经历了拨乱反正的恢复发展时期、深化改革的依法治教时期、虽有曲折但整体稳步发展的时期和关乎民生保质保量的快速发展时期,取得了大跨越式的瞩目成就。

　　幼儿园各类数据量变增值明显。幼儿园数量呈现波浪式增长,幼儿园在园人数以及幼儿园班级数量逐渐增加,幼儿教师数量增加的同时其专业化水平也不断提高,全市城镇3—6岁儿童入园率和农村学前一年入班率总体不断增长。幼儿园办园格局发生重大变化,公办园数量呈波浪式起伏,民办园数量持续增加,公办园和民办园的占比发生翻转,营利幼儿园和非营利幼儿园界限清晰,大力发展普惠性幼儿园,全市幼儿园园所性质与管理模式逐渐发生改变。

　　武汉教育经费的投入持续增长。财政经费重点支持幼儿园"校舍改建类""综合奖补类""幼师培训类""扩大普惠性幼儿教育资源""幼儿资助类"和"农村幼儿园建设"等项目的发展。近年来,虽然班均儿童数总体波动不大,但生均学前教育经费在持续增加。学前教育成本分担变化明显且趋于稳定,以政府、家长为主共同承担的格局逐渐形成。幼儿园办园条件不断改善,幼儿园师幼比逐渐趋向合理。

　　要科学引导,规范管理,不断提升教育质量。四十多年来,武汉市幼儿园教职工总量快速增长,学历不断提升,专任教师中学前教育专业毕业的比例不断增加,幼儿园教师学历总体呈现不断提高的趋势,不同职称的幼儿园教师总体呈现逐渐增多的趋势。通过不断更新管理理念、举办各类赛事评优活动打造出一批批省市示范园、优质园和一支支优秀的幼儿园教师队伍,这是提升全市幼儿园教育质量的关键。

　　要深入研究,融会贯通,迈向幼教事业新高峰。打造幼儿园教育研究共同体,加强学前教育内涵研究,成立保育教育质量监测、幼儿教师专业能力提升、幼儿园教育教学信息化、幼小衔接教育、幼儿园玩教具、幼儿园卫生保健等项目共同体。通过研究政策导向,分析现实条件,挖掘可用资源,在探索幼儿园发展历程中不断总结经验教训,形成各类研究成果,推动幼儿园教育事业向前迈进。

　　简而言之,在这四十多年的时间里,武汉市紧跟国家统一规划步伐,坚持中央导向,在摸索、明确幼儿园教育的性质定位、发展方向及政府职责的基础上,结合区域特点发展特色鲜明的幼儿园教育事业,实现了幼儿园资源的有效扩充、学前教育投入的持续增加、幼儿园教师队伍数量和整体素质的不断攀升,以及保教质量、社会服务水平的不断提高,幼儿园发展成果丰富,成效显著。

第三章
武汉幼儿园现状调查报告

　　作为我国基础教育的重要组成部分,学前教育对促进人的全面、和谐发展,实现终身教育起到奠基作用。高质量的学前教育是实现素质教育的前提与基础,是提高我国整体国民素质的关键,是国民教育体系中具有重大意义、不可忽略的环节。伴随着越来越高的学前儿童接受公平教育的呼声,幼儿园教育质量已经成为幼儿教育中的重点问题之一。幼儿园作为学前教育的启蒙地之一,其教育质量的高低对学前儿童成长产生的影响,无论是在学前儿童行为习惯的养成,还是在学前儿童认知发展的提升等方面都是不容忽视的。近年来,国内外社会各界人士对学前儿童教育的关注度在逐渐增高,对学前儿童教育重要性的认识程度也越发深刻,人们意识到与学前儿童教育联系最密切的,除了家庭环境中的父母,便是在幼儿园教育环境中接触到的幼儿园教师、同伴等。《国家中长期教育改革和发展规划纲要(2010—2020年)》(以下简称《规划纲要》)明确提出基本普及学前教育的目标,明确了政府主导、社会参与、公办民办并举的办园体制。随后发布的《关于当前发展学前教育的若干意见》提出,要按照普惠性和公益性的原则,建立覆盖城乡、布局合理的学前教育公共服务体系。此后各省、市采取一系列措施,启动学前教育三年行动计划,为学前教育的发展提供充足的发展空间,但是一些地方未能在幼儿园办园、投入等方面重视公平。北京师范大学刘焱教授通过调研发现,有些地方不考虑经济社会发展水平、师资供给的情况,往往直接把《规划纲要》提出的发展目标的上限作为本地的学前教育发展目标，存在着片面追求学前三年高入园率、公办幼儿园数量激增的"大干快上"倾向。各地在提高幼儿入园率的同时，一定要确保新增幼儿园符合基本办园条件。

目前，各省市的工作重点均集中在改建、扩建幼儿园的数量上，为了提高学前教育的普及率，解决学前儿童入园难的问题，在一定程度上出现了为追求入园率而忽视教育质量的问题，因此如何科学地提高幼儿园教育质量显得尤为重要。当下，各个幼儿园迫切需要因地制宜地提升教育质量。因此，为了使政府投入发挥更大的效益，适龄儿童能够有平等的教育机会，促进学前教育均衡发展，我们必须重视幼儿园教育质量的提升，为政府提出有针对性的扶持政策，提供实践指导。本研究通过问卷法、访谈法对武汉各地区幼儿园进行现状调查，分析了幼儿园各方面的现状和存在的问题，在此基础上对提升幼儿园教育质量进行探析，并提出具有针对性的可实践的建议措施。

第一节　调查的主要内容

一、调查对象

本研究以武汉幼儿园为调查对象，随机选取武汉市洪山区、武昌区、江岸区、东湖高新区、新洲区、硚口区中不同类型的幼儿园70所，共回收问卷70份，回收率为100%。

二、调查的主要内容

本研究主要采用问卷调查法、访谈法。首先，在已有相关研究问卷的基础之上，参照编制了《武汉市幼儿园现状调查问卷》。其次，先发放若干份问卷进行预调查，同时根据预调查的情况，对预调查问卷进行修改和补充，形成正式问卷后进行再调查。最后，对所有的调查问卷数据进行统计分析。同时，还对10名幼儿园教师进行访谈作为补充，得出最终结论。问卷包括两大部分，第一部分为研究对象的基本信息，第二部分为问卷的主体部分，内容包括幼儿园人员配备情况、幼儿园园舍条件、幼儿园设施三方面，以期全面了解武汉幼儿园的现状。

第二节 调查的结果分析

一、幼儿园概况

(一)幼儿园类型

幼儿园按入托方式可以分为全日制幼儿园(日托)、寄宿制幼儿园(全托)。本次武汉市幼儿园现状调查共收集问卷70份,均来自全日制幼儿园(见表3-1)。

表3-1 幼儿园类型统计

统 计 项	全日制幼儿园	寄宿制幼儿园
数目	70	0
比例	100%	0%

(二)幼儿园性质

根据主办单位的性质不同,办园类型可以分为教办园、高校办园、部队办园以及其他办园等类型。本次调查的幼儿园中教办园共29所,占比为41.43%;高校办园共5所,占比为7.14%;此外,由部队办园6所,占比为8.57%;其他办园30所,占比为42.86%(见表3-2)。

表3-2 办园类型统计

统 计 项	教 办 园	高校办园	部队办园	其他办园
数目	29	5	6	30
比例	41.43%	7.14%	8.57%	42.86%

(三)幼儿园级别

幼儿教育的定位已从过去的"学校教育的预备阶段"提升为"基础教育的重要组成部分、我国学校教育和终生教育的奠基阶段",发展学前教育是整个教育事业发展的需要,是满足人民群众日益增长的教育需求的需要,更是提高国民素质,促进经济社会持续健康发展的需要。随着社会的不断发展和"二孩"政策的全面开放,在经济体制变革下,公众对于学前教育的需求快速增长。这种需求上的增长既表现在对数量需求的增加也表现在对高质量学前教育的追求,人们不仅要求在家门口有幼儿园可以上,还希望能上好的、级别高的幼儿园。从整体办园等级上看，武汉幼儿园还需要进一步提高办学质量。根据调查结果显示（见表3-3），其中市一级园的比例为28.57%，市二级园的比例为17.14%，市级示范园的比例为18.57%，省示范园的比例为14.29%。

表3-3 幼儿园级别统计

统 计 项	省示范	市示范	一级园	二级园	其他	未评
数目	10	13	20	12	11	4
比例	14.29%	18.57%	28.57%	17.14%	15.71%	5.71%

二、人员配备

（一）幼儿园配班形式

《全日制、寄宿制幼儿园编制标准（试行）》中规定每个班应配有"两教一保"。此次调研幼儿园中，有64所幼儿园按照"两教一保"进行教师配备，占比为91.43%；有2所幼儿园按照"两教半保"（每两个班共用一个保育员）进行教师配备，占比为2.86%；有3所幼儿园按照"一教一保"进行教师配备，占比为4.29%（见表3-4）。由此分析表明，目前武汉幼儿园的教师配备基本以两教一保为主，基本符合《全日制、寄宿制幼儿园编制标准（试行）》的要求。

表3-4 幼儿园配班形式统计

统 计 项	两教一保	两教半保	一教一保	三教轮岗
数目	64	2	3	1
比例	91.43%	2.86%	4.29%	1.43%

（二）幼儿园师幼比

师幼比是指班级里教职工与幼儿人数的比例。在一个班级里，幼儿教师的数量与学前儿童的数量应该符合一定的比例，这样才能既保证幼儿既能得到教师的关注，又不至于浪费教育资源，从而保证幼儿园的教育质量。根据国家有关规定，全日制幼儿园教师与学前儿童比例应该为1∶9—1∶7（即每位教师负担的幼儿数为7至9人）。此次调研的幼儿园平均师幼比为1∶6.67，但通过对所有幼儿园师幼数量进行比较分析后，我们可以看出，幼儿园教师与学前儿童比例在国家规定范围内的幼儿园仅26所，占比为37.14%；有5所幼儿园的每位教师负担的幼儿数超过9人，占比为7.14%；

有39所幼儿园的每位教师负担的幼儿数少于7人,占比为55.71%(见表3-5)。分析显示,目前武汉有50%以上幼儿园的师幼比超出国家规定。

表3-5 幼儿园师幼比统计

统 计 项	每位教师负担的幼儿数少于7人	每位教师负担的幼儿数为7至9人	每位教师负担的幼儿数超过9人
数量	39	26	5
比例	55.71%	37.14%	7.14%

(三)幼儿园班级人数设置

《幼儿园教育指导纲要(试行)》中指出,幼儿园规模应当有利于幼儿身心健康,该文件对幼儿园规模、班额数目都做出了限定,在全日制幼儿园中,全园的班级数目上限为12个班。本次调查中,共有58所幼儿园班级个数超过12个;12所幼儿园班级个数小于等于12个(见表3-6)。但由于社会需求强烈及卫生免疫的普及、管理水平的提高,出现了不少大型、超大型幼儿园班级,其教学效果也很好。班级数目多少是托幼规模大小的标志。班级数目多少除上述原因外,还与托幼机构所在地区居民多少和均匀合理的服务半径,以及公办或民办等因素有关。

表3-6 幼儿园班级个数和人数设置统计

统计项	班级个数		大班人数		中班人数		小班人数	
	>12	≤12	>35	≤35	>30	≤30	>25	≤25
数量	58	12	15	55	54	16	52	18
比例	82.86%	17.14%	21.43%	78.57%	77.14%	22.86%	74.29%	25.71%

《幼儿园教育指导纲要(试行)》中指出,幼儿园每班幼儿人数一般为小班(3周岁至4周岁)25人,中班(4周岁至5周岁)30人,大班(5周岁至6周岁)35人,混合班30人。寄宿制幼儿园每班幼儿人数酌减。本次调查共有18所幼儿园小班人数小于等于25人,占比为25.71%;16所幼儿园中班人数不超过30人,占比为22.86%;55所幼儿园大班人数不超过35人,占比为78.57%。通过对结果进行分析后发现,除大班之外,各幼儿园的小班和中班人数均有50%以上超过相应标准。

班级人数超额不利于学前儿童的健康发展。首先,班级学前儿童数超额会导致教师无法关注到每一个学前儿童。相关研究显示,教师与幼儿交往行为的一半以上发生在教育教学活动中,这说明教师与学前儿童的互动交往在教学活动中较为频繁。在集体教学活动中,因班级人数多、教学时间有限,故教师无法关注到每位学前儿童,也无法确保每位学前儿童都能获得表现自己的机会。其次,教学材料不足。在大班额的集体教学活动中,因学前儿童人数多、差异大,根据所有孩子的发展水平来分层次提供材料和道具的难度太大,操作起来费时又费力,故多数教师能力和精力无法达到,导致在材料的数量、层次差异方面把握不够,出现争抢道具或学具太过简单(或复杂)的情况。最后,教学活动缺乏有效反馈。在大班额的前提下,教学后的反馈目前只存在形式上的活动总结,缺乏针对性和准确性,有的教师甚至为了省时省力,在活动结束后并不对幼儿行为和幼儿表现进行评价,影响教学效果。因此,为解决这一系列问题,政府应当加大投入,幼儿园也应加强管理,加强家园合作,共同促进学前儿童全面健康发展。

三、园舍条件

(一)幼儿园地理位置

按照地理位置划分,本次70所幼儿园中分布于城市的为61所,占比为87.14%,乡镇幼儿园8所,占比为11.43%,还有一所农村幼儿园,占比为1.43%(见表3-7)。众所周知,我国城乡幼儿园在发展过程中所分配到的人力、物力和财力等教育资源存在明显的不均衡性。

表3-7 幼儿园地理位置统计

统 计 项	城 市	县 城	乡 镇	农 村
数目	61	0	8	1
比例	87.14%	0	11.43%	1.43%

乡镇幼儿园是农村学前教育的中坚力量,在各类幼儿园中不仅起着推动农村学前教育发展的示范作用,而且还能够指导和调节本乡镇学前教育的发展。纵观近几年武汉市学前教育的发展,虽然取得了长足的进步,学前三年儿童受教育率逐步提升,但目前武汉农村地区与城市地区相比,农村的学前教育发展相对滞后,整体水平还达不到经济社会发展的要求,无法紧跟各级各类教育协调发展的脚步。

(二)幼儿园服务半径

目前由于地域、环境、幼儿园生源等因素的差异,《托儿所、幼儿园建筑设计规范(试行)》中指出托儿所和幼儿园的服务半径应以500米为宜。幼儿园服务半径的估计应综合考虑园舍规模、定位以及所在地段交通情况。对数据进行分析后得出（见表3-8），70所幼儿园中只有9所幼儿园的服务半径为1千米以内；50所幼儿园的服务半径为1千米—5千米；9所幼儿园的服务半径为5千米—10千米；有2所幼儿园服务半径超过10千米。由此分析表明，目前武汉市80%左右的幼儿园服务半径在5千米以内。

表 3-8 幼儿园服务半径统计

统 计 项	≤1千米	1千米—5千米	5千米—10千米	>10千米
数目	9	50	9	2
比例	12.86%	71.43%	12.86%	2.86%

（三）幼儿园占地面积与建筑面积

幼儿园是幼儿除了家庭外，最早生活、接受教育的地方，孩子们的童年时期在这里度过，其环境对于幼儿的身心健康具有极大的影响。为保障学前教育事业稳步发展，《幼儿园教育指导纲要（试行）》和《幼儿园工作规程》对幼儿园的园舍、场所、设施、师资等都做了相应规定，要求各级各类幼儿园要为幼儿创造一个安全、健康、和谐的生活学习环境。

根据幼儿园建设标准的相关要求，不同规模的幼儿园的人均用地面积不同。其中，6个班的幼儿园人均占地面积为15平方米；9个班的幼儿园人均占地面积为14平方米；12个班的幼儿园人均占地面积为13平方米。通过对数据分析发现，办园规模为6个及以下班级的幼儿园共10个，其中6所幼儿园人均占地面积大于等于15平方米；办园规模为7—9个班级的幼儿园共25个，其中10所幼儿园人均占地面积大于等于14平方米；办园规模为10个及以上班级的幼儿园共35个，其中16所幼儿园人均占地面积大于等于13平方米。根据以上统计结果分析发现，共32所幼儿园符合相关占地要求，占比为45.71%，具体结果如表3-9所示。同样，不同规模的幼儿园的人均建筑面积也不同。通过对数据分析发现，办园规模为6个及以下班级的幼儿园中共有6所幼儿园人均占地面积大于等于9.9平方米；办园规模为7—9个班级的幼儿园中共有9所幼儿园人均占地面积大于等于9.2平方米；办园规模为10个及以上班级的幼儿园中有15所幼儿园人均占地面积大于等于8.8平方米。根据以上统计结果分析发现，共30所幼儿园符合相关占地要求，占比为42.86%，具体结果如表3-10所示。

表 3-9　人均占地面积统计

统计项	≤6 个班		7—9 个班		≥10 个班	
	<15 平方米	≥15 平方米	<14 平方米	≥14 平方米	<13 平方米	≥13 平方米
数量	4	6	15	10	19	16
比例	40%	60%	60%	40%	54.29%	45.71%

表 3-10　人均建筑面积统计

统计项	≤6 个班		7—9 个班		≥10 个班	
	<9.9 平方米	≥9.9 平方米	<9.2 平方米	≥9.2 平方米	<8.8 平方米	≥8.8 平方米
数量	4	6	16	9	20	15
比例	40%	60%	64%	36%	57.14%	42.86%

根据结果分析表明，目前武汉市 50% 以上幼儿园建筑面积不达标。在我国土地资源非常紧张的条件下，某些地区对于幼儿园的选址显得非常随意，幼儿园的土地面积也是"缺斤少两"，在大多数开发商的经营理念中，他们在小区内布置幼儿教育设施完全是为了增加其所开发小区的卖点或为了应付城市规划部门的审批，并没有从教育的角度考虑幼儿园的面积指标等。这些情况无疑造成了一些传统幼儿园空间环境不合理，活动面积不足的问题。

（四）幼儿园户外活动面积

麦格鲁发现，当游戏场所缩小游戏人数保持不变时，会导致儿童奔跑、蹦跳等运动性游戏次数的减少，身体接触次数的增加。因此，合理的控制户外活动场地的面积和结构对儿童的游玩舒适性具有重要意义。

儿童的数量决定了分配给每个儿童户外活动空间的大小情况，户外空间面积与儿童数量的比例影响着打斗行为的程度和情绪，以及游戏的类型和户外游戏空间的总体活动量。根据我国幼儿园建设标准的相关要求，每个儿童应占有 4 平方米或更多空间的户外活动面积，才能够为教育者展开不同的游戏活动提供更为灵活的空间，以及更多可供跑步之类活动开展的空间。根据调查结果发现，目前武汉 70% 左右的幼儿园人均户外活动面积达标（见表 3-11）。

表 3-11 人均户外活动面积统计

统 计 项	<4平方米	≥4平方米
数目	19	51
比例	27.14%	72.86%

（五）幼儿园绿化面积

城市的不断扩张，使生活在城市中的儿童与大自然接触的机会越来越少，以致他们慢慢失去了对周围环境的敏感度以及对大自然的兴趣。因此，在提倡素质教育的今天，幼儿园的绿化显得尤为重要。

根据我国幼儿园建设标准的相关要求，每个儿童应占有 2 平方米或更多空间的绿化面积。统计结果（见表 3-12）显示，有 44 所幼儿园符合此要求，但也有 26 所幼儿园的人均绿化面积不达标。良好的绿化环境对于学前儿童心理健康发展也有着重要的影响，其不仅能美化环境、净化空气、消除噪音、减少尘土、增加遮阳面积，使学前儿童身心健康发展，同时还能引来飞鸟和昆虫，让学前儿童时时置身于自然物之中，感受大自然的美好。此外，一定的绿化面积可以对幼儿园的整体小气候环境加以改善，防止日晒，增加空气湿度，减少周围环境的污染。由此可见，幼儿园的绿化带来的不仅是学前儿童心理上的益处，而且对其身体健康成长也能起到积极作用。管理者们应从思想上认识到绿化和植物的重要性。

表 3-12 人均绿化用地面积统计

统 计 项	<2平方米	≥2平方米
数目	26	44
比例	37.14%	62.86%

（六）幼儿园的园所环境

适宜的环境为学前儿童的生活、学习、游戏提供了重要的保障，环境中蕴含着丰富的教育资源，学前儿童在和环境的相互作用中不断成长。同时，环境也是一种隐形课程，学前儿童在积极作用于环境的过程中能够获得知识、树立价值观、体验情感，并在各种互动中不断发展自我和完善自我。因此，适宜的幼儿园环境创设为幼儿的发展提供了教育生长点，学前儿童能够在其中体验生活的乐趣和成功的快感，并使自身在不知不觉中获得发展。总体来讲，调查中的各个幼儿园的园所环境基本都能够符合相关要求，做到周边无污染、无安全隐患,园舍布局合理、科学实用,通风、采光良好,符合安全、消防等要求(见表3-13)。

表3-13 幼儿园的园所环境统计

统 计 项	周边无污染、 无安全隐患	园舍布局合理、 科学实用	通风、采光良好	符合安全、 消防等要求
数目	64	59	63	59
比例	91.43%	84.29%	90%	84.29%

四、设施设备

(一) 幼儿图书

在所调查的幼儿园中,80%的幼儿园都配有符合幼儿身高的桌、椅、床和便于幼儿自由取放的玩具橱柜、图书架、杯柜、毛巾架、饮水设备等。同时,班级内设有便于幼儿自由使用的流水洗手设施和流水冲洗的幼儿专用蹲式厕所,幼儿每人一巾一杯,并有备用的换洗毛巾。

《幼儿园教育指导纲要(试行)》提出,要利用图书、绘画和其他多种方式,引发幼儿对书籍、阅读和书写的兴趣,培养前阅读和前书写技能。《3—6岁儿童学习与发展指南》也提出,要培养阅读兴趣和良好的阅读习惯。儿童图书是早期阅读的重要材料之一,对于激发幼儿的阅读兴趣,培养良好的阅读习惯具有重要的价值和作用。幼儿园应为幼儿提供种类丰富、数量充足的图书以供幼儿阅读。《湖北省学前教育机构办园基本标准(试行)》中规定,幼儿园全园应有适合幼儿阅读的不少于10个种类的图书,人均3册以上,并经常更新。

统计结果(见表3-14和表3-15)显示,幼儿园普遍配备适合幼儿年龄特点的图书,38.57%的幼儿园图书种类少于10类,67.14%的幼儿园人均3册以上,80%的幼儿园能做到经常更换图书。

表3-14 幼儿园图书配备种类情况调查统计

统 计 项	<10类	≥10类
数目	27	43
比例	38.57%	61.43%

表 3-15　幼儿园图书配备数量情况调查统计

统计项	<3 册	≥3 册
数目	23	47
比例	32.86%	67.14%

（二）专项功能室

《3—6岁儿童学习与发展指南》指出，幼儿的学习是以直接经验为基础的，要重视游戏和生活的独特价值，创设丰富的教育环境，最大限度地支持和满足幼儿通过直接感知、实际操作和亲身体验获取经验的需要。因此，教师要善于在一日生活中为幼儿创设丰富的环境。幼儿园功能室的创建逐步进入幼儿教师的视野。

笔者在中国知网进行"幼儿园专项功能室"相关的搜索，仅仅出现一篇文章——冯耀辉的《浅谈幼儿园科学功能室的创建》。在百度输入"幼儿园专项功能室"字样进行搜索，出现的资料也比较少，大多数内容围绕"幼儿园功能室的种类、管理制度""如何建设幼儿园功能室"以及"高校建立的一些幼儿园实训室"等主题。例如，徐州幼儿高等专科示范学校为了让学生接触幼儿园实际教育教学活动，建立了科学发现室、智慧教室、儿童创意美术室等25个学前教育专项实训室。综上所述，幼儿园专项功能室的理论研究还相对比较缺乏，学术论文仅有一篇，大多数理论仅停留在表面。

1. 功能室的配备

幼儿园功能室的类型有很多，包括科学活动室、智慧教室、音乐活动室、建构室、角色表演室、益智美工室、图书阅览室、感觉统合训练室等。为了了解武汉市幼儿园功能室的开展情况，对武汉市70所幼儿园具备的常见专项功能室类型进行统计研究，如图3-1所示。

由于幼儿园的专项功能室类型较多，本研究故选取了一些幼儿园常见的专项功能室为研究对象。根据幼儿园功能室的普及率，可将幼儿园专项功能室划分为四个层次。第一个层次是普及率较高的多功能教室（95%）、图书（80%）。这两个是幼儿园较为传统的专项功能室，因此，在新型功能室建立的基础上保留下来。第二个层次为建构室（65%）、美工室（45%）、科学活动室（43%）。第三个层次为角色表演室（38%）、音乐活动室（34%）、其他功能室（20%）。第四个层次为感统教室（10%）、智慧教室（7%）。

2. 功能室活动的组织与开展

本研究从专项功能室的使用率、幼儿在专项功能室的活动、教师在专项

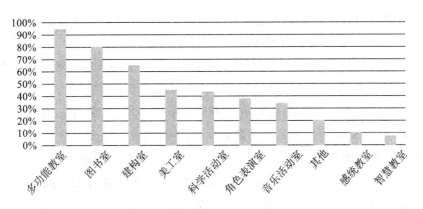

图 3-1　武汉市幼儿园专项功能室占比

功能室的指导情况三个方面,对随机选取的十位幼儿园教师进行访谈。A 教师说:"其实幼儿园的专项功能室孩子都挺喜欢的,就是用起来太麻烦,我们幼儿园由于园所较小,只建了 2 个专项功能室,所以用起来不方便。"很多幼儿教师表明对于专项功能室的使用,每个班级的使用频率不一致,且总体使用率不高。主要原因是幼儿园的功能室数量不足、总类不多,不能满足全体幼儿的需求。教师带领幼儿使用多功能室通常需排队,因此为避免漫长的等待,很多教师选择不用。

教师对幼儿在专项功能室的活动情况比较满意,由于专项功能室较大,能满足一个班级的幼儿进行活动,幼儿在一起交流、合作等互动的方式较多。幼儿可以根据自己的兴趣、需要为导向,确定活动的内容、节奏、活动的伙伴。由于活动材料较为丰富,幼儿可以在摆弄与操作中实现教育目标。

《幼儿园教育指导纲要(试行)》指出,教师应关注幼儿在活动中的表现和反应,敏感地察觉他们的需要,及时以适当的方式应答,形成合作探究式的师生互动。由此可见,教师的指导在幼儿的活动中是非常重要的。在传统的区域活动中,幼儿分散在不同的区域进行活动,教师很难关注到每个幼儿的表现,也不能很好地对他们的行为表现进行恰当的指导。而且幼儿分散在不同类型的区域活动中,这无疑给教师的指导带来了很大的干扰。教师对专项功能室的指导打破了区域种类繁多、幼儿分散的情况。教师基本可以做到在专项功能室中关注大多数幼儿的行为与活动进行的情况。

3.功能室开展存在的问题

一是通过对武汉市幼儿园的调查发现,大多数幼儿园专项功能室的建设都存在类型单一的问题。由于一些幼儿园的园所面积有限,而专项功能室要求的空间较大,这导致很多幼儿园功能室的数量和类型严重不足。还有一些幼儿园没有认识到功能室的重要性,认为这样的教室浪费金钱和空间,就只建立一两个应付上级检查。

二是环境的创设是专项功能室活动开展的关键。研究发现大多数幼儿园的专项功能室的环境建设存在以下两个问题。第一,材料投放数量不足、种类不丰富。如果专项功能室当中不放入足够的材料,那么它的存在就没有价值了,和幼儿园的区域活动毫无差别,不能满足全班幼儿在其中进行的交往、合作、互动等活动需求。第二,专项功能室的材料层次性不强,不能定期更换。专项功能室属于幼儿园的公共区域,因此投放材料并没有像幼儿园区角一样属于某个班级,由班级教师进行定期更换。

三是教师对专项功能室活动的组织与开展是促进幼儿发展的关键,但是通过对教师的访谈发现,在专项功能室的组织与开展上存在以下两个问题。第一,由于很多幼儿园的专项功能室数量有限,教师想带领幼儿使用该教室时常常出现功能室已经被其他班级的老师占用的情况。这种情况出现多次以后,为避免麻烦,老师们对功能室的使用就减少了。第二,教师组织幼儿在功能室活动时,活动形式单一且枯燥,很多时候是让幼儿参观功能室当中的玩教具或者环境布局,并没有在功能室中开展活动,发挥它真正的价值。

(三) 玩教具

幼儿园玩教具是提供幼儿在幼儿园游戏和学习活动中使用的物品的总称,即幼儿园常常说的游戏材料和学习材料。游戏是幼儿的基本活动,符合幼儿身心健康发展的需要。陈鹤琴先生认为,玩具不是单指街上所卖的一种供儿童玩的东西,但凡儿童看的、听的和触的,都可以笼统叫作玩具。从广义上来说,玩具不仅包括工业生产的产品,也包括手工自制的玩具,同时一些自然的材料虽未经加工但同样可供玩耍,也可称为玩具。幼儿园的教具和玩具被认为是幼儿教育活动的物质支持。教具和玩具在幼儿教育整体改革中起着重要作用,它承载着先进的教育思想、教育观念和教育手段,对于实现教育目标、提高教育质量具有重要意义。玩具是幼儿游戏和学习的重要物质基础,幼儿园应为幼儿提供适宜的玩教具(包括自制玩教具),切实服务于幼儿园游戏和教育教学活动,促进幼儿主动学习。

1. 幼儿园玩教具配备情况

《幼儿园玩教具配备目录》对幼儿园玩教具进行了分类,将其分为体育类、构造类、角色表演游戏器具、科学启蒙玩具、音乐类、美工类、图书挂图和卡片、电教类、劳动工具类共9类。根据《幼儿园玩教具配备目录》对玩教具的分类，我们调查了武汉市幼儿园玩教具的配备情况。总体来说，在所调查的幼儿园中，体育活动器械、美工教具和结构游戏玩教具配备率均在90%以上，但劳动工具类玩教具的配备率仅为35.16%。此外，体育类和科学启蒙玩具类的各项玩教具或设备的配备率参差不齐。体育类中，95%的幼儿园都配有滑梯，但仅有25%的幼儿园装有跷跷板；科学启蒙类玩教具种类也较少，因此这两大类中的各项玩教具设备还需不断进行丰富。

由表3-16可发现，当前市场上已有的玩教具基本能够满足幼儿园的需求，38.57%的幼儿园对当前市场上的玩教具非常满意，35.71%幼儿园对目前市场上已有的玩教具比较满意，20%的幼儿园认为当前市场上的玩教具一般。同时，还有5.71%的幼儿园对当前市场上的玩教具不满意。

表3-16　幼儿园对市场上玩教具的满意度调查统计

统 计 项	非 常 满 意	比 较 满 意	一 般	不 满 意
数目	27	25	14	4
比例	38.57%	35.71%	20%	5.71%

2. 自制玩教具存在的问题

第一，安全性难以保障。保护儿童的权益是装备的首要原则。尽管幼儿园教师都知道要为幼儿提供符合安全、卫生要求的自制玩教具，但我国幼儿园的设施设备、玩教具材料等方面有哪些安全标准和环保要求？什么是有毒、有害的材料，如何在自制玩教具过程中保障幼儿的安全？73%的幼儿园教师表示没有接受过相关培训，缺乏相关安全卫生的知识，所以不能完全判别自制玩教具的卫生、安全状况，无法排除不安全因素。

第二，吸引力不足，趣味性有待提高。趣味性是自制玩教具的本质特征之一，指玩教具是否能够激发和维持幼儿在操作过程中动手动脑、发现问题和解决问题的兴趣。调查发现，87%幼儿园教师表示，自制玩教具难以激发和维持幼儿兴趣。如有教师提出，自己辛辛苦苦制作的玩教具，幼儿玩一会就不想玩了，自制玩教具不实用、容易坏等。

第三，忽视幼儿主体性，幼儿参与不足。儿童是游戏的主人，也应该是自制玩教具的主人。但调查发现，自制玩教具由教师独自制作后，投放到班级让幼儿玩的情况占51%，而由幼儿自己独创的仅占5%。

第四，模仿作品较多，创新性有待提高。自制玩教具产生于幼儿的游戏需要，幼儿的游戏是创造性的、千变万化的，所以自制玩教具的优势在于它能不断地解决游戏中提出的新问题。创新性是自制玩教具的重要特征,然而,幼儿园自制玩教具作品雷同的多、仿制的多、创新的少。大多数的教师只能参考网络、书本或以往优秀作品,照着一步一步地做,只是简单地模仿成品玩教具,"依葫芦画瓢"制作好后丢给幼儿玩,没有独立的思考过程,缺乏理念与创新。

第三节 武汉幼儿园存在的问题

一、办园水平有待提高

在学前教育学位数量不断增长的同时,没有质量的教育不如不做,保障教育质量是一切教育的前提与基础,是幼儿园能否提供有质量、可持续发展的学前教育的关键。通过对武汉幼儿园的园所级别分析后发现,目前武汉市省级、市级示范园和一级园所占比例仍然较低。为了更好地推动教学质量的提高,武汉幼儿园的整体质量还需要不断地提升,才能满足人们对高质量教育的要求。

二、师幼比存在不合理

幼儿教师队伍是长期以来制约学前教育事业发展的突出问题之一。我国学前教师身份不明确、社会地位较低、薪资待遇低、职称评定难以落实等方面的问题是导致我国的学前教育师资队伍不稳定的原因。根据调查显示,武汉幼儿园在师幼比方面问题突出:一方面是师资力量的不足,另一方面是幼儿数量的过多。与此同时,除大班之外,各个幼儿园小班和中班人数均有50%以上超过相应标准。

三、园舍各项面积不达标

《幼儿园教育指导纲要(试行)》和《幼儿园工作规程》对幼儿园的园舍、场所、设施、师资等都做了相应规定,要求各级各类幼儿园要为幼儿创造一个安全、健康、和谐的生活学习环境。各省、市、区为推进幼儿园建设,规范幼儿园办园行为,都逐步根据本地的条件制定了幼儿园办园和幼儿园建设的标准。但调查结果显示,无论是人均占地面积、人均建筑面积、人均户外活动面积还是人均绿化面积,武汉均有较多幼儿园的相关面积未达标。

第四节　武汉幼儿园发展的建议

通过对目前武汉幼儿园的办园现状进行调查分析后得出，为改善武汉幼儿园的现状，促进幼儿全面、和谐的发展，政府和各幼儿园应在以下方面做出改变。

一、增加财政投入，改善办园条件，加快幼儿园建设

针对目前武汉幼儿园办园条件不达标的状况，武汉市政府要切实履行政府发展学前教育事业的义务和责任，依法将幼儿园的发展列入经济和社会发展的总体规划。政府要协同有关部门为幼儿园的发展创造更有利的条件，包括土地租用、资金筹建、人事编制等；每年要投入一定的经费作为学前教育专项经费，用于幼儿园园舍新建或改造，以及添置设施和玩教具等，加快改善武汉幼儿园的办园条件。

二、提高教师待遇，扩大教师队伍

幼儿园教师生存状况的好坏及能力素质的高低直接影响师资队伍的稳定和师资水平的提高。教育行政部门和幼儿园都应认识到师资建设是提升幼儿园教育质量的关键。政府应建立相应的幼儿教师人事管理机构，完善管理制度。将幼儿教师纳入国家统一的教师资质系统进行统一管理，让幼儿教师在社会地位、经济收入、身份编制、职业评聘和在职培训等方面享有与中小学教师同等的待遇。

三、加大教师培养力度

幼儿园应当加大师资培养力度。首先，教师自身应当树立终身学习理念，终身学习是21世纪教育发展的一个重要理念，面对知识更新速度极快、专业方法过时的现状，更新专业知识、改进专业方法是专业发展的第一步；其次，幼儿教师应通过学习学科理论知识，丰富实践经验，积极开展教育教学研究，提高教育教学能力；最后，各个幼儿园要为老师们提供更多的学习和培训的机会，采取灵活的方式，加大教师培训、观摩学习等工作的组织力度，开展基本功、活动组织、说课等各项比赛活动。

第四章
武汉幼儿园区角创设调查报告

2001年教育部颁发的《幼儿园教育指导纲要（试行）》（以下简称《纲要》）明确提出，幼儿园应为幼儿提供健康、丰富的生活和活动环境，满足他们多方面发展的需要，使他们在快乐的童年生活中获得有益于身心发展的经验。2012年10月，教育部颁布了《3—6岁儿童学习与发展指南》（以下简称《指南》），《指南》为幼儿后继学习和终身发展奠定了良好的基础；分别对3至4岁、4至5岁、5至6岁三个年龄阶段的幼儿应该知道什么、能做什么、大致可以达到什么发展水平提出了合理期望。将终身学习的理念贯穿始终，进一步明确了以幼儿为主体的思想。

美国幼儿教育协会（NAEYC）出版的《幼教绿皮书》中指出，当前幼儿园教育最大问题是对个别差异的关注不够，教育方式仍然无法真正重视个别差异的存在，并配合幼儿的差异调整教育方式；明知每个幼儿都不同，却要求每一个幼儿在同一时空、用同样的方式进行学习。

现代教育理念让教育工作者树立起了幼儿是快乐学习者和自主学习者的新理念，树立起了教师是幼儿学习的引导者、合作者、支持者、促进者的教师观。突破传统的集中教育活动的局限，构建幼儿园自主、合作、探究的区角活动，让幼儿园区角活动真正成为幼儿自主学习的主阵地。在幼儿园区角活动中可以建构属于每个幼儿自己的认知结构，让幼儿的学习逐渐趋于"最近发展区"。

本研究通过问卷法对武汉市学前教育发展共同体所属的幼儿园进行了

现状调查,分析了幼儿园区域活动不同方面的现状和存在的问题,并在此基础上对提升幼儿园隐性课程质量进行探析且提出具有针对性的可实践的建议措施。

第一节 调查的主要内容

一、调查对象

本研究以武汉市学前教育发展共同体所属的幼儿园为调查对象,共184名教师和46名园长参与问卷调查,教师问卷184份、园长问卷46份;问卷回收率为100%。

二、调查的主要内容

本研究主要采用问卷调查法、访谈法。首先,在已有的相关研究问卷的基础之上,参照编制了《武汉市幼儿园区域共同体现状调查问卷》;其次,先发放若干份问卷进行预调查,同时根据预调查的情况,对预调查问卷进行修改和补充,形成正式问卷后进行再调查;最后,对所有的问卷调查数据进行统计分析,同时对10名幼儿园教师进行访谈作为补充,得出结论。问卷包括两大部分,第一部分为幼儿教师角度的基本情况,第二部分为园长角度的基本情况,以期了解武汉市学前教育发展共同体所属幼儿园的区角基本现状。

第二节 调查的结果分析

一、区角活动的概念

区角活动是指教师根据教育的目标和幼儿发展的水平,有目的地创设活动环境,投放活动材料,让幼儿按照自己的意愿和能力,以操作、摆弄、探索为主的方式进行个别化的自主学习的活动。在区角活动中,幼儿自主参与活动,自发地学习,促进了幼儿之间的互相交流,培养了幼儿与人交往的能力,同时锻炼了幼儿动手操作的能力,主动参与、好奇好问的能力,也增强了幼儿的表现力和综合能力,促进了幼儿社会性的良好发展。常见的区角类型:医院、邮局、理发店、厨房、餐厅、菜场、超市、工厂、图书馆等。

二、区角活动的设置

(一) 区角种类的设置

不同园所中的区角设置主要包括角色区、建构区、阅读区、音乐表演区、美工区、科学发现区、自然角、益智区、沙水区等。根据46份园长问卷调查发现,建构区、阅读区、音乐表演区、美工区是大多数幼儿园都具备的,角色区、自然角、益智区这些区角在幼儿园中占比也达到90%以上(见图4-1)。由此可见,大多数幼儿园已经普及了区角活动。

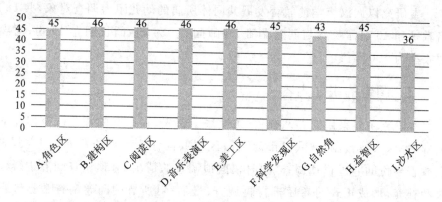

图4-1 园所区角设置情况

如图4-2所示,在班级活动区数量上,设置5—6个区角的班级最多,为92个,占比为50%。其次是设置7个及以上区角的班级有86个,占比为46.74%。极少部分的班级仅开设3—4个区角,占比为3.26%。

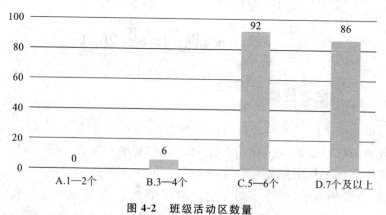

图4-2 班级活动区数量

(二) 区角设置的理念

在创设理念上,主要调查的是教师在班级创设活动区的依据和考虑的原则。如图4-3所示,79位教师在创设活动区时,主要依据的是幼儿的能力和水平,占比为42.93%;65位教师主要依据幼儿对活动的兴趣,占比为35.33%;40位教师主要依据幼儿兴趣,占比为21.74%。没有教师根据班级区域活动的美观来创设活动区。

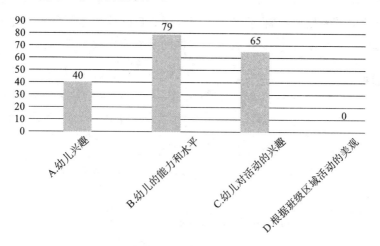

图4-3 教师创设活动区的依据

如表4-1所示,在材质安全性、互动实操性、创意启发性、游戏娱乐性、教学辅助性、与主题相结合、美观实用性、标识完整性等多个角度上,选择最多的是材质安全性,其次是互动实操性、创意启发性,再则是游戏娱乐性和教学辅助性,与主题相结合、美观实用性、标识完整性是教师考虑较少的三个因素。

表4-1 教师创设活动区时的考虑

选　　项	平均综合得分
A. 材质安全性	7.6
B. 互动实操性	6.43
C. 创意启发性	5.25
F. 游戏娱乐性	3.23
G. 教学辅助性	3.22
H. 与主题相结合	3.14
D. 美观实用性	3.09
E. 标识完整性	2.49

三、区角活动材料的投放与使用

（一）区角材料的投放与更换

教师投放区角活动材料的依据，如图4-4所示。125位教师主要依据幼儿能力和水平来投放材料，占比为67.93%；56位教师主要依据的是幼儿兴趣，占比为30.43%。极少数的教师依据的是教学需要或其他因素。

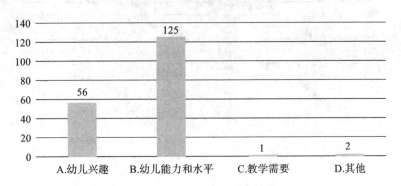

图4-4　教师投放区角材料的依据

活动区材料更换的时间如图4-5所示。109位教师每月更换一到两次，占比为59.24%；24位教师一学期更换一到两次，占比为13.04%；27位教师一学期更换三到五次，占比14.67%；24位教师更换频率较高，每周更换一次，占比为13.04%。

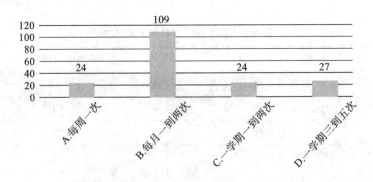

图4-5　活动区材料更换的时间

教师更换区角材料的依据，如图4-6所示。133位教师因为幼儿的兴趣程度而更换区角材料，占比为72.28%；44位教师因为主题变更而更换材料，占比为23.91%；少部分因为区角类别改变或其他原因而更换材料。

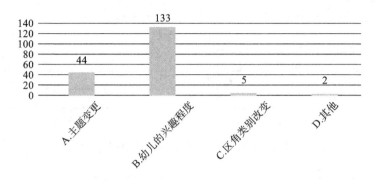

图 4-6　教师更换区角材料的依据

（二）区角材料的采购

如图 4-7 所示,关于园所每学期的区角材料经费,在 46 份园长问卷中,28.26％的园所每学期的经费为 20001—25000 元,占比最高;其次为 3001—10000 元（26.09％的园所）、15001—20000 元（21.74％的园所）、10001—15000 元（19.57％的园所）;极少部分的园所（4.35％）每学期的区角材料经费为 3000 元及以下。

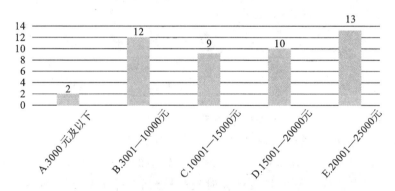

图 4-7　园所每学期的区角材料经费

如图 4-8 所示,在学期区角材料采购经费上,83 位教师在每学期区域活动创设中可自主使用的经费投入为 300—500 元,占比为 45.11％;56 位教师在每学期区域活动创设中可自主使用的经费投入为 0 元,占比为 30.43％;36 位教师的经费为 800 元以上,占比为 19.57％;9 位教师的经费为 600—800 元,占比为 4.89％。可见,大部分教师的自主采购材料的经费是十分不足,甚至完全没有的。

如图 4-9 所示,在多种不同的学期区角材料采购渠道中,使用较多的渠道是网络平台和幼儿园产品供应商。其次分别是玩具企业、总部机构统一

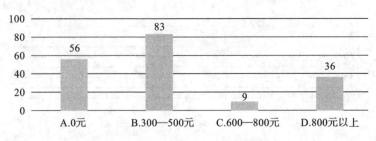

图 4-8 学期区角材料采购经费

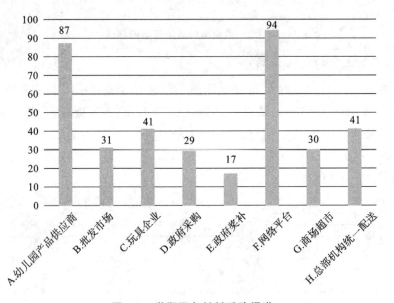

图 4-9 学期区角材料采购渠道

配送、批发市场、商场超市、政府采购。使用最少的渠道是政府奖补。

如图4-10所示,在采购材料中遇到的较多的困难包括缺乏统一的指导标准,经费申请程序繁复且报销耗时较长,然后是采购资金不足,同时也存在着产品安全性难以辨别、采购渠道不畅的问题。

（三）区角材料的自制

如图4-11所示,在班级教师自制材料的频率方面,113位教师经常自制区角材料,占61.41%;67位教师有时自制区角材料,占36.41%;很少自制区角材料的教师仅占2.17%。由此可知,大部分教师在区角材料的准备上,采用了自制的方式。

如图4-12所示,在班级自制材料所占的比例上,63位教师班级自制材料所占比例达20%—40%,其人数占34.24%;47位教师自制区角材料所占比例约为10%—20%,其人数占25.54%;33位教师班级中区角自制材料达

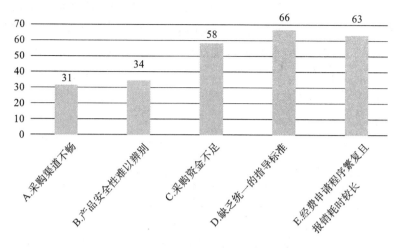

图 4-10 学期区角材料采购面临的困难

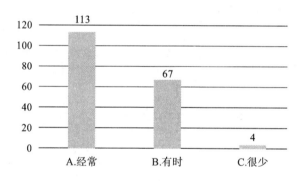

图 4-11 教师自制材料的频率

到 40%—50%，其人数占 17.93%；32 位教师达到 50% 以上，其人数占 17.39%；仅 4.89% 的教师班级自制区角材料所占比例为 10% 以下。

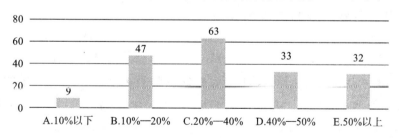

图 4-12 班级自制材料所占比例

（四）区角的使用情况

教师开展区域活动的频率如图 4-13 所示。163 位教师每周开展 4—5

次区域活动,占比为88.59%;19位教师每周开展2—3次区域活动,占比为10.33%;极少数教师每周开展1次区域活动,占比为1.09%。这说明大部分幼儿园中,区域活动是每日的常规活动。

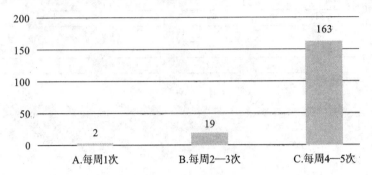

图4-13 教师开展区域活动的频率

如图4-14所示,在班级每次区域活动开展时长方面,106位教师区域活动开展时间为15—30分钟,占比最多,为57.61%。64位教师区域活动开展时间为30—45分钟,占比为34.78%。可见,区角活动时长仍然较短。

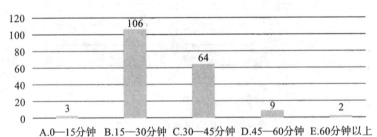

图4-14 每次区域活动开展时长

四、区角活动的指导与评价

(一)区角活动指导

如图4-15所示,在幼儿选择活动区时教师的指导原则上,调查中的绝大部分教师(91.3%)让幼儿根据自己的兴趣来自主选择;大部分教师(66.85%)根据主题,师生共同商讨选定;一半以下的教师(40.76%)允许幼儿随时更换选择,仅1.09%的教师指定幼儿的选择。可见,大部分教师在幼儿选择材料上,秉持的是以幼儿为本的理念,仅极少部分的教师还是以教师为中心,在区角活动中,由教师来指定幼儿的区角活动。

区角活动中教师的指导方式如图4-16所示。在指导方式上,间接介入

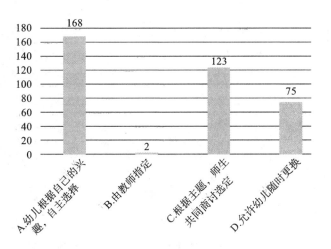

图 4-15 幼儿选择活动区时教师的指导原则

和语言介入的方式被使用得较多,分别占 90.76% 和 79.35%;部分教师也选择了动作介入和直接介入,分别占 34.78% 和 27.17%;还有 30.43% 的教师选择了若幼儿之间没有矛盾冲突,几乎不介入。

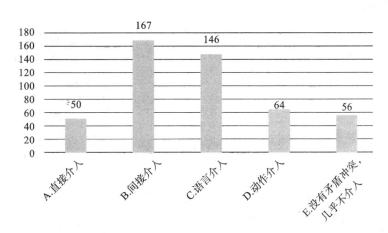

图 4-16 区角活动中教师的指导方式

幼儿在活动区活动时教师的状态如图 4-17 所示。90.76% 的教师从旁观察幼儿活动,不做过多干预,发现游戏进行不下去的时候再介入游戏。83.15% 的教师在一旁观察幼儿活动,拍照、做观察记录。39.67% 的教师参与幼儿活动,发现问题马上帮幼儿解决。7.07% 的教师让幼儿随意玩,教师做其他事情,如果幼儿发生矛盾冲突等突发事件,老师再介入。可见,大部分教师在对幼儿的区角活动的指导上,其理念是较为科学的。

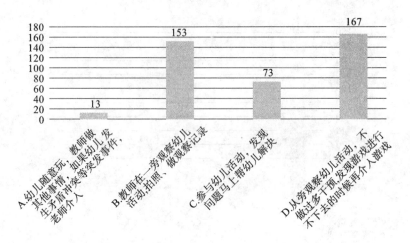

图 4-17 幼儿在活动区活动时教师的状态

区角活动的规则是由谁来制定如图 4-18 所示。158 位教师都是和幼儿共同商议规则,占比为 85.87%;12 位教师让幼儿自主商量定规则,占比为 6.52%;13 位教师自己制定规则,占比为 7.07%;仅个别教师在区角活动中没有规则。

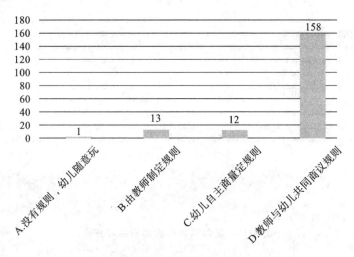

图 4-18 区角活动的规则是由谁来制定

幼儿对活动区材料不感兴趣时,教师的做法如图 4-19 所示。118 位教师会选择调整材料的操作方式,占比为 64.13%;37 位教师会选择更换材料,占比为20.11%;29 位教师将部分材料收纳起来,过段时间再投放,占比为 15.76%。

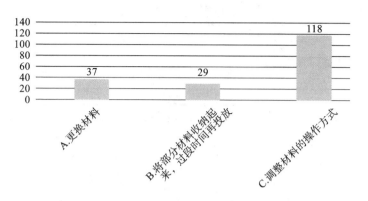

图 4-19　幼儿对活动区材料不感兴趣时,教师的做法

（二）区角活动的评价

教师评价区角活动的角度如图 4-20 所示。除了极少部分教师不对幼儿区角活动进行评价外,绝大部分教师会从材料投放、教师的指导策略、幼儿游戏的秩序、幼儿合作的水平、幼儿参与区角活动兴趣的持久性、幼儿的探索精神等方面进行区角活动的评价。

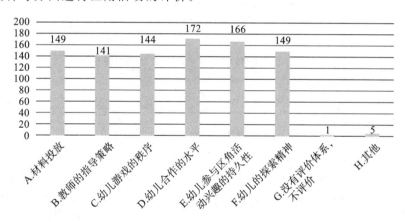

图 4-20　教师评价区角活动的角度

区域活动评价过程中教师的困惑如图 4-21 所示。111 位教师在评价过程中无困惑,占 60.33%;71 位教师有困惑但评价的基本流程比较清晰,占 38.59%;极少部分的教师完全不知道该如何评价,占 1.09%。可见,在评价区角活动上,还是有部分教师存在着困惑。

如图 4-22 所示,在本园是否每次区域活动结束时都有评价环节的问题上,44 个园所都有这一环节,占 95.65%;极少部分的 2 个园所没有这一环节,占 4.35%。这说明在大多数园所中,区角评价被重视并且有相关的教育

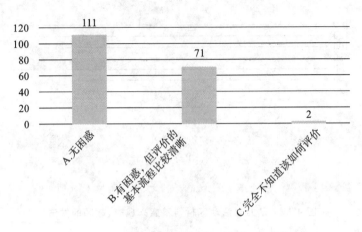

图 4-21　区域活动评价过程中教师的困惑

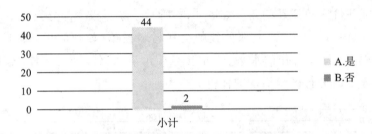

图 4-22　本园是否每次区域活动结束时都有评价环节

实践。

在调查区域活动评价环节中,园内教师主要存在哪些困惑并需要哪些指导与培训,只有少数园所无相关困惑,其他园所存在着教师评价语言单一、形式不够多元,评价的有效性不高,评价工具抽象,教师评价技能不足等问题。在需要怎样的指导和培训的问题上,一位园长提到了需要"评价导向、评价方式、评价语言"方面的指导和培训。

第三节　幼儿园开展区角活动的建议

在幼儿园开展区角活动的过程中,幼儿自主参与活动,自发地学习,有利于幼儿之间的互相交流,以及幼儿与人交往能力的培养,同时也能够锻炼幼儿动手操作、主动参与和好奇好问的能力,并且还能增强幼儿的表现力和综合能力,有利于促进幼儿社会性的良好发展。

一、区角活动设置的建议

通过此次问卷调查,可以得知教师在区角的设置与创设理念等方面的观念和教育实践较为科学,90%的幼儿园的区角类型与内容在设置上都较为完善,并且大多数教师能够根据现实的情况来选择区角的内容。但是一些幼儿园在创设区角中也存在问题,如大多数幼儿园只有常规的区角,缺少创新,并且一些教师由于教学任务较重,不能观察幼儿并根据幼儿现实发展情况及时调整区角内容。

教师在设置区角活动时要根据幼儿的兴趣点,并与日常教学活动有机结合。幼儿的年龄特点决定幼儿的身心发展水平。因此,活动区角应根据不同年龄段幼儿的身心特点来设置,具有年龄特征。区角活动应随着不同年龄幼儿智力的发展而设置内容,这有利于幼儿智力、能力的开发。同时,我们也要注意,无论是什么游戏活动,孩子们之间存在着明显的个体差异,因此可以将日常未完成的教学内容、幼儿感兴趣的教学活动在区角活动中进一步加强,借助设置这种自由、开放的区角活动来促进每位幼儿综合素质的提高。

二、区角材料的投放与使用的建议

首先,调查发现,在区角材料的投放上,67.93%的教师主要依据幼儿能力和水平来投放材料,30.43%的教师主要依据的是幼儿兴趣。并且有59.24%的教师每月更换一到两次区角材料,还有13.04%的教师更换频率较高,每周更换一次区角材料。由此可见,在区角材料的投放上,大部分教师可以做到定期更换,也有一些教师因为工作较忙、不知道如何设置其他区角等原因,不愿意定期更换。因此,幼儿园应制定好相应的制度,激励教师定期更换区角内容。

其次,在区角材料的自制方面,调查发现,61.41%的教师经常自制区角材料,36.41%的教师有时自制区角材料,很少自制区角材料的教师仅占2.17%。在班级自制材料所占的比例上,34.24%的教师班级自制区角材料占比达20%—40%,25.54%的教师班级自制区角材料占比约为10%—20%,17.93%的教师班级自制区角材料达到40%—50%,17.39%的教师班级自制区角材料达到50%以上,仅4.89%的教师班级自制区角材料为10%以下。由此可知,大部分教师在区角材料的准备上,采用了自制的方式。但是,教师在制作时应注意区角材料的丰富、形式的多样,在选择区角游戏材料时要做到注重自然,注意废旧资源的开发与利用,注意材料的安全性和艺术性,注意材料的目标性和探究性,注意材料的针对性和计划性,注意材料的层次性和动态性等。

三、区角活动指导的建议

(一) 活动规则的制定

区角活动的规则是由谁来制定的?85.87%的教师都是和幼儿共同制定,6.52%的教师让幼儿自主商量定规则,7.07%的教师自己制定规则,仅个别教师在区角活动没有规则。由此可见,大部分教师都能够根据区角活动的实际情况与幼儿水平来制定相应的区角规则,活动区的设置为幼儿提供了自主学习的机会,与之相生的规则意识就显得重要了,如果没有规则,区角只能成为幼儿随意游玩的场所,不能发挥出其教育功能。

但是教师在与幼儿共同制定规则时,要考虑规则的合理性。在活动区设置好后,教师可以根据幼儿的年龄特点,制定活动规则;也可以让幼儿自己制定活动规则,然后教师把关,规则合理就用,不合理就重新制定,直到合理为止。但幼儿毕竟是幼儿,也需要教师的引导。

(二) 区角活动过程指导

教师在区角活动上的指导方式有很多,间接介入和语言介入的方式被使用得较多,部分教师也选择了动作介入和直接介入,还有部分教师选择若幼儿之间没有矛盾冲突,几乎不介入。幼儿在活动区活动时,90.76%的教师从旁观察幼儿活动,不做过多干预,发现游戏进行不下去的时候再介入游戏;39.67%的教师参与幼儿活动,发现问题时会马上帮幼儿解决;还有7.07%的教师让幼儿随意玩,教师做其他事情,如果幼儿发生矛盾冲突等突发事情,其再介入。可见,大部分教师对于幼儿的区角活动的指导,其理念是比较科学的。

教师在指导幼儿区角活动的过程中要注意两点。首先,创设宽松、和谐、自由的活动氛围。区角活动氛围宽松,形式多样,幼儿在没有压力的环境中更能够获得经验,体验成功和愉悦,有利于培养幼儿的自主性和创造性。其次,教师要做幼儿活动的观察者、引导者、支持者、帮助者。当幼儿自主选择操作材料时,教师不仅应成为幼儿游戏的好伙伴、好搭档,还应当成为一位细心的观察者,了解幼儿在活动中遇到的问题,要信任幼儿、耐心等待,要学会以多种角色出现,适时地给予幼儿适宜的帮助与指导。

（三）区角活动中经费的支持

本研究从园长和教师两个角度调查了区角活动中的经费使用情况。对园长的调查发现，幼儿园在每学期的区角材料经费上，28.26％的园所学期经费为20001—25000元，占比最高。其次依序为3001—10000元、15001—20000元、10001—15000元。极少部分幼儿园(4.35％)所在园所的学期创设区角经费为3000元及以下。

调查教师在区角材料采购经费上发现，45.11％的教师在每学期区域活动创设中可自主使用的经费投入为300—500元；30.43％的教师在每学期区域活动创设中可自主使用的经费投入为0元；19.57％的教师每学期经费为800元以上；4.89％的教师每学期经费为600—800元。可见，大部分教师自主采购材料的经费是十分不足的，甚至是完全没有的。

通过从园长和教师两个角度调查区角活动中的经费使用情况发现，大多数幼儿园的经费为20001—25001元，但是落实到具体教师可以使用的经费最多为300—500元，由此可见数据的不匹配。因此，幼儿园要具体规划经费的使用情况，要把区角活动的经费使用落实到班级，保证幼儿园区角活动的科学设置与经费充足。

第四节 结 语

《3—6岁儿童学习与发展指南》（以下简称《指南》）中明确指出了幼儿的学习是以直接经验为基础，在游戏和日常生活中进行的。要珍视游戏和生活的独特价值，创设丰富的环境，合理安排一日生活，要最大限度地满足幼儿通过直接感知、实际操作和亲身体验获取经验的需要。由此可见，《指南》中倡导幼儿自主学习和深度学习，而非死记硬背。深度学习是一种基于问题解决的学习，也是一种基于实践探究的学习。这种学习需要教师相信儿童的力量，做一个专业的观察者、抓住契机，发现幼儿的兴趣需要，给予支持和引导，建构一种有效支持儿童深度学习的区域环境，促进儿童在区域活动中真正的自主和深度学习。

第五章
武汉幼儿园教师队伍调查报告

  幼儿园教师是幼儿教育工作的主力军,是幼儿发展的主要引导者。幼儿园教师的质量水平、生存现状、发展水平等很大程度上决定了幼儿教育的质量水平。随着幼儿教育事业重要性的逐渐凸显和幼儿教育事业的快速发展,社会对幼儿园教师的素质要求也越来越高,国家对幼儿园教师质量水平、专业化水平也提出了相应的要求。为促进幼儿园教师专业化水平提升,提高幼儿教育质量水平,国家相继出台了一系列政策文件,如《国家中长期教育改革和发展规划纲要(2010—2020年)》(以下简称《纲要》)、《幼儿园教师专业标准(试行)》《关于加强幼儿园教师队伍建设的意见》《中共中央 国务院关于学前教育深化改革规范发展的若干意见》等。其中,《纲要》首次将学前教育与义务教育、职业教育、高等教育的发展提到了同等地位,充分体现了目前国家发展学前教育的决心和对学前教育的高度重视。学前教育的相关发展与研究,也已成为当下教育研究的热点内容。在幼儿园教师发展部分,《纲要》中为幼儿园教师队伍的发展明确了方向,指出要不断完善和发展幼儿园教师队伍的建设,把幼儿教师队伍的建设工作作为幼儿教育发展的三大任务之一。《纲要》还提出要重点增强幼儿园教师队伍的师资培训和学习培养,提升幼儿园教师队伍的专业水平和素质水平,严格落实幼儿园教师队伍资格的认证标准,提升幼儿园教师薪资待遇、社会地位,增强幼儿园教师的职业认同。

  在经济发展、社会进步,学前教育的社会和历史地位逐渐提高,对学前教育的要求也逐渐提升的背景之下,各地方也积极响应号召,不断通过多种途径发展学前教育事业、扩展学前教育资源、强化幼儿园教师队伍建设。为积极响应国家对发展学前教育事业的号召,满足人民群众对高质量幼儿园师资队伍的需求,武汉充分发挥自身优势,采取了一系列推动和完善幼儿园教师队伍发展的行动,并取得了一定的成绩。本研究以武汉部分地区幼儿园教师队伍建设与发展情况为例,分析了武汉幼儿园教师的发展现状,以期为幼儿园教师队伍的建设与发展提供一定的借鉴。

为充分了解武汉幼儿园教师队伍的现状,以分析其发展过程中存在的问题及其原因,并提出相应的解决对策和建议。本研究采用问卷调查法、访谈法的形式,对武汉部分地区(武昌区、洪山区、江岸区、东湖高新区、新洲区、硚口区)共计81所不同性质的幼儿园进行了深入调查,了解了武汉幼儿园教师队伍的现状,发现、梳理了其中存在的主要问题,并提出了相应的对策。

第一节 调查方案设计

为科学有效地实施调查,本研究对整体的调查方案进行了设计。调查方案的设计内容主要包括:确定调查内容,选择调查方法,设计调查问卷,筛选调查样本,收集并整理调查数据。同时,在调查实施和数据回收的过程中,确保样本的代表性,充分保证问卷的回收率和问卷的有效率,力求使调查的数据真实有效,能够反映武汉市幼儿园教师队伍的基本现状。

一、调查内容

幼儿园教师队伍现状涉及的内容比较广泛,既有幼儿园教师队伍的基本结构情况、生存情况,又有专业与发展方面的,如幼儿园教师专业能力、教师发展情况与教师管理情况等。为了较为全面地了解武汉市幼儿园教师现状,同时又能准确地发现普遍性的问题,本研究结合本地区的实际水平,确定了以下调查内容。

(一)幼儿园教师队伍的结构现状

幼儿园教师的结构现状主要是指幼儿园教师的基本构成情况,如个体的基本信息、人员及流动情况等,对应的是问卷中前两块内容:幼儿园教师的基本信息,如性别、婚姻状况、年龄、教龄、学历、用工情况、单位性质、收入情况等；幼儿园教师整体数量，如师资配比、聘用人员比例、师资流动原因等。结构现状能反映教师个体及群体的信息和稳定状况，对幼儿园教师结构现状的了解能充分反映出幼儿园教师队伍的现有基本情况。

（二）幼儿园教师的质量水平现状

幼儿园教师的质量水平是影响学前教育的关键因素，为充分反映武汉市幼儿园教师的质量水平，本研究根据《幼儿园教师专业标准（试行）》（以下简称《专业标准》）中划分的三大维度，对师资质量水平进行了调查，主要包括专业理念与师德、专业知识、专业能力三个方面。

专业理念与师德，主要包括幼儿园教师对职业的理解和认识、对幼儿的态度和行为、对幼儿保育和教育的态度与行为，以及个人修养与行为。

专业知识，主要包括幼儿发展知识、幼儿保育和教育知识、通识性知识三个部分。

专业能力，主要包括教师环境创设与利用能力、一日生活的组织与保育能力、游戏活动的支持与引导能力、教育活动的计划与实施能力、激励与评价能力、沟通与合作能力、反思与发展能力。

（三）幼儿园的教师管理现状

幼儿园的教师管理主要是指幼儿园管理人员运用科学有效的方式、手段，为充分发挥幼儿园教师的积极性和主动性，所采取的管理方式或方法。主要包括教师日常管理、培训管理、薪资管理等。幼儿园的教师管理是影响幼儿园教师职业认同感、专业发展、师资队伍稳定的重要因素。通过对幼儿园的教师管理现状进行分析，能反映师资队伍的满意度和建设情况，有利于合理化师资队伍的建设。

二、调查方法

本研究主要采用调查法，包括问卷调查和访谈调查。对武汉市幼儿园教师队伍现状首先开展问卷调查，了解基本现状特征，然后通过访谈调查，对个别问题进行深入分析了解。

（一）问卷调查法

问卷调查法是指通过向样本对象发放问题形式的问卷进行调查。问卷的题目根据调查内容设计，将所需要了解的信息通过问题的形式分类进行排列，了解样本的情况并回收问卷，统计、归纳、分析数据。通过问卷调查的形式，获取信息的效率高，被调查者无须与调查人员接触，就能较直观地反映其当下真实的情况和感受。

本研究采用自编的《武汉市幼儿园师资队伍调查问卷》，主要通过网络形式发放问卷，对幼儿园教师队伍的现状进行调查。

（二）访谈法

访谈法是以对话为形式的调查方法，调查者根据调查内容和问卷调查的基本情况，事先准备好半开放式的访谈提纲及问题，对被访谈者进行一对一的访谈调查。在问卷调查中，可能会出现对问题了解不够全面或深入的情况，为了弥补不足，向被访谈者提出问题并请其口头回答，通过记录、整理和分析所收集的资料来探究幼儿教师队伍的现状。

本研究针对问卷无法体现出的细节内容对多名幼儿园教师进行了访谈。主要内容包括不同经办性质园所的经营状况、幼儿园教师质量水平、工作环境、教师管理、福利待遇等方面。

三、问卷设计

本研究的调查问卷为自编《武汉市幼儿园师资队伍调查问卷》，分三个部分。第一部分是对武汉市幼儿园教师结构现状的调查，主要包括幼儿园教师基本结构情况，如性别、婚姻情况、年龄、教龄、学历情况、用工性质、薪资情况等；幼儿园师资结构及其流动情况。第二部分是对武汉市幼儿园教师质量水平现状的调查。根据《专业标准》对幼儿园教师的要求，从专业理念与师德、专业知识、专业能力三个方面设计了具体的题目，以此来了解武汉市幼儿园教师质量水平的基本现状。第三部分是对武汉市幼儿园的教师管理现状的调查，主要包括教师培训管理、聘用管理、评价管理、工资管理等方面。

四、样本选择

在问卷调查中，本研究以武汉市部分区域幼儿园教师为样本对象。为使样本更加全面并具有代表性，按照公立、私立、公私联合/合作办学的幼儿园类型，选取武汉市武昌区、洪山区、江岸区、硚口区、东湖高新区、新洲区六个区共计81所幼儿园的559名幼儿园教师，进行问卷调查。

五、数据收集与整理

本研究通过发放网络问卷的形式，对559名幼儿园教师进行了调查。

共计发放问卷 559 份,全部回收。其中,因作答无效等原因,筛选出无效问卷共 14 份,获取有效问卷 545 份,有效问卷率为 97.50%。

问卷数据通过 SPSS 19.0 软件进行处理。

第二节 调查的结果分析

一、武汉市幼儿园教师队伍的结构现状

首先对幼儿教师的结构现状进行了调查,主要包括两个方面:一方面是幼儿园教师基本结构情况,另一方面是幼儿园师资结构及其流动情况。

(一)幼儿园教师基本结构情况

幼儿园教师基本结构情况主要是从个体的角度进行分析。包括幼儿教师的性别、年龄、教龄、教师资格证获取情况、学历、园所等级、用工性质、薪资情况等。

从表 5-1 可以看出,性别方面,武汉市幼儿园教师中女性教师占到了绝对优势,占比达到 98.90%,而被调查的 81 所幼儿园 545 名幼儿园教师中,男性幼儿园教师仅为 6 人,占教师比例的 1.10%,教师的性别比例严重失衡。缺少男幼师,一直以来是学前教育行业领域存在的一贯问题。幼儿在园接触到的教师的性别会对早期幼儿性别角色、性别认同、个性及人格的培养形成带来很大影响,近几年这一观念已被社会认可。男幼师的重要性虽然已经被认可,从数量上也稍有好转,但在社会舆论、传统思想观念以及行业待遇的影响下,男性进入学前教育行业从事工作,对其个人来说依然存在较大的压力。很多幼儿园目前甚至是清一色的女教师队伍,调查者通过访谈了解到,各幼儿园对男幼师的需求很大,但同时也存在很难招募人才,留住人才的问题。

表 5-1 幼儿园教师的性别

性别	人数	百分比(%)
男	6	1.10
女	539	98.90

从表 5-2 可以看出,年龄方面,在被调查的 545 名幼儿园教师中,25 岁及以下的占到 34.13%,26—35 岁的占到 45.14%,36—45 岁的占 16.51%,46 岁及以上的占 4.22%,也就是说幼儿园教师年龄在 36 岁以下的占到了

79.27%。从调查结果可以明显看到,总体上武汉市幼儿园教师的年龄分布为非正态分布,年轻教师的比重偏高,整体教师年龄结构出现了断层的趋势,呈现低龄化发展态势。

表5-2 幼儿园教师的年龄分布

年　　龄	人　　数	百分比(%)
25岁及以下	186	34.13
26—35岁	246	45.14
36—45岁	90	16.51
46岁及以上	23	4.22

从表5-3可以看出,在教龄方面,被调查的545名幼儿园教师中,教龄为1—5年的最多,约占总人数的57.06%,其次是6—10年,约占22.07%,接下来是11—20年,约占13.39%,教龄在21—30年的人数最少,仅占7.52%。结合武汉市幼儿园教师的年龄分布和教龄分布来看,呈现出教师年轻化,教学年龄较低的现状,侧面反映出大部分教师的实际教学经验不够。

表5-3 幼儿园教师的教龄分布

教　　龄	人　　数	百分比(%)
1—5年	311	57.06
6—10年	120	22.02
11—20年	73	13.39
21—30年	41	7.52

从表5-4可以看出,教师资格证获取情况方面,在被调查的545名幼儿园教师中,依然存在13.58%的教师没有获取幼儿园教师资格证。从这些教师的原因描述中可知,大部分是属于私立幼儿园招收的幼儿园教师,他们入职未满1年,并正在积极备考幼儿园教师资格证。同时,这也反映出私立幼儿园在招收幼儿园教师时,入职的要求缺乏一定的规范性。

表5-4 幼儿园教师的教师资格证获取情况分布

教师资格证	人　　数	百分比(%)
小学教师资格证	38	6.97
幼儿园教师资格证	433	79.45
无教师资格证	74	13.58

表 5-5、表 5-6 反映了幼儿园教师的学历情况分布及其学历获取方式。调查对象中,学历为研究生的幼儿园教师占比为 1.10%,学历主要集中在本科与专科层次分别为 55.96% 与 30.28%,还有少部分学历层次为中专或高中,占比为 11.38%,以及极少部分学历为初中及以下,占比为 1.28%。在获取学历的方式上,则主要集中在全日制教育与自考两种形式上,分别为 49.91% 和 28.62%。总体上,武汉市幼儿园教师学历层次偏低,高层次人才的引进较难,目前主要呈现出以本科学历为主的趋势,较过往以专科层次为主的学历水平有所好转;获取学历方式逐渐以全日制教育为主,同样较过往有所好转。这反映出武汉市幼儿园教师的学历水平整体有所提升。

表 5-5 幼儿园教师学历情况分布

学 历	人 数	百分比(%)
硕士及以上	6	1.10
大学本科	305	55.96
专科	165	30.28
中专或高中	62	11.38
初中及以下	7	1.28

表 5-6 幼儿园教师学历获取方式

获取方式	人 数	百分比(%)
全日制教育	272	49.91
自考(自学考试)	156	28.62
成人高考(函授)	82	15.05
网络教育(远程)	10	1.83
电大	25	4.59

表 5-7、表 5-8 反映的是武汉市幼儿园教师的薪资待遇。月收入方面,5000 元及以上的占比仅为 6.97%,4000—5000 元的占比稍多,为 12.29%,占比最多的是 3000—4000 元,为 38.35%,其次为 2000—3000 元,占比为 28.99%,还有 8.81% 的教师工资为 1500—2000 元,以及 4.59% 的教师工资为最低工资标准 1500 元及以下。五险一金发放情况方面,42.19% 的教师五险一金发放到位,35.41% 的教师发放的是五险,发放三险一金和三险的占比为 2.94% 和 2.39%,补偿现金的占比为 3.49%,还有 13.58% 的教师未缴纳任何保险,也无现金补偿。从幼儿园教师的薪资待遇可以看出,总

体上,武汉市幼儿园教师月收入处于中等偏低水平,"五险一金"缴纳情况不容乐观,薪资待遇也反映了目前武汉市幼儿园教师的生存现状不容乐观。

表 5-7　幼儿园教师月收入情况分布

月　收　入	人　　数	百分比(%)
1500 元及以下	25	4.59
1501—2000 元	48	8.81
2001—3000 元	158	28.99
3001—4000 元	209	38.35
4001—5000 元	67	12.29
5000 元及以上	38	6.97

表 5-8　幼儿园教师五险一金到位情况分布

到 位 情 况	人　　数	百分比(%)
三险	13	2.39
五险	193	35.41
三险一金	16	2.94
五险一金	230	42.19
补偿现金	19	3.49
无	74	13.58

(二)幼儿园师资结构及其流动情况

表 5-9 反映了武汉市幼儿园教师中聘用教师的占比,从结果中可知,81 所幼儿园中,聘用教师占比达到一半以上的为 39.08%,占比达到二分之一的为 20.55%,也就是说聘用教师占比达到一半及一半以上的占到了 59.63%。这反映出幼儿园教师队伍师资力量的缺乏,以及师资结构的不合理,也体现出幼儿园教师队伍具有偏高的流动性。表 5-10、表 5-11 的结果则反映出,幼儿园教师认为造成幼儿园教师队伍师资力量缺乏、流动性偏高的原因主要集中在待遇偏低、编制不足以及发展前景不大三个方面。这几个方面的问题,已成为幼儿园教师队伍中影响师资队伍稳定、教师职业认同的主要原因,也反映出武汉市幼儿园在人员资金、编制配备,以及为教师提供的发展平台等方面难以满足相应的需求。

表 5-9　幼儿园聘用教师占比情况

占　比	人　数	百分比(%)
一半以上	213	39.08
二分之一	112	20.55
三分之一	85	15.60
四分之一	21	3.85
五分之一	32	5.87
不足五分之一	82	15.05

表 5-10　幼儿园教师队伍不稳定原因排序

主要原因	得分排序
待遇偏低	5.72
编制问题	4.13
发展前景不大	2.78
其他	2.08
教师兴趣	1.84
生孩子	1.56
结婚	1.44

表 5-11　幼儿园师资队伍存在主要问题排序

主要问题	得分排序
编制不足	4.34
流动性大	4.12
数量不够	2.80
专业素质不高	2.03
其他	1.32
学历偏低	1.14

二、武汉市幼儿园教师的质量水平现状

幼儿园教师是幼儿生活活动、教学活动、游戏活动的主导者。幼儿园教师的质量水平、专业化水平决定了幼儿园教育活动的水平，影响着幼儿身心的全面发展。高质量、高素质的幼儿园教师队伍是影响幼儿教育培养质量

的关键因素。根据本地区的实际情况,结合《幼儿园教师专业标准(试行)》对幼儿园教师的标准化要求,从专业理念与师德、专业知识和专业能力三方面对武汉市幼儿园教师质量水平的现状进行分析。

(一)幼儿园教师专业理念与师德的现状

问卷调查的结果显示,在对幼儿的态度和行为方面,当被问及"当幼儿闯祸或与其他幼儿发生冲突时您通常会怎么处理?"时,有54.68%的教师选择"在没有安全隐患的情况下让幼儿自己协商解决",有33.76%的教师选择"耐心批评教育",有9.54%的教师选择"让其冷静",有1.65%的教师选择"告知家长",有0.37%的教师选择"置之不理"。由此可见,在对待幼儿的态度和行为上,大部分的幼儿园教师能够进行正确的处理,并且从整体趋势上来看,有超过一半的教师会有意识地在安全的情况下,让幼儿自行处理冲突和问题。当通过访谈询问个别教师时,他们普遍表示,之前在幼儿园中幼儿出现冲突一般会及时对其进行批评和教育。但这种处理方式更看重教师的训导,很难让幼儿获得处理问题和解决冲突的机会,随着观念的更新,现在他们更愿意在保证安全的情况下,将冲突看作一次教育契机,培养幼儿自主发现问题,反思自我并解决问题的能力。从教师的选择以及理由中可以发现,教师对待幼儿的态度和行为正发生着改变,随着以幼儿为中心的儿童观的不断深入,很多教师开始树立以幼儿发展为本的专业理念。

在幼儿保育与教育的态度和行为方面,当被问及"您认为幼儿园应以游戏为基本活动是指什么?"时,有61.28%的教师选择了"游戏是最适合、最能促进幼儿发展的活动",有25.32%的教师认为"所有的活动都该以游戏的形式体现",有13.39%的教师认为"游戏活动在幼儿的一日生活中占的时间最长"。这反映出大部分教师在思考该问题时,是站在游戏对幼儿的发展价值的角度,去理解游戏的意义的。这反映出他们以幼儿发展为主要原则的教育态度。但还有部分教师对开展游戏的理解,体现在时间的分配和活动形式上。这表明他们对以游戏为基本活动的教育观念的核心还不够理解,即缺乏常态化的幼儿发展意识。

而在被问及"在教育活动秩序较为混乱时,您想到的原因是什么?(多选)"时,有88.44%的教师选择的是"自己预想的内容不能引起幼儿的兴趣",有58.90%的教师认为是"目标和内容太难或太易,幼儿没法学",有50.64%的教师认为是"幼儿临时产生自己感兴趣的东西,没有跟随",有9.72%的教师认为是"对个别幼儿束手无策",还有2.75%的教师认为是"今天幼儿不配合,和您过不去"。由此可以发现,教师在面对教学活动出现混乱时,大部分都能从幼儿的兴趣和需求出发,反思自身教学设计存在的问题。同时,还有部分教师认为幼儿是具有生成性学习的能力的,但在实际教学过程中,教师虽然有这种认知,但缺乏适应幼儿变化的能力。还有少数教师依然抱有消极的儿童观念,其认知有待提升。

(二)幼儿园教师专业知识的现状

在专业知识方面,对武汉市幼儿园教师所系统学习过的专业知识进行了统计。从调查结果来看,在幼儿发展知识方面,系统学习过"学前心理学""学前卫生学""学前儿童健康教育""中外学前教育史"的老师分别占到了86.61%、85.45%、66.61%、44.04%。这表明大部分教师学习并了解过幼儿身心发展的相关理论知识,但对幼儿教育的发展史的学习有所欠缺。这主要是由于大部分专科层次的专业学习,因学时的关系,并没有开设此门课程。在幼儿保育和教育知识方面,系统学习过"学前教育学""学前儿童游戏""幼儿园教育活动设计""幼儿园环境创设""儿童文学""学前儿童家庭教育""学前儿童健康教育""学前儿童科学教育""学前儿童语言教育"的教师分别占到了90.83%、76.15%、77.25%、78.53%、55.23%、50.28%、66.61%、47.89%、57.06%,数据表明幼儿园教师目前对部分课程的学习还存在欠缺。例如,"幼儿园教育活动设计课程"是幼儿教师实施开展教育活动的基础课程和理论依据,但系统学习过的老师仅占77.25%,未能达到全覆盖的比例。同时,五大领域课程的学习也存在这个问题,专门系统学习过健康、科学、语言教育的教师仅分别占66.61%、47.89%、57.06%,这说明还有相当一部分教师对五大领域课程的学习存在缺失,也反映出教师在专业知识方面存在标准不同,知识水平参差不齐,系统性不强等问题。

(三)幼儿园教师专业能力的现状

在教育活动的支持与引导能力方面,当被问及"教育活动中您常用的教学方法有哪些?(多选)"时,有97.61%的教师用到了游戏法,78.90%的教师用到了讲解法,80.73%的教师用到了讨论法,80.18%的教师用到了演示法,83.97%的教师用到了谈话法。这表明大部分幼儿园教师在实施教学活动时,能够掌握多种多样的教学方法,而且游戏法占比最高,其次是谈话法、讨论法、演示法和讲解法。同时,这也表明大部分教师都能认识到游戏和直观体验式的方法能更好地促进幼儿教育活动的开展并取得较好的教学效果,更好地促进幼儿的发展。

关于问题"当幼儿对活动内容不感兴趣时,您会及时地调整自己的教育活动方式方法吗?",这主要考察的是教师在实施教学活动时能否及时进行调整,做到因人施教。有50.09%的教师经常会调整,有26.97%的教师较常会调整,15.96%的教师表示一般会调整,6.61%的教师较少调整,还有0.37%的教师从没有进行过调整。从整体数据来看,教师在实施活动过程中,根据幼儿兴趣和需求进行调整的意识还有待加强,通过访谈发现,部分教师表示,自己在开展活动时,能够发现幼儿对内容失去了兴趣,但一方面为了完成教学任务,另一方面又缺乏调整的策略和方法,故而只能将教学活动继续进行下去。

在游戏活动的支持与引导能力方面,当被问及"您所在班级开展最多的游戏类型是哪些?(多选)"时,有85.69%的教师选择体育游戏,80.73%的教师选择角色游戏,77.25%的教师选择音乐游戏,75.05%的教师选择智力游戏,74.68%的教师选择表演游戏,69.54%的教师选了教学游戏,68.44%的教师选择了结构游戏。从统计结果来看,大部分教师能认识到游戏活动的多样性,教学活动中运用游戏的比例较高,但数据的比例也说明,大部分教师对游戏理解和运用是根据活动性质来进行安排的,如体育游戏、角色游戏、音乐游戏、智力游戏、表演游戏使用较多,而对教学游戏和结构游戏使用较少,存在对游戏实质的理解不够深入和运用不够全面的问题。

关于问题"您在教学中遇到困难时,通常会以什么方式来解决?(多选)",有96.33%的教师选择与同事讨论,51.93%的教师会请领导帮忙,31.38%的教师会请专家指导。这表明大部分教师在遇到教学困难时,能主动地对问题进行探究,具有较好的沟通、合作意识和能力。其中,90.46%的教师会进行相关资料的查阅,58.3%的教师选择通过参加培训进一步提升解决教学中遇到困难的能力,51.26%的教师选择课下自己琢磨研究。这表明在遇到教学问题时,大部分教师能有意识地进行自主反思,并通过较为有效的途径不断提升教学能力。

在反思能力方面,当被问及"您进行教学反思的基本形式有哪些?(多选)"时,选择"日常写活动小结"的占91.19%,选择"平时与同事交流"的占87.89%,选择"期末写教育总结"的占77.06%,选择"集中精力写教育论文"的占26.79%,选择"只是想想而不写"的占4.59%。从反思的形式上看,大部分教师能够主动进行教学反思,主要形式集中在日常小结、同事交流和期末总结几个方面,这说明大部分老师具备一定的反思能力,但能够将日常教学反思凝练为成果的还较少。

在发展能力方面,当被问及"您对自己专业发展现状的满意程度是什么?"时,选择"很满意"的占13.76%,"较满意"的占51.01%,"一般"的占30.09%,"较不满意"的占4.04%,"很不满意"的占1.10%。这表明武汉市幼儿园教师对自身专业发展的满意度为中等,不少教师对自我发展的现状的满意度未能达到预期。当被问及"您认为影响自己专业发展最关键的因素是什么?"时,有56.70%的教师选择了"进修或培训",20.55%的教师选择"自己钻研",15.05%的教师选择了"园领导重视",7.70%的教师选择了"同行帮助"。当被问及"您寻求个人专业发展动力的主要来源是什么?(排序)"时,排第一的是"增进专业知识与技能",排第二的是"完善自我",排第三的是"幼儿获得良好发展",排第四的是"了解现代教育理论与实践",排第五的是"提升学历",排第六的是"晋级加薪",排第七的是"方便调动"。数据表明教师在对影响专业发展的因素的认识方面,更多地将发展和培训进修挂钩,较少能意识到自主发展的重要性。此外,在专业发展动力方面,大部分教师能站在专业提升的角度,以及促进幼儿发展的角度进行考量。通过访谈还可以发现,大部分教师在专业发展方面的需求很强,却往往处于被动的状态,期望能有更多进修机会,但在缺乏实际条件支撑的情况下,缺乏个人主动发展的欲望和方法。

三、武汉市幼儿园的教师管理水平

幼儿园对教师的管理水平是影响幼儿园教师队伍稳定性、职业认同和职业满意度等方面的重要影响因素,通过对幼儿园的教师管理水平现状进行调查,能从侧面反映出武汉市幼儿园教师队伍的需求和现状。幼儿园的教师管理主要包括幼儿园教师培训、人才引进与管理、教师评价、教师薪资等方面。

(一)教师培训的现状

在教师参与培训的意愿方面,当被问及"您是否有意愿外出进修?"时,有97.43%的教师表示愿意,2.57%的教师表示不愿意。而当被问及"您参加培训的目的是什么?"时,有72.66%的教师表明是为了提升专业能力,有14.86%的教师是为了做好教育工作,有5.50%的教师是为了完成组织安排的任务,有0.92%的教师是为了结识同行与专家,有1.84%的教师为其他目的,还有4.22%的教师无明确目的。这表明幼儿园教师参加培训的意愿较强,并且能从专业成长和幼儿发展的角度看待培训的意义和价值。

当被问及"近5年中您参加培训的频次是多少？"时，有63.12%的教师达到了4次及以上，9.72%的教师达到了3次，11.19%的教师有2次，7.16%的教师为1次，还有8.81%的教师没有参加过培训。当被问及"近3年您参加过多少次国培计划、省培计划等高层次培训？"时，有74.86%的教师没有接受过，14.86%的教师接受过1次，5.69%的教师接受过2次，1.83%的教师接受过3次，2.75%的教师接受过4次及以上。由此可以发现，从接受培训的次数上看，大部分幼儿园教师接受培训的次数超过了4次，但从接受培训的层次上来看，教师参与高层次的培训机会和参与人次都较少。

从培训的期望和效果来看，当被问及"通过培训，您最希望在哪些方面得到提升？（排序）"时，排第一的是"教育技能技巧"，排第二的是"教育理念"，第三位是"教科研能力"，第四位是"文化基础知识"，第五位是"现代教育技术手段"，第六位是"反思能力"。当被问及"总体来说，进修培训后您的收获怎样？"时，有36.33%的教师认为收获很大，有43.49%的教师认为收获较大，有12.84%的教师认为收获一般，有1.47%的教师认为收获较小，有0.18%的教师认为收获很小，还有5.69%的教师认为没有收获。由此可以发现，教师参加培训的目的主要集中在提升自身专业能力方面，对提升自身反思能力的意识有所欠缺。而从培训的效果来看，目前各层次组织开展的幼师职后培训的质量还有待提升。

此外，本研究还调查了教师对高层次培训中存在的问题的看法。当被问及"您认为国培、省培计划等项目实施中主要存在的问题有哪些？（排序）"时，数据反映出，教师认为主要存在的问题包括受训机会不多、受训覆盖面不全、与工作时间冲突、效果不佳等方面，这也反映了目前设计和实施高层次培训时，存在的不合理、范围窄、效果不佳等问题。

（二）人员管理的现状

在人员的引进补充方面，当被问及"据您了解，当地幼儿园补充新教师的方式主要有哪些？（多选）"时，72.84%的教师选择了自主招聘，48.44%选择了编制考试，37.98%选择了聘用代课教师，8.07%选择了特岗计划。这表明目前幼儿园在人员的引进方面的主要渠道还是以自主招聘和编制考试为主，但还有很大一部分幼儿园在人员定额的情况下，为满足教学需求，聘用代课教师，其人员流动较大，对教育教学的效果也不能很好地保证。

在教室的评价管理方面，当被问及"您所在幼儿园评价教师的依据有哪些？（多选）"时，有90.28%的教师选择"教育水平和能力"，72.29%的教师选择"幼儿能力提升",6.79%的教师选择"幼儿健康成长",56.88%的教师选择"教师资历"。由此可以发现,在评价机制方面,大部分幼儿园对教师的评价还是以教师的教学水平为主,没有将幼儿的发展作为首要条件。在将幼儿发展作为评价指标时,先考虑到的是幼儿能力的提升,而非幼儿的健康成长。这也反映出幼教市场对幼儿园的倒逼和要求。此外,家长也更多地关注孩子的可见能力是否有提升。因此,在幼儿园评价教师时,也会以此作为衡量标准。

（三）绩效工资的现状

当被问及"您最关心薪酬中哪些方面？（多选）"时,77.61%的教师选择"五险一金到位",76.33%的教师选择"工资能增加多少",71.01%的教师选择"幼儿园奖励性绩效工资如何分配",66.61%的教师选择"保证基本工资（合同约定或编制规定）",66.24%的教师选择"不低于当地公务员水平"。从数据中可以看出,目前大部分幼儿园教师对薪资待遇并不满意,对基本工资的保证、五险一金的保证,以及提升工资待遇有较强的诉求。当被问及"您认为实施绩效工资之后,您的工作积极性程度如何？"时,有54.87%的教师选择"很积极",有35.96%的教师选择"较积极",有8.62%的教师选择"一般",还有0.18%和0.37%的教师分别选择"较不积极"和"很不积极"。由此可以看出,薪资待遇已经成为影响幼儿园教师工资积极性的主要因素,在政策的引导下,较合理的薪资制度以及提升待遇能有效提升幼儿教师投身工作的热情。

此外,调查还统计了在以上现实情况下,幼儿园教师的工作意愿。当被问及"您是否愿意在幼儿园一直干下去？"时,有67.89的教师选择"是",而有29.72%的教师选择"不确定",2.39%的教师选择"否"。从数据表现来看,武汉市幼儿园教师继续从业的意愿整体来看并不高。幼儿园教师的实际现状已经开始影响幼儿园教师队伍的稳定和教学水平的提升。

第三节　武汉市幼儿园教师队伍中存在的问题

根据调查结果,本研究对武汉市幼儿园教师队伍的结构、质量、教师管理等现状的统计结果进行了分析,发现武汉市幼儿园教师队伍中存在一定的问题,如内部结构不合理、教师质量水平有待提升、教师生存现状有待改善等。

一、幼儿园教师各类结构不够合理

（一）教师性别结构失衡严重

根据《中国教育统计年鉴》(2017)的数据统计可知,我国幼儿园男性幼师的比重约为1%,而欧美国家男性幼儿教师的比例则在5%—10%,高出武汉市幼儿园男性幼师1.1%的比重。幼儿园女教师的比重高居不下的现象一直以来都是幼儿园教师队伍结构中的显著问题,有的幼儿园甚至从办园至今,都没有招聘过男幼师。若不加以改善,幼儿园教师性别结构失衡问题将会越来越严重。

（二）教师年龄结构呈现断层

通过统计数据的结果可以看出,武汉市幼儿园教师队伍的整体年龄偏低。36岁以下的幼师所占比重达到79.27%,占教师总数八成左右,呈现年轻化趋势。36—45岁的年龄层次幼师所占比重为16.51%,略为偏低,呈现出青黄不接、年龄断层的现状。幼儿园教师的总体年龄偏低,意味着教师队伍在实际教学经验、专业积累等方面都存在一定缺陷,青黄不接的年龄层也会导致幼儿园教师队伍的梯队建设存在问题,影响幼儿园的教育质量和水平。

（三）教师学历结构呈现出高学历占比过低,初始学历不高的现象

近年来,较过往专科学历为主的现象来看,武汉市幼儿园教师的学历层次整体上移,但高学历幼师占比仍然很低。例如,此次抽样的545名教师中,研究生学历的教师仅1人,占总体教师的0.18%。同时,武汉市幼儿园教师的学历水平总体来看依然偏低,以专科层次为主,占到了43.3%,还有22.02%的教师为中专学历水平。本科层次虽占比达到了33.21%,但很多教师的初始学历较低,大多是通过在职进修、自考等形式获取的,学历的含金量不高,其专业水平和能力是否达到应有标准还有待进一步探查。

二、幼儿园教师质量水平不高

（一）幼儿园教师专业理念与师德有所欠缺

根据调查结果显示,武汉市幼儿园教师在"对幼儿的态度与行为"和"保教幼儿的态度与行为"这两方面还存在一定的欠缺。整体来看,大部分幼儿园教师具备较好的儿童观、教育观。但部分教师在对待幼儿和教育活动时,

缺乏"以幼儿为本"的意识。例如,在开展游戏活动时,仍有部分教师将游戏单纯地看作一种独立的活动,或仅仅根据传统的课程特点有选择地开展游戏,对教学游戏、结构游戏等还没有接触过,没有将游戏很好地融入教学活动中。师德最直接的外在表现即教师对幼儿的态度。当幼儿出现冲突时,部分教师仍然采取的是教师主导的批评训导,而忽视了这个教育契机能很好地培养幼儿自主解决问题的能力,在教育理念上还存在老化、固守陈规的现象。此外,部分教师在对待不同的幼儿时,不能很好地因时、因地、因人而异地及时调整其教学方法,教师的差异性教学理念还有待提升。

(二)幼儿园教师专业知识存在不足

武汉市幼儿园教师在"幼儿发展知识""幼儿保教知识"这两方面还存在不足。尤其是"幼儿保教知识"的学习情况参差不齐,覆盖面不够。在幼儿发展知识方面,部分教师还存在缺乏学前教育学、学前卫生学和学前心理学的知识,不能根据不同幼儿的年龄特点有效地开展教学活动。在幼儿保教知识方面,教学的知识掌握情况差异很大。有接近三分之一的教师没有系统地学习过幼儿园教育活动设计课程,缺乏教学活动设计与实施的理论基础。在五大领域课程中,情况同样不容乐观,很多教师并没有接触过不同领域课程的学习。整体上,武汉市幼儿园教师的保教知识标准不同,知识水平差异较大,同时也反映出教师理论学习的系统性不够,知识不够全面的问题。此外,通过调查还了解到,幼儿园教师比较缺乏运用现代信息技术知识的能力,无论是过往的学习经历,还是从自身意愿出发,教师都缺乏获取信息技术知识的强烈意愿。再加上,从前面的学历结构情况中可知,幼儿园教师的学历水平整体较低,专业知识在质量上和深度学习上也存在一定欠缺。部分教师会力求通过培训、进修等形式不断提升自我,但还有部分教师对职后的继续教育并没有很大的兴趣,这影响着师资队伍的整体质量水平。专业知识的掌握还体现在教师的学术成果上,目前武汉市幼儿园教师对学前教育理论的学习和研究深度不够,在学术成果上,有将近一半的教师没有发表过论文或参与相应的课题研究,同时也缺乏研究的能力和手段。整体来看,武汉市幼儿园教师的专业知识水平还存在一些不足,有待提升。

(三)幼儿园教师专业能力发展不足

武汉市幼儿园教师在"教育活动的支持与引导能力""游戏活动的支持与引导能力""沟通与合作能力""反思与发展能力"这几项专业能力方面还存在一定不足之处。幼儿园教师专业能力最直接的表现就是是否获取了教师资格证，在抽样的幼儿园教师中，有13.58%的教师未能获得教师资格证，教师资格证是行业准入的最低要求，虽不一定能充分地体现教师的专业能力水平，但可以从侧面体现出师资的质量水平。在实施教学活动的过程中，教师主要反映出来的问题是缺乏及时的调整策略和方法。大部分教师能察觉幼儿的反应，但为了完成教学任务很少会及时调整教学策略，同时也缺乏调整的方法和经验。教师在游戏活动开展的过程中，更多关注的还是和课程性质密切相关的游戏，而不能将游戏融入教学活动中，游戏被当成了一种独立的活动形式，对游戏的实质理解不够深入。在反思能力方面，大部分教师具备基本的反思意识和渠道，但很少能够将日常的反思凝练成专门的心得体会或个人成果，反思的能力和效果有待加强。在发展能力方面，大部分教师具备发展的意识，但在主观能动性上，更多的还是依赖单位组织开展的集中培训，当没有这些机会时，教师们缺乏个人自主发展的方法和意愿。

此外，还有很多幼儿园教师在信息化教学、多媒体等方面的现代化教学能力有所缺乏，一方面是他们很少接触到相应的学习，另一方面是自身缺乏对信息技术能力的兴趣和学习意愿，教学手段更多的还是传统的方式。同时，青年教师的比例较大，他们在处理班级管理和家长沟通的具体情况时还存在经验不足的问题，能力有待提升。

三、幼儿园的教师管理现状不尽人意

（一）教师培训效果欠佳

幼儿园教师参加职后培训主要存在的问题体现在以下几个方面。首先，培训覆盖面不足，幼儿园中仍有相当一部分教师没有参加过任何形式的师资培训。而且，各幼儿园一般也会从平时工作表现较好的教师中择优推荐部分教师参加培训，这导致教师参加培训的次数呈现两极分化的现象，有的教师参加的次数很多，而有的教师很难有机会参加培训提升。其次，高层次的培训机会太少，名额有限。大部分教师还是停留在园本培训的层面，培训的规模、质量，教师的获得感和成长都受到了限制。同时参加省级、国家级培训的机会更是寥寥无几，尤其是私立幼儿园能够参与高层次培训的机会少之又少。再次，培训的针对性不强。根据教师参加培训的目的的调查结果发现，幼儿园教师更希望能获取教育教学能力方面的提升，但往往组织的培训并没有考虑教师的需求，也没有因教师的学习差异、地区差异、能力差异进行分班、分批次的教学，很难满足教师的需求。最后，培训的效果不佳。从参与培训的满意度和教师对培训的需求来看,培训的实质性效果一般,教师培训每年都会有计划、有组织地开展,但从教学与发展的角度来看,很多培训难以给老师带来实际的帮助,很多教师在参与相关培训时,其主要目的还是为了评职称,提升学历等,培训的形式化现象逐渐严重,效果不佳。

(二)人员流动较大,教师评价有待进一步科学化

从调查结果来看,在引进幼儿教师的渠道方面,很大一部分幼儿园为满足教学需求,主要采取自主招聘的形式来引进教师,但在幼儿园政策和财力范围内,仍存在部分师资的缺口。因此,幼儿园通过聘用代课教师的形式来保证教学的基本需求,而这种方式会导致教师人员流动性较大,影响教学效果。在教师评价方面,很多幼儿园依然是以教师的教育教学能力作为评价教师的首要标准,未能把幼儿健康成长与身心发展作为首要考虑的评价标准,缺乏一定的幼儿中心思想,评价标准有待加强。

(三)幼儿园教师薪资待遇较低,工作积极性不高

武汉市幼儿园教师普遍存在薪资待遇低的现状。特别是无编制的教职工,其工资待遇更是难以满足他们的需求,而且从调查结果来看,部分幼儿园还存在基本工资、五险一金难以及时保证的问题,幼儿园教师的薪资待遇可见一斑。此外,私立幼儿园的福利待遇与公立幼儿园还存在较大的差距。武汉市大部分幼儿园教师的工资很难达到当地事业单位、公务员的基本标准,大部分幼儿园教师对工资和福利水平的满意度都较低。通过对教师继续从事幼师工作意愿的调查发现,有29.72%的教师不确定是否还会继续从事该职业,由此可见幼儿园教师的薪资待遇问题已经严重影响教师的职业选择和教师队伍的稳定性,进而严重影响整体幼儿教育的质量和水平。

第四节 武汉市幼儿园教师队伍建设的对策与建议

一、优化幼儿园教师队伍结构

(一)提高幼儿园教师社会地位

首先,可通过制定专门性的学前教育相关法律法规,在法律政策层面对幼教行业提供足够的重视。明确幼儿园教师的薪资待遇及权利和义务,参照教师工资不低于当地公务员薪资水平的标准,制定幼儿园教师的薪资标

准，保障幼儿园教师的经济收入，提升幼儿园教师的社会地位。其次，提高幼儿园教师的政治身份，将幼儿园教师录入公务员编制，从而提高幼儿园教师的政治地位，激发其从事幼教行业的动力，提升职业自信，从而吸引更多、更好的人才从事幼儿园教师的工作。

(二) 引导更多男性从事幼教行业，改善性别失衡

男性从事幼儿园教师工作，很大程度受到了社会舆论和传统思想的影响。相关部门应进行积极的舆论宣传，为男性从事幼儿园教师工作营造良好的社会氛围，引导大众对传统观念进行反思，强调男幼师对幼教事业，对幼儿发展的重要性，增强男性对幼儿教师岗位的认同。

一方面，在宣传时，应重点关注男幼师的价值和意义，引导大众了解幼儿发展的需求和规律、单性化幼儿教师对幼儿发展的影响、男幼师的性别优势，以及男幼师对幼儿身心发展的独特意义。同时，教育行政部门要积极打造男幼师的典型形象，积极宣传，对有贡献、起榜样作用的男幼师予以奖励，激励更多人加入男幼师的队伍。

另一方面，社会大众常常以经济收入来评判，甚至否定男幼师的价值，导致男性不愿从事幼师工作。相关部门应积极引导正确的价值观念——教师行业的重要意义在于对人的教育和影响，引导大众认识到幼师职业的意义并非经济收入所能衡量，使男幼师感受到职业的高尚价值，激励更多男性加入这个行业。

(三) 弥补幼儿园教师年龄断层带来的问题

幼儿园教师年龄的断层，主要表现在教师的主力军为青年教师，他们的实践经历少，教学经验不足，会影响幼儿园教学活动的教学效果。首先，幼儿园应根据自身情况，按照年龄结构，对老、中、青年教师进行搭配，力求在每个教研组、每个班级形成合理的年龄梯度，通过教师的"传帮带"充分发挥老教师的作用，制订"传帮带"的工作计划、实施和考核。在实际教学工作中，更好地发挥各个年龄段的工作优势，促进年轻教师队伍的建设。

其次，幼儿园还应根据自身资源和优势，培养青年教师。幼儿园应以积极的态度，及时调整，不怕打破原有资源配置，通过老少教师搭班、青年教师教学能力比赛、经验分享、定期的教研活动等，为年轻教师争取更多的学习和锻炼的机会，帮助青年教师更快更好地熟悉和开展工作。同时，幼儿园还应积极发现和挖掘青年教师的优势和潜力，合理化分配岗位工作，充分实现人力资源价值的最大化。

二、提高学前教育师资质量

（一）规范幼儿园教师从业资格制度

提升幼儿园教师资格证的考核与认定要求。如可在考核时加入教师对幼儿个案的分析与研究，阐述自身的教育理想与信念。在面试时，除了说课与试讲外，还应考核教师的口头表达能力、思维逻辑能力等，并对教师的人格、职业道德、职业能力倾向、心理健康等进行测评。

此外，应对获取幼儿园教师资格证之后的人员进行考核，并定期通过培训、考核、重新测试与认定的形式，促使教师职后不断更新教育理念与知识，不断提升教育教学能力，不达标者限制或取消其教师资格，以此来不断激励教师职后继续深入探究与学习。

（二）提高幼儿园教师质量水平

一方面，从高校人才培养的角度来说，要根据岗位需求、社会需求、实践需求，不断完善学前教育专业人才的培养方案。从职前教育出发，为幼儿园教师的质量提升打好基础。做好高校学前教育专业人才培养方案的课程设置。在设置课程时，应以学前教育专业的岗位需求、学生的全方位发展为依据，丰富学生的学前教育专业知识、专业素养，并结合实践实训课程，提前培养准教师的理论与实践教学能力。同时，通过与当地实践基地的合作，引进更多的"双师型"教师，实现学校与幼儿园的协同指导，运用信息化技术手段，通过远程连线，实施评价等方式，实现理论与实践一体化，线上线下融合教学。此外，高校还应根据当地幼儿园的发展需求，因地制宜地开设特色课程，培养全面发展又具备特色的准教师师资力量。

另一方面，从幼儿园培养的角度来说，幼儿园应紧跟学前教育理论的最新动态，不断更新教育理念，加大对教师的培养和教学质量提升的力度。可通过园本培训开展有针对性的教研活动加强园所之间的合作，形成有效的激励机制；通过国培、省培等培训计划，选派教师参加培训，提升教学水平；还要不断开阔幼儿园教师的理论视野，增进交流机会，学习借鉴优秀的教育经验等。同时，通过个别反思和集体反思，不断提升教师队伍的质量和水平。

三、强化幼儿园的教师队伍管理

（一）提高幼儿园教师的工资待遇

幼儿园教师的工资待遇已经成为影响幼儿园教师队伍稳定和教师职业

认同感的重要因素。教育部门应大力提升幼儿园教育的薪资和待遇保障等，更好地保证幼儿园教师的基本需求。各地区的教育行政部门，应根据各地区的实际情形，明确幼儿园教师的薪资待遇，拟定符合实际的提升幼儿园教师薪资待遇的方案。幼儿园也应对幼儿园教师实行工作量化、同工同酬的原则。在基本保障方面，政府相关部门应保证幼儿园教师医疗、养老、失业保险制度的实施，为幼儿园教师从事本职工作减少负担和后顾之忧。

（二）完善幼儿园教师队伍培训管理

一方面，要扩大教师培训覆盖面。保障幼儿园（无论公立还是私立）教师都能有机会参加高质量、高水平的师资培训。教育部门应加大投入力度，增加国培、省培等高质量的教师培训中幼儿园教师的培训名额。同时，促进各幼儿园以园所特色为基础，开展园本培训，各地区的教育主管部门，也应积极响应，拟订计划，定期开展以市、区、县为主体的教育教学培训。可利用多样的形式，如线上线下相结合，全覆盖地对各性质幼儿园教师展开培训，培训时间可更为灵活，考虑教师的个人需求，对幼儿园教师参加培训的任务、课时予以明确的要求。

另一方面，要提高幼儿园教师培训内容的针对性。教育部门应丰富教师培训的内容，让不同需求的教师，按自己的需求选择培训内容，而不是一刀切式的集中学习，要提升教师培训的针对性。同时，应提升培训内容的深度和实践特点，邀请行业突出的、富有经验的一线幼儿园专家教师开展理实结合的教育培训，更多地让教师掌握实践教学中真正能用到的方法和手段。在培训的同时，还应增加交流活动，开展专门的小组研讨、合作教学、校园合作等，进行经验分享，打磨教育教学能力，不断提升教师培训的针对性，提升幼儿园教师参与培训的获得感。

第六章
武汉幼儿园课程与实施调查报告

回顾历史，自1903年的湖北武昌创办了湖北幼稚园，至今已有百余年。在1922年进行的学制改革中，将幼儿园教育制度真正列入学制的一部分，这也就标志着幼儿园课程开始受到教育界的高度重视。1932年颁布的《幼稚园课程标准》是我国第一个关于幼儿园课程的专门的文件，这也是20世纪30年代以来，中国的幼儿园教育课程改革取得的阶段性的成果。此后，在不同的历史背景下，我国的学前教育史上进行了几次大规模的幼儿园课程改革。

"人生百年，立于幼学"，党的十九大报告提出，要幼有所育、学有所教。课程作为育的载体，教的预设，扮演着重要的角色，也只有通过课程的实施才能实现这些教育目标，这是"应然"的教育目的转变为"实然"的幼儿发展的桥梁，有机地连接了幼儿教育的两端——社会的要求与个体的成长，具有十分重要的地位。

如何提高学前教育质量，在快速发展的同时保证质量，也就成为新的时代背景下学前教育发展中不得不面对的新的课题与挑战。因此，了解当前幼儿园课程的发展现状，并在此基础上总结经验，查找问题，是实现高质量学前教育发展的必然途径。

本研究主要从武汉市幼儿园课程在具体实施过程中的课程理念、课程目标、课程内容、课程资源、课程实施与管理等几个方面进行调查，以期对武汉市幼儿园课程与实施现状进行较为全面的了解。

第一节　调查对象与内容

一、调查对象

本研究选取武汉市28所不同类型的幼儿园作为研究案例，研究者通过实地纸质问卷发放、利用问卷星进行网络问卷发放等方式，共发放园长问卷28份，实际收回28份，回收率为100%；共发放教师问卷168份，实收122份，回收率为72.62%，发放家长问卷1107份，实收1056，回收率为95.39%。

二、调查的主要内容

采用问卷法、访谈法、文献分析法对武汉市幼儿园的课程目标、课程内容、课程资源、课程实施与管理进行调查研究，以期全面系统地对武汉市幼儿园课程与实施进行了解。

第二节　调查结果分析

一、基本情况

根据表6-1可知，从年龄分布来看，园长主要集中在41岁以上。样本中85.71%的园长毕业于"学前教育专业"。学历为"本科"的比例占85.71%。工作年限"21年及以上"的比例为53.57%。

表6-1　园长基本情况描述统计

统　计　项	分　　类	数量(人)	百分比(%)
专业	学前教育专业	24	85.71
	其他教育专业	4	14.29
最终学历	大专	4	14.29
	本科	24	85.71
年龄	31—35岁	2	7.14
	36—40岁	4	14.29
	41—45岁	8	28.57
	46—50岁	7	25.00
	50岁以上	7	25.00

续表

统计项	分类	数量(人)	百分比(%)
任职年限	5年以下(不包括5年)	3	10.71
	5—10年	4	14.29
	11—15年	2	7.14
	16—20年	4	14.29
	21年及以上	15	53.57
园所类型	公办	22	78.57
	民办	5	17.86
	其他	1	3.57

如表6-2所示,幼儿家长的文化程度主要集中于本科及以上水平,接受调查者主要为幼儿母亲,占家长总人数的73.01%。

表6-2 幼儿家长基本情况描述统计

统计项	分类	数量(人)	百分比(%)
文化程度	中专及以下	215	20.36
	大专	276	26.14
	本科及以上	565	53.50
幼儿所在年龄班	小班	410	38.83
	中班	329	31.16
	大班	317	30.02
与幼儿的关系	父亲	262	24.81
	母亲	771	73.01
	其他亲属	23	2.18

如表6-3所示,样本中有62.30%的幼儿园教师为本科学历,大专学历的比例是33.61%。83.61%的幼儿园教师来自公立园。

表6-3 幼儿园教师基本情况描述统计

统计项	分类	数量(人)	百分比(%)
学历	中专	3	2.46
	大专	41	33.61
	本科	76	62.30
	硕士研究生及以上	2	1.64

续表

统 计 项	分 类	数量(人)	百分比(%)
所在幼儿园类型	公立园	102	83.61
	私立园	19	15.57
	其他	1	0.82
合计		122	100.0

二、调查结果分析

（一）幼儿园课程理念

课程理念是课程设计者蕴含于课程之中，需要课程实施者付诸实践的教育教学信念，它是课程的灵魂和支点。幼儿园课程理念就是在设计幼儿园课程时需要实施者付诸实践的幼儿园教育教学的信念，它往往反映出课程编制者的儿童观和教育观。

1. 能确立以促进幼儿整体发展为导向的课程目标

幼儿期是人生各方面发展的奠基阶段，幼儿园要满足幼儿多方面的发展需要，使他们在快乐的童年生活中获得有益于身心发展的经验，为他们的终身发展做好准备。如同济医院附属幼儿园的课程理念是根据《幼儿园教育指导纲要（试行）》的精神，树立"以儿童发展为本"的教育观念，完整体现了课程为儿童发展服务的目标。幸福幼儿园根据该园"幸福文化"的核心价值提炼幸福味道课程，以"求真育爱，奠基幼儿幸福人生"作为基本价值取向，倡导"提升幼儿幸福感，发展幼儿幸福素养"的课程理念，以及与之相适应的"情境体验""游戏感受""生活渗透"的学习方式。

2. 能构建以生活为基点的课程内容

构建以生活为基点的课程内容，即让幼儿在一个真正属于他的，能让他的生命得到成长的，能彰显主体性的环境中生活和学习。在构建以生活为基点的课程内容时，要求幼儿园关注幼儿的兴趣和需要，同时要求将知识、技能及品德还原为儿童的经验。如同济医院附属幼儿园的课程内容为"幼儿是通过日常生活逐步认识周围世界的"。90%的幼儿园能密切联系幼儿生活，树立"一日生活皆教育"的教育思想。

3. 凸显了以活动、体验为特点的课程实施

幼儿的学习方式、学习特点决定了幼儿课程实施要凸显活动性的特征。幼儿学习品质的重要性决定了幼儿课程实施要凸显体验性的特征。所调研

的幼儿园80%体现了这两个特点。如硚口区机关幼儿园的课程理念为秉承"快乐学习、健康成长、和谐发展"的教育理念,促进幼儿情感、态度、认知、能力等多方面综合素质的协调发展,使幼儿成为健康活泼、好奇探究、文明乐群、亲近自然、勇敢自信、有责任感的儿童。其课程理念充分体现了"健康、向上、乐观、自信"八个字。

4. 实施了以发展为导向的课程评价

幼儿园课程评价应有利于促进幼儿发展,有利于促进教师发展,还有利于促进幼儿园课程发展。如硚口区机关幼儿园的课程评价理念是"以人为本、关注过程、多方参与、促进发展";注重调动教师、家长、幼儿参与的积极性,促进各相关利益团体主动探索与反思,着眼于教师与幼儿的长远发展,同时也为家园合作搭建平台。

(二)幼儿园课程目标

幼儿园课程目标是对幼儿在一定学习时段内的学习效果的预期,是幼儿园教育目标的具体化。课程目标是幼儿园课程运行的"指南针"和"方向盘"。在课程设计中,目标处于核心位置,它既是选择课程内容、确定课程组织方式和教学策略的依据,也是课程评价的标准。

1. 幼儿园课程目标制定依据幼儿与社会两方面

在幼儿园课程目标的制定过程中,超过59.84%的教师认为幼儿和社会两者同等重要且相辅相成,因此,在幼儿园课程目标制定过程中,既要考虑到幼儿身心发展的主观需要,又要考虑到社会对于幼儿发展的理性需求。从调查中可以看出,被调查者更倾向于认为幼儿园课程基本价值取向的主体是社会和幼儿,如表6-4所示。

表6-4 幼儿园课程目标制定的依据

调查项	制定依据	频数	百分比(%)	累积百分比(%)
课程目标制定依据	只关注社会	4	3.28	3.28
	以社会为主,幼儿为辅	2	1.64	4.92
	两者同等重视,相辅相成	73	59.84	64.75
	以幼儿为主,社会为辅	35	28.69	93.44
	以幼儿为主	8	6.56	100.00
	合计	122	100.0	100.0

2. 幼儿园课程目标制定对于幼儿需求的关注度较高

如图 6-1 所示,调查中发现,以幼儿为本的课程理念尚未达成共识,幼儿的需要并未受到广泛重视。有 65.57% 的幼儿园教师认为,在当前幼儿园的课程中,幼儿的需要(爱好、兴趣等)总会被提及,28.69% 的幼儿园教师认为幼儿的需要经常被提及,但是也有 5.74% 的教师认为在课程目标的制定中,幼儿的需要只是有时被提及,更多的时候则是基于成人的需要为幼儿制定发展需要,而非真正从幼儿的学习与成长的诉求出发来制定幼儿园课程目标。

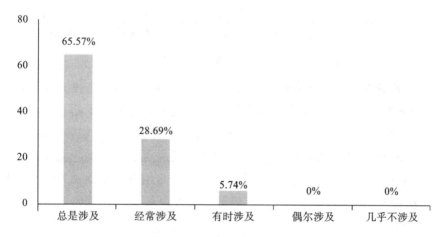

图 6-1　课程目标设置中幼儿需要被提及的频率

3. 幼儿园课程目标制定过程中对于幼儿个性发展的重视程度较高

幼儿园阶段是幼儿良好个性形成的重要阶段,幼儿园是幼儿个性发展的重要基地。这时候形成的个性特点将对幼儿以后的发展产生直接的影响,将成为以后幼儿个性进一步发展的基础。幼儿园课程目标设置过程中,幼儿个性发展被提及的频率在一定程度上反映了幼儿园课程的基本价值取向。如图 6-2 所示,93.44% 的教师认为,当前的幼儿园课程目标设置过程中幼儿的个性发展总是或经常能得以体现,但是也有 6.56% 的教师认为幼儿个性发展在课程目标设置中有时涉及,并未得到完全的体现。

4. 幼儿家长期待幼儿园课程能够促进幼儿良好性格品质的形成

家长是幼儿教育的重要资源,也是幼儿园顺利进行幼儿教育的重要合作伙伴。只有家长有效地参与幼儿教育,才能使幼儿真正健康地成长。幼儿的全面发展离不开幼儿园和家长的共同努力,幼儿家长在幼儿教育中的重要作用越来越凸显。为了能更好地做到幼儿园和家长之间的交流沟通,发挥家庭教育与学校教育对幼儿成长的合力,越来越多的幼儿园在制定课

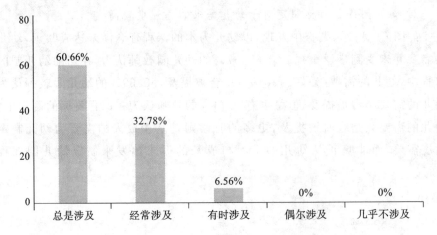

图 6-2 课程目标设置中幼儿个性发展提及的频率

程目标时,既会考虑幼儿实际的生理和心理发展情况,也会考虑到家长群体对于幼儿教育发展的心理预期和实际需求。这一方面体现了幼儿园对于家长群体地位的重视,另一方面幼儿园也期望通过尊重多利益群体的需求,更全面、合理地制定课程培养目标,从而科学地发挥课程目标的导向作用。如图 6-3 所示,作为幼儿家长,58.2%的人希望幼儿园可以帮助幼儿养成良好的性格和行为品质,20.2%的人希望幼儿园可以帮助幼儿从游戏中增强身体素质和智力。

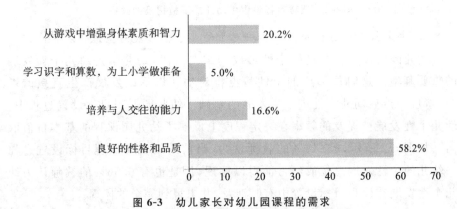

图 6-3 幼儿家长对幼儿园课程的需求

5. 幼儿家长对幼儿园课程设置的重视程度较低

如图 6-4 所示,在幼儿家长对于幼儿园各项工作的关注情况中,绝大多数的家长首先选择的是卫生安全,其次是幼儿能力培养以及师资队伍水平,但是可以看到,对于课程设置的关注程度较低。对于幼儿家长而言,更容易关注到显性的、易评价的指标,而容易忽视对于课程设置这一隐性内容的关注。

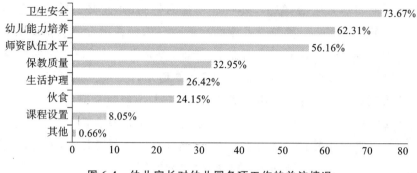

图 6-4 幼儿家长对幼儿园各项工作的关注情况

6. 幼儿园课程目标制定的主体多元化

如表 6-5 所示,当前武汉市各幼儿园在幼儿园课程目标的制定过程中,主体呈现多元化趋势。71.43%的园长认为,幼儿园的课程目标制定应该考虑多方意见,结合各方之力,共筑幼儿学习与发展。因此,在具体实践过程中会充分考虑到教师、高校专家、幼儿家长等各方意见和建议。

表 6-5 幼儿园课程目标制定的主体

调查项	制定主体	数量(人)	百分比(%)
课程目标的建构者	园长	2	7.14
	园长、教研组长	6	21.43
	园长、教师、社区人士、教育专家、家长共同确定	20	71.43

(三)幼儿园课程内容

如果说课程目标是课程的"指南针""方向盘",那么课程内容就是课程的"心脏"。课程内容的选择与组织是实现课程目标的关键和手段,它解决的是为有效实现课程目标,教师应教什么、幼儿应学什么及教师应如何安排这些内容等问题。如果选择的课程内容本身不合适,那么是无法达成课程目标的,如果选择了合适的课程内容,但组织得不合适,那么也是无法有效地达成课程目标的。

1. 幼儿园课程内容来源于幼儿生活

左瑞勇、杨晓萍(2010)认为在课程内容选择上,中国对外国、农村对城市盲目崇拜,没有合理地消化、学习。他们建议课程内容选择:第一,要以儿童为本,不要统一为普遍的课程内容,内容选择要与儿童充分地沟通;第二,要完整而和谐;第三,要回归生活。杨晓萍、杨丽雅(2003)认为幼儿课程内容选择应回归幼儿生活:第一,要贴近儿童的生活,并能够引导儿童发现和探究自身的生活;第二,要符合儿童的兴趣;第三,教育内容的选择应吸收所在社区、社会的文化,让教育富有意义;第四,要体现出对不同文化的包容。

武汉市幼儿园课程内容的来源如表6-6所示,68.85%的幼儿园教师认为主要来源集中于幼儿发展中的需要,涉及五大领域的全部内容,并且考虑了幼儿实际发展情况,联系了幼儿生活实际。但是也有少部分教师认为,课程内容只是来源于教材,"教材有什么,就教什么""教材说什么,就讲什么"。

表6-6 幼儿园课程内容的来源

内容来源	频数	百分比(%)	累积百分比(%)
幼儿发展中的需要	84	68.85	68.85
幼儿园教育计划的安排	36	29.51	98.36
教材中的进度安排	2	1.64	100.00

2. 园本课程内容开发较成熟

对于当前幼儿园所使用的教材进行分析发现,接近一半的幼儿园使用的教材是更加符合本园办园特色与幼儿发展需要的园本课程。除此之外,凤凰小康轩、省编教材的使用频率位居其次。

3. 幼儿园教师能够参与到课程内容开发过程中

如图6-5所示,对幼儿园教师在课程开发过程中的角色定位进行调查后发现,52.46%的教师认为自身所扮演的角色是课程开发的参与者,具有对课程内容进行选择的机会和权利,幼儿园在园本课程的开发过程中会充分考虑教师的意见,教师在此过程中具有一定程度的主动权。39.34%的幼儿园教师认为自己只是课程的执行者,不具备参与权,课程开发是领导的事情,因此,在课程的选择上只是被动接受,认真完成规定的教学任务。

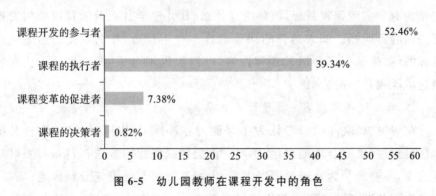

图6-5 幼儿园教师在课程开发中的角色

4. 幼儿园教师对现行的课程内容较为满意

如表 6-7 所示,88.52％的幼儿园教师对现有的课程内容较为满意,认为现在的课程内容,一方面,可以满足幼儿身心发展的需要,另一方面,对于教师来说,可操作性较强,比较好驾驭。虽然有 11.48％的幼儿园教师表示出对课程内容的不满意,但主要是因为存在将课程内容与课程资源混淆的情况,认为现行的教育内容没有配套的资源,无形中增加了自己的负担。

表 6-7 幼儿园教师对课程内容的满意度

对课程内容的满意度	频 数	百分比(％)	累积百分比(％)
是	108	88.52	88.52
否	14	11.48	100.00

（四）幼儿园课程资源

幼儿园课程资源是幼儿园教育由构想变成现实的条件保障,是蕴含各种教育目标的园内外有形和无形的各种因素。它们可能被幼儿直接利用,也可能被成人利用进而对幼儿产生影响。幼儿直接经验的获得主要依赖于幼儿与周围环境的相互作用,教师要帮助幼儿获得有益的经验,必须充分挖掘幼儿生活环境中有价值的课程资源,让幼儿在与环境的互动中获得发展。幼儿园课程资源包括硬性资源和软性资源。硬性资源包括授课材料、教材教具、教室设备等幼儿教学物质资源,软性资源包括教师能力、教师学历、家长辅助等资源。

1. 课程硬性资源供给量低,适宜性有待提升

通常而言,尽管幼儿园的师资数量、玩教具数量、教室基本面积以及其他辅助性教学仪器和课程设备满足基本的学前教育需求,然而幼儿人均教育资源占有量的不足依旧限制了儿童接受更高质量的教育的可能。如图 6-6 所示,45.9％的幼儿园教师认为幼儿园可以提供完全符合教学需要的课程资源,但是 6.65％的教师认为现有的教学资源大部分不符合实际需要,比如存在破损、老旧等情况。3.28％的幼儿园教师认为幼儿园并不能为教学提供合适的资源,现有的资源完全不符合教师需要,并且自身并不能参与到教学资源的选择过程中,园长与教研主任等也不会就后期教学资源适宜性的问题进行探讨。

2. 课程软性资源供给不足

幼儿园在开发、设计课程时,对家长资源的认识程度仍然不够全面。家长资源作为幼儿园重要的外在软性资源,若能够充分发挥则有利于进一步

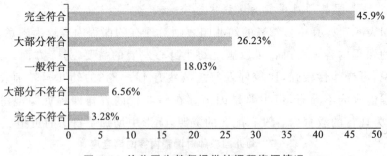

图 6-6 幼儿园为教师提供的课程资源情况

提升课程的丰富性和多元性。以家园合作、交流的重要形式——家长课程为例,根据本研究的调查数据显示,目前大多数幼儿园的家长课程以老师向家长授课的形式展开,比如最常见的教育讲座,家长对于幼儿园整体教学活动的参与度比较低。在幼儿园和教师等资源主导的"课堂式"的家长课程中,一方面,家长们缺乏参与,难以深入理解幼儿园教师单方面向家长传授的一些理念和方法,继而带来课程实际实施效果差且造成资源浪费的状况;另一方面,家长资源也并没有被充分开发。而对家长资源的开发又可以划分为两个层次:一是家长硬性资源的开发,包括家长对幼儿教学活动提供材料等物质资源支持和做课程助教、志愿者、帮忙组织出游活动等人力资源支持;二是家长软性资源的开发,包括职业资源、特长资源和祖辈资源等。但是,根据调查数据显示,幼儿园对家长资源的利用大部分集中在人力资源和物力资源等硬性资源,而对于职业资源、特长资源、祖辈资源等软性资源的应用有限。

(五)幼儿园课程实施与管理

1. 幼儿园课程实施途径

幼儿园课程的实施途径为日常生活活动、游戏活动、教学活动、环境创设和家园合作。

日常生活活动是幼儿园一日生活中满足幼儿吃、喝、拉、撒、睡等基本生理需要的活动,具体包括入园、进餐、盥洗、喝水、睡眠、如厕、离园等环节。日常生活活动是幼儿园教育的重要途径。幼儿园教师能充分利用日常生活活动的教育机会,提高幼儿基本的生活自理能力,帮助幼儿养成良好的生活、卫生习惯,可以渗透性地促进幼儿在语言、社会、科学、艺术等方面的发展。

游戏活动为幼儿提供了大量交流的机会、想象的机会、操作的机会和表达的机会,对幼儿的认知、语言、情绪、情感、社会性和身体发育都有着积极的促进价值,它为幼儿提供了按自己特有的方式去学习和发展的可能。游戏活动是幼儿学习与发展的重要方式和有效手段。通过调研发现,53.85%的幼儿园的游戏活动时间合计超过120分钟;29.67%的幼儿园的游戏活动时间为90—120分钟;只有16.48%的幼儿园的游戏活动时间为60—90分钟。无游戏活动时间在60分钟以下的幼儿园。

教学活动是指教师有目的、有计划地引起、维持或促进幼儿主动参与教学活动的教育过程。根据幼儿参与教学活动的规模,可分为集体教学活动、小组教学活动和个别教学活动。在所调研的幼儿园中,所有的幼儿园的小班都有一个集体教学活动;62.64%的幼儿园的中班有一个集体教学活动,37.36%的幼儿园的中班有两个集体教学活动;43.96%的幼儿园的大班有一个集体教学活动,56.04%的幼儿园的大班有两个集体教学活动。

环境创设是幼儿园教育的重要途径之一。它对幼儿发展的作用是潜在的,同时又是无处不在的。80%的教师都了解环境对幼儿存在无处不在的潜在且深刻的影响,并且都能将环境创设作为幼儿园课程实施的重要途径,能通过创设良好的环境来促进幼儿的发展。

幼儿的发展是幼儿园、家庭、社会多方面教育影响的结果。家长也是幼儿的教育家,家园教育的一致性程度会影响幼儿发展的结果。幼儿园把家园合作作为幼儿园课程的实施途径之一,通过创设家委会、伙委会,召开家长会、家长报告会,举办家长学校等实现家园合作。家委会会对幼儿园重大问题进行商讨和制定办法,是教师和家长之间沟通的重要桥梁,促使家长和教师形成教育合力,为孩子创造良好的教育环境,让家长更好地支持和参与班级管理工作,同时幼儿园也接受家长监督。成立伙委会,定期召开伙委会,由园长、厨师、保健医生共同参与。提高幼儿就餐水平,携手共建文明食堂,完善食堂伙食服务,建立良好的食堂管理模式。如启雅幼儿园构建了"三位一体"的教育网络,提高家园共育的效果。该幼儿园通过多形式、多渠道,为家园工作搭建教育平台,丰富家长的教育理念。一是通过"家长开放日""家长进课堂""社会实践行"等活动,充分调动家长参与的积极性。二是建立班级QQ群、微信群、智慧树,完善幼儿园网站,通过幼儿园微信公众号、微家园网络平台等,向家长和社会传递新的教育理念。三是通过宣传栏、家长学校、专家讲座等形式,为家长提供培训、学习的平台,转变家长的教育观。四是定期开展育儿经验征文活动,让家长相互交流教育经验,提升育儿水平。通过整合社会各方有利资源,开展丰富多彩的社会实践活动,实现家、园、社区的共育效果。

2. 教研活动开展时间较为频繁

如表 6-8 所示,62.29% 的幼儿园教师所在的幼儿园教研活动时间为每周一次,31.15% 的教师所在的幼儿园教研活动时间为每个月一次。教研活动是课程内容得以实施的重要保障之一,通过研讨,教师们相互分享、取长补短、不断进步。

表 6-8　幼儿园教研活动时间

调查项	选项	频数	百分比(%)
课程教研时间	每周一次	76	62.29
	每月一次	38	31.15
	半年一次	5	4.10
	其他	3	2.46
	合计	122	100.0

3. 园长注重教师课程专业化的提升,但缺乏针对性

教师是幼儿园课程最直接的实施者,因此,教师能力的专业程度直接影响幼儿园教育教学实施的效果。园长在师资方面的课程领导力主要体现在园长能为本园教师提供的学习机会,园长非常关注教师的专业发展,但是缺乏对不同层级的教师实施相应的培养方案和职业规划,主要的培训方式局限在教学研讨、经验交流等。其实,在幼儿园制定课程评价、评估标准中可以带领教师一起参与,从中提升教师专业化的能力。

4. 幼儿园与教师共建课程和专家对教师课程实施结果进行指导评价成正相关

如表 6-9 所示,"在幼儿园课程实施中会与教师共同构建课程愿景,并帮助教师加强课程的联系"和"幼儿园定期邀请专家来园根据教师的课程实施和结果进行指导与评价"之间的相关系数值为 0.949,并且呈现出 0.01 水平的显著性,因而说明在二者之间有着显著的正相关关系。

表 6-9　Pearson 相关分析

		在幼儿园课程实施中会与教师共同构建课程愿景,并帮助教师加强课程的联系
幼儿园定期邀请专家来园根据教师的课程实施和结果进行指导与评价	相关系数	0.949**
	p 值	0.000

*:p<0.05;**:p<0.01。

（六）幼儿园课程计划的制订

1. 以《幼儿园教育指导纲要（试行）》为依据

各幼儿园都能以《幼儿园教育指导纲要（试行）》为依据对本园课程进行总体规划。大多数幼儿园在制订课程计划时，能根据幼儿发展状况、兴趣爱好、幼儿园的资源条件，因地制宜、因园制宜、因班制宜、因人而异来制订课程计划，在制订课程计划的过程中能将课程目标、课程内容与课程实施途径都考虑在内。

2. 以幼儿实际情况和园务工作计划为依据

各年龄班的教师能根据幼儿年龄特点、幼儿的发展状况和水平，以及幼儿园的园务工作计划为依据，来制订学年计划、学期计划、单元计划和具体活动计划。

（七）课程评价

1. 幼儿园定期对教师课程实施效果进行评价

幼儿园课程评价是结合幼儿园的课程内容和特点，通过收集和分析关于幼儿园课程实施中所需要的资料，针对幼儿园课程价值和课程效益做出科学合理的判断过程。课程评价是幼儿园教育活动的基本反馈，也是提高教育质量的重要来源。对教师课程实施效果进行评价，鼓励教师在总结反思中进步，能够提高幼儿园教育质量。在调查中发现，54.92%的幼儿园能够定期对教师课程实施效果进行评价（见图6-7），并会邀请相应课程专家参与到课程评价过程中。

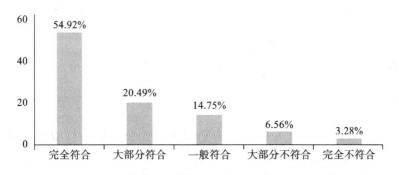

图6-7　幼儿园能够定期对教师课程实施效果进行评价

2. 能及时反馈评价结果，指导教师在总结反思中改进课程

如图6-8所示，52.46%的教师认为幼儿园在课程评价中能够及时反馈评价结果，指导教师在总结反思中改进课程。但也有4.92%的教师认为幼

儿园在课程评价中完全不能及时反馈评价结果,以评促改、以评促教的目的并没有完全达到。

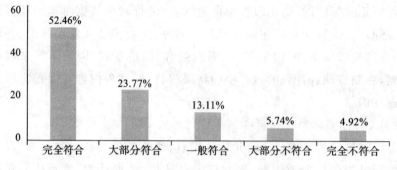

图6-8 幼儿园能够及时反馈评价结果

3. 幼儿园课程评价主体多元化

如表6-10所示,当前武汉市各幼儿园在幼儿园课程评价的过程中,主体呈现多元化趋势。教育行政管理人员、教育专家、园长、教研组长、幼儿、教师及家长都是课程评价的主体,评价在真实、自然的教育情境中进行,且伴随整个教育过程。

表6-10 幼儿园课程评价的主体

调查项	评价主体	数量(人)	百分比(%)
课程评价的主体	教育行政管理人员、教育专家	2	7.14
	园长、教研组长	6	21.43
	教师、幼儿、家长共同确定	20	71.43

(八)幼儿园课程类型

调研发现,所有的幼儿园基本上不会只采用一种课程模式,往往是综合使用几种模式。常见的是以下几种课程类型。

1. 核心课程——主题探究活动

核心课程强调以人类社会的主要功能和社会问题为核心组织课程要素,即围绕某个社会话题而设计的课程。幼儿园课程中的"主题"是指课程在一段时间内所要讨论的中心话题,通过对这些中心话题的讨论,对中心话题中蕴含的问题、现象、事件等的探究,使幼儿获得新的、整体的、联系的经验。主题活动则是指在一定时间内,组织幼儿围绕某个中心话题进行学习、探索、游戏,从而获得有益经验的系列活动。

以硚口区幸福幼儿园为例,在幸福教育论的指导下,该园根据幼儿幸福感调查结果,围绕"一日生活皆课程"的理念,从幼儿的生活与学习出发,设计如图 6-9 所示的四个板块的课程内容。其中,板块 1 为亲子关系——亲情;板块 2 为同伴交往——友情;板块 3 为问题探究——学习;板块 4 为社会参与——实践。将"四个板块"与苗元江编制的综合幸福量表中幸福的"八个维度"及其相应的情绪体验相对应,按照"享""有""爱""行"建构"幸福味道"课程主题教育活动系列。为全面落实基础课程幸福化、幸福课程特色化的同步开发思路,该园又将"四个幸福板块"在各学年段的月主题活动中按照"享""有""爱""行"搭建四个系列子主题,并在子主题的基础上又拓展延伸出每月幸福能力维度侧重点不同的"幸福周"周主题活动计划和"幸福日"特色活动打造,以及"幸福节"学期品牌活动,全面建构覆盖全年段的"幸福味道园本课程"主题教育活动。

图 6-9　课程内容

2. 领域课程——学科活动

幼儿园学科课程可以界定为一种以知识的自身体系为基础,同时考虑幼儿身心发展特点而组织的教育活动形式。但幼儿园课程中的学科不是精细、严格的,它往往是将逻辑上相关的内容融合在一起的,具有较强的综合性,如五大领域中的"艺术",就是将美术、音乐、舞蹈、戏剧等多个学科的内容融合在一起,所以幼儿园里的基础课程——五大领域课程本质上属于学科课程。

以水厂路幼儿园为例,该园的课程主要包括两个板块,基础课程和选择课程。其中选择课程包括辅助课程和特色课程。建构以基础课程为主,选择课程为辅的课程体系,其中基础课程占 80%—85%,选择课程占 15%—20%。基础课程是面向全体幼儿,促进幼儿基本发展的课程。选择课程是以基础课程为依据,以幼儿园办园理念和课程目标为导向,同时结合该园教育特色来满足幼儿发展需求的课程。该园较好地处理了基础性课程与选择性课程的关系,两者相互补充、不断完善,使幼儿园逐步形成科学化、个性化、特色化的适合幼儿发展的园本化课程。水厂路幼儿园的基础课程为五大领域课程。

3. 经验课程——区域活动

幼儿园的经验课程打破了课程中的学科界限，重视学习者的主体性，强调要以学生的兴趣、经验为中心组织课程要素。在幼儿园中，比较常见的经验课程类型是区域活动（或活动区活动、区角活动）。幼儿园的区域活动一般以幼儿的兴趣、需要为主要依据，兼顾幼儿园教育目标和正在进行的其他教育活动等因素，将可利用的空间划分为多个区域，并投放适宜的活动材料，让幼儿自由选择，幼儿在其中通过与材料和同伴的互动，获得有益于身心发展的多样化的学习经验。教育部关于幼儿园办园行为督导评估的指标体系中，专门把活动区的种类和数量作为评估幼儿园办园行为的重要指标。所以不管是公办园还是民办园，为了迎接教育部办园行为的督导评估，都十分重视幼儿园区角的创设和玩具材料的提供。

如水厂路幼儿园开设了青花坊、木工坊、艺术室、悄悄话屋、书吧、户外建构区、多功能室7个公共区域供幼儿游戏；硚口区机关幼儿园则通过设置各类活动室，设计开放式的活动区、室外自主活动区，使幼儿自由选择活动的空间、活动的伙伴，满足幼儿自我活动的愿望和兴趣，且在材料提供、环境创设方面融入园本文化中"爱""和""乐"的精神主旨，让幼儿在自主选择、自我学习、自我探索、自我发现、自我完善的过程中感悟、体验"家"文化精神。

第三节 存在的问题

调研发现大多数幼儿园都能以《幼儿园教育指导纲要（试行）》《3—6岁儿童学习与发展指南》为基础和指导，结合本园办园理念及幼儿园的历史文化，建立基础课程与特色辅助课程（有的称选择课程）相结合的课程体系。幼儿园的辅助性课程基本上是以幼儿园办园理念为依据，以幼儿园培养目标为方向，结合幼儿园自身的特点，在五大领域教育内容的基础上开发符合幼儿发展需要的园本化课程。但幼儿园在设计、实施及开发园本课程的过程中，也存在不少问题，主要体现在以下几个方面。

一、课程理念和办园理念混淆不清

如幸福幼儿园关于本园课程理念的描述为，根据本园"幸福文化"的核心价值，提炼幸福味道课程；以"求真育爱，奠基幼儿幸福人生"作为基本价值取向，倡导"提升幼儿幸福感，发展幼儿幸福素养"的课程理念。其所倡导的"提升幼儿幸福感,发展幼儿幸福素养"应该是该园的办园理念,而课程理念则应该是指幼儿的全面发展,办园理念应渗透在课程理念中。安徽幼儿园的课程理念为绿色乐园,共享成长。从上述幼儿园关于课程理念的描述中可以发现,幼儿园课程管理者对课程理念和办园理念的区别是不了解的,他们往往把课程理念等同于办园理念。

二、幼儿园课程目标不明晰,目标落实没有相应的内容和措施支撑

如常码头幼儿园在其开发的园本课程——"和乐"课程中,关于其目标的描述为,以《幼儿园教育指导纲要(试行)》《3—6岁儿童学习和发展指南》为理论指导,渗透园本"和"文化内涵,通过"亲亲自然""亲亲社会""亲亲自我""快乐节日""家园同行"等创新主题课程的建构,从而实现"和乐"教育目标。但其"和乐"目标的表述不够明晰。义烈巷幼儿园的生活体验课程,其课程目标为从幼儿已有经验出发,开发幼儿所需要的课程,使课程追随幼儿的经验与生活,真正让孩子在快乐的童年生活中获得有益于身心发展的经验。而具体通过该园本课程可以促进幼儿哪些方面的发展却没有具体表述;同时,在园本课程实施过程中,如何关注幼儿生活体验活动的过程,如何细心捕捉每一个体验的瞬间,教师应如何把控生活体验课程的走向,应采取何种策略和措施让幼儿生活体验课程的实效性显现,也都没有具体的支撑内容和方案。

三、课程内容简单重复甚至低于幼儿园外获得的自发经验

调研中发现,在幼儿园课程实施的过程中,有的幼儿园存在"重形式""走过场"的现象。老师不了解本班幼儿的年龄特征,不观察研究本班幼儿的实际发展状况和水平,没有考虑到幼儿的兴趣、需要,所选择的内容过于简单,不能扩展、整理、提升幼儿的有关经验,仅仅是在幼儿原有经验的基础上进行简单重复,甚至有的内容还远远低于幼儿原有的经验和水平,这种现象在民办幼儿园中较为突出。课程实施过程是教师的课程设计能力、观察分析能力、活动组织能力等专业能力的重要体现。在幼儿园课程实施过程中发现幼儿园教师专业化水平有待提高,年轻教师在科研方面未受过系统培训,缺乏科研能力,还有部分教师非学前教育专业,缺乏工作经验,教师专业化水平还有很大的提升空间。

四、很多园本课程推进比较困难

园本课程开发后是需要教师来推进的,教师的课程设计能力、活动观察能力、分析能力、组织能力、创造创新能力,都会影响课程建设的推行进度,没有专业能力的保障,是无法推进课程建设的。而教师这些能力的获得,一方面要进行理论学习,另一方面需要经验的积累和专家引领来帮助教师,特别是年轻教师重新审视、学习和理解"一日生活皆教育"的内涵和价值取向。引导教师了解本园园本课程的研究思路与方法,实施并积累课程开发与建构的经验和能力。

五、幼儿园开发的园本课程体系不够完整

一个完整的课程体系至少涉及四个方面的内容:核心价值、内容框架、方法体系、评价取向。很多幼儿园的园本课程并没有完整地囊括这几个方面。

六、幼儿园课程游戏过于注重形式,没有发挥游戏的教育价值

有的幼儿园看似重视游戏,但其实是片段式的游戏,不具备系统的游戏设计;还有的幼儿园看似重视游戏,但其实是单纯的游戏,不是教师有意图设计的游戏。真正好的游戏第一步是让幼儿产生兴趣,第二步是让幼儿初步体验,第三步是让幼儿主动探究,第四步是让幼儿合作分享。大部分幼儿园都没有发挥游戏的教育价值,存在"走过场""重形式"的现象。

七、没有兼顾"均衡"与"优先"

均衡指内容的均衡,即构成课程内容整体的各个部分之间的比例要适当。很多幼儿园在安排幼儿一日活动时,把更多的时间投放在幼儿园园本特色课程上,忽视了幼儿其他方面的发展。同时,也忽视了为幼儿提供理想的发展所必需的、现实生活中又特别缺乏的学习经验,即没有考虑"优先"原则。如同济医院附属幼儿园的情境式感觉统合游戏为健康领域的活动,但该园为了做出自己幼儿园的特色,将幼儿大部分集体学习活动时间都投入在感觉统合游戏上,这种做法是违背了"均衡"与"优先"原则的。

第七章
武汉幼儿园满意度调查报告

教育是一项重大的民生工程,学前教育是国民教育和社会公共事业的重要组成部分,关乎千家万户的切身利益,人民群众热切渴盼接受"有质量"的学前教育。家长是学前教育的服务对象,要办人民满意的学前教育,就必须关注并着力提升家长对学前教育质量的满意度,并以此作为工作的出发点和落脚点,促进武汉市学前教育事业良性发展。

根据《国务院关于当前发展学前教育的若干意见》精神,武汉从2011年开始,相继制订并实施武汉市学前教育三年行动计划,着力将扩资源、调结构、建机制、提质量作为主攻方向,取得了阶段性成果。第一、第二期行动计划通过扩大教育资源和增加政府投入,缓解了我市适龄儿童"入园难""入园贵"的问题。目前,第三期行动计划接近尾声,为从侧面了解武汉市学前教育三年行动计划的实施成效,"武汉幼儿园现状、问题及对策研究"子课题组基于满意度的视角,结合国内外学前教育质量评价和工作满意度的理论研究,构建了武汉学前教育满意度评价的指标体系,采用问卷法结合访谈法的调查方式,对武汉市40所幼儿园的家长进行了满意度调查,旨在倾听家长诉求、摸清家长对学前教育服务的满意度及影响满意度的主要因素,揭示武汉地区学前教育发展中存在的问题,并在此基础上提出相应对策,为政府进行有效管理、制定科学决策及相关法规提供有效参考。

第一节 情况说明

一、核心概念界定

学前教育一般指学前教育机构根据一定的培养目标和幼儿身心特点，对学龄前儿童进行有计划的保育和教育。狭义的学前教育年龄段是指3—6岁，广义的学前教育则将年龄范围下延至出生的那一刻。本研究选择的是狭义的学前教育年龄段。

公办幼儿园是指接受国家财政经费支持的幼儿园。

民办幼儿园是指由公民个人、民营企业或一些社会组织举办的，使用非国家财政性经费，并以盈利为目的的幼儿园。

满意是一种复杂的心理状态，满意度即是用数字对这种心理状态进行衡量和表述。当人对获得经验的期望与他所感受此经验实际结果之间一致化时，其所感受到的等于或超出其所期望的，即为满意。人们对某事物是否感到满意源于其对某事物的期望值与实际效果的对比。就本研究而言，家长满意度是指幼儿园为家长及其孩子提供教育服务过程后，家长将自己接受教育服务后的实际感知与自己的期望进行比较，得出的一种对教育服务能否满足自身需求的主观评价，并将这种评价用数字进行量化。

二、调查对象、调查问卷及研究方法

（一）调查对象

本研究按照教办、企业办、部队办、公办民助、民办五种类型，选取武汉市新城区、老城区及经济开发区（包括武昌区、洪山区、江岸区、新洲区和东湖高新区）的40所幼儿园（其中公办幼儿园为26所，民办幼儿园为14所）进行调查。按照每所幼儿园的小班、中班、大班各抽取10人，共30人作为每所幼儿园的家长样本。调查样本为40所幼儿园，共计1200份调查问卷，如表7-1所示。

表7-1 参与武汉学前教育满意度问卷调研数据统计

区　　域	参与幼儿园(所)	发放问卷数(份)
江岸区	8	240
东湖高新区	8	240

续表

区　域	参与幼儿园(所)	发放问卷数(份)
洪山区	6	180
武昌区	8	240
新洲区	10	300
合计	40	1200

(二)调查问卷

课题组通过阅读国内外学前教育满意度、家长满意度及教师工作满意度的相关文献资料,参考多份满意度调查问卷的框架和内容,结合本研究的目的进行了相应调整,经过测试、分析、修改,最终形成武汉学前教育满意度调查问卷。问卷包括家长基本信息、家庭接受学前教育服务基本情况和家长满意度评分三个部分,其中,家长满意度评分从家长对环境及设施、园所机构管理、课程、孩子表现、教师工作和服务供给情况等维度展开。问卷评分部分采用Likert五点计分方式,分别代表非常不满意、比较不满意、一般、比较满意、非常满意,由调查对象在相应的分值位置进行勾选。

正式调查采用电子问卷的方式,共发放问卷1200份,回收1200份,回收率为100％,有效问卷1096份,问卷有效率为91.33％。

为了确保回收的问卷真实、有效,在试测阶段和正式测试阶段,课题组对回收的全部问卷都进行了初期的筛选,对存在以下问题的问卷予以剔除:一是整份问卷有漏填的,且漏填的信息不能通过其他渠道获得的;二是同一个题项同时选择了两个或两个上答案的;三是填写的信息和勾选的选项明显不符合实际情况的。

(三)研究方法

1. 文献法

文献法是社会科学研究的基础,课题组通过文献检索梳理了国内外有关满意度、学前教育服务质量评价、家长需求等相关理论和研究成果,为课题的开展奠定了一定的理论基础。

2. 问卷法

问卷法是课题研究的重要方法,课题组通过对幼儿家长进行满意度电子问卷调查并使用统计软件SPSS 17.0进行统计分析,其结果反映了幼儿家长对我市学前教育质量的满意度现状。

3. 访谈法

访谈法即对家长进行访谈,作为问卷的补充,以丰富、完善和深化研究内容,作为对量化结果的补充。

第二节 调查结果与分析

一、调查对象特征分析

(一)调查幼儿园的基本特征

如表7-2所示,抽取的40所幼儿园涵盖武汉市新城区、老城区及经济开发区,包括26所公办幼儿园和14所民办幼儿园,占比分别为65.00%和35.00%;涉及幼儿园所有等级,包括省级示范园5所、市级示范园6所、一级园10所、二级园8所、三级园8所,以及3所未评级的幼儿园。通过对幼儿园基本特征的分析可看出,本研究选取的样本幼儿园覆盖面广,比例合适,有较强的代表性,能够较全面地体现武汉市学前教育的基本情况。

表7-2 幼儿园基本特征

统 计 项	特 征	抽 样 数 量	百 分 比
幼儿园性质	公办	26所	65.00%
	民办	14所	35.00%
幼儿园等级	省示范	5所	12.50%
	市示范	6所	15.00%
	一级园	10所	25.00%
	二级园	8所	20.00%
	三级园	8所	20.00%
	未评级	3所	7.50%
幼儿园位置	东湖高新区	8所	20.00%
	洪山区	6所	15.00%
	江岸区	8所	20.00%
	武昌区	7所	17.50%
	新洲区	11所	27.50%

(二)调查家庭的基本情况

1. 幼儿班级分布情况

如表7-3所示,抽取的1096个幼儿家庭涵盖所有年龄班,其中小班、中班、大班三个班级的取样较多,比例相当,托班和混龄班因设置较少,故取样也较少,取样类型及比例符合武汉市幼儿园班级设置的现实情况。

表 7-3　幼儿班级分别情况

统计项	托班	小班	中班	大班	混龄班
人数	7	413	346	317	13
百分比	0.64%	37.68%	31.57%	28.92%	1.19%

2. 调查家庭户籍情况

如图 7-1 所示,在调查的 1096 个家庭中,本地城镇户籍占 65.45%,本地农村户籍占 13.98%,外地农村户籍占 12.25%,外地城镇户籍占 8.32%,户籍结构多样,具有较强的代表性。

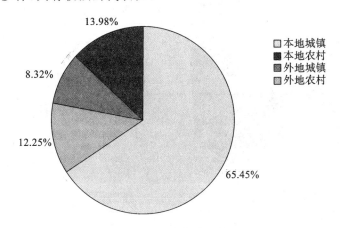

图 7-1　调查家庭户籍情况

3. 填写者身份

如图 7-2 所示,问卷由母亲填写的数量最多,占比为 82.39%,其次是父亲,占比为 15.60%,由祖辈填写的占比为 1.46%,其他人填写的占比为 0.55%。调查采用电子问卷的方式,幼儿父母对电子产品的使用及填写方式的了解远高于祖辈,故由幼儿父母填写的问卷结果较准确,能真实地反映家长的意愿。

4. 幼儿主要照顾者

如图 7-3 所示,对幼儿日常生活的照顾主要是由女性抚养者承担,母亲占比最高,为 67.52%,奶奶占 14.96%,二者总占比为 82.48%。父亲和爷爷,分别占 4.29% 和 3.10%,总占比为 7.39%,其他占比为 10.13%。这显示孩子的日常生活和学习主要由女性抚养者,特别是母亲来负责,父亲的参

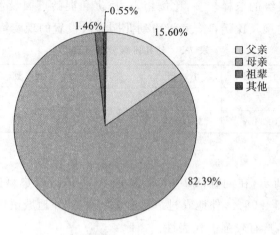

图 7-2 填写者身份

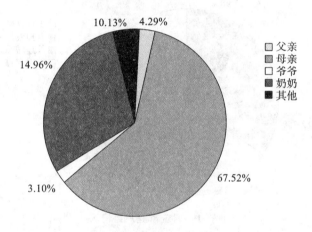

图 7-3 幼儿主要照顾者

与度不高。

5. 幼儿家长年龄情况

如图 7-4 所示,幼儿父母年龄主要分布在 31—35 岁,比例接近一半,26—30 岁和 36—40 岁年龄区间也占有相当比例。其中,26—30 岁年龄段中,母亲占比高于父亲,41 岁及以上年龄段中,父亲占比高于母亲。大体说来,幼儿母亲年龄略低于父亲年龄,都处于中青年阶段。

6. 幼儿家长受教育情况

如图 7-5 和图 7-6 所示,幼儿父母的学历比例大致相当,占比最大的都是本科学历,分别占总数的 36.31% 和 36.95%,其次是大专学历,父母亲分别占 21.44% 和 22.63%,高中或中专学历与大专学历的比例基本持平,父

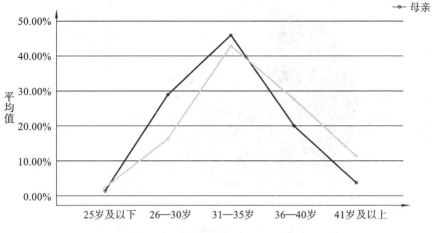

图 7-4　幼儿家长年龄情况

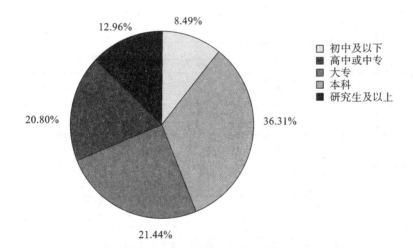

图 7-5　幼儿家长受教育情况(父亲)

母亲分别占比为 20.80% 和 21.53%。初中及以下学历中,父母亲占比为 8.49% 和 9.77%,研究生及以上学历中,父母亲占比为 12.96% 和 9.12%,学历层次整体呈正态分布。

7. 幼儿家长职业

如图 7-7 所示,幼儿父亲职业分布在企业的占比最高为 29.95%。个体经营、其他类、事业单位和自由职业者的占比较高,依次为 18.85%、12.57%、12.30% 和 10.26%。务工类、政府机关和部队工作人员的占比较少,在家务农的比例最少。幼儿母亲在企业工作的比例最大,为 23.56%,其次为事业单位,占比为 20.10%,在家务农的比例为 16.49%,其他类占比为

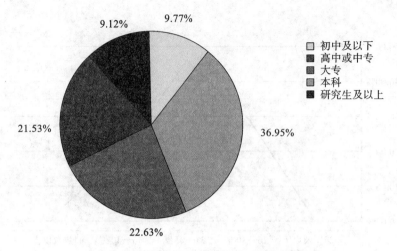

图 7-6　幼儿家长受教育情况（母亲）

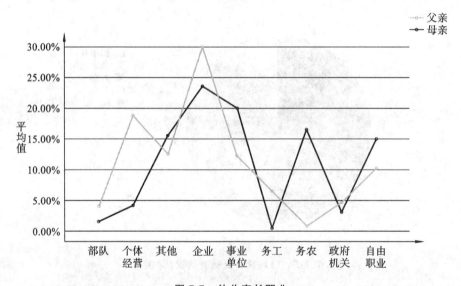

图 7-7　幼儿家长职业

15.55%，自由职业者占比为 14.97%。个体经营者、政府机关和部队工作人员的占比较少，务工类占比最少。

8. 幼儿家庭年收入

如图 7-8 所示，抽取的 1096 个家庭中，42.61% 的家庭年收入在 20 万元以上，10 万—20 万元的家庭占比为 34.58%，5 万—10 万元的家庭占比为 14.96%，2.5 万—5 万元的家庭占比为 2.10%，2.5 万元以下的家庭占比为 5.75%。2018 年，武汉市居民人均可支配收入为 42133 元，调查家庭的年

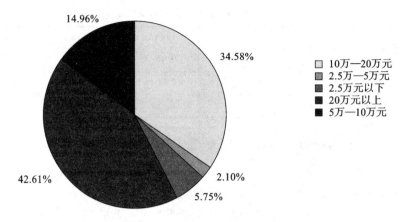

图 7-8　幼儿家庭年收入

收入在武汉市处于中等水平,绝大部分家长的收入达到了全市平均收入水平。

9. 幼儿月支出

如表 7-4 所示,54.65%的家庭幼儿月支出占家庭月支出总额的 20%—30%,18.80%的家庭幼儿月支出占家庭月支出总额的 10%—20%,11.68%的家庭幼儿月支出占家庭月支出总额的 30%—40%,9.12%的家庭幼儿月支出占家庭月支出总额的 40%及以上,支出比重偏大,只有 5.75%的家庭幼儿月支出占家庭月支出总额的比例小于 10%。

表 7-4　幼儿月支出

统计项	10%以下	10%—20%	20%—30%	30%—40%	40%及以上
数量	63	206	599	128	100
百分比	5.75%	18.80%	54.65%	11.68%	9.12%

二、接收幼儿园服务情况

(一)幼儿园每学期收费

如表 7-5 所示,幼儿园的收费跨度较大,调查结果显示,58.39%的幼儿园每学期收费 2501—7000 元,在 2000 元及以下的低收费幼儿园占比为 16.06%,10000 元以上的贵族幼儿园占比为 6.93%,7001—10000 元的高价幼儿园占比达到了 11.68%。

表 7-5　幼儿园每学期收费

统计项	2000元及以下	2001—2500元	2501—7000元	7001—10000元	10000元以上
数量	176	76	640	128	76
百分比	16.06%	6.93%	58.39%	11.68%	6.93%

(二) 家长选择幼儿园情况

如表 7-6 所示,30.89% 的家长表示住地附近没有适合自己家庭情况和孩子的幼儿园,44.35% 的家长认为目前就读的幼儿园不是自己的首选幼儿园,即目前的选择不是最满意的结果,这说明当前武汉市幼儿园的供给尚未满足家庭的多样化需求,部分家庭处于被动选择的状态。39.79% 的幼儿园没有在入园前给幼儿提供体验机会,以帮助家长了解幼儿园并减轻幼儿入园焦虑。

表 7-6　家长选择幼儿园情况

统　计　项	是否有合适幼儿园	是否首选	是否体验
是	69.11%	55.65%	60.21%
否	30.89%	44.35%	39.79%

(三) 家园距离

如表 7-7 所示,有 52.92% 的家庭和幼儿园的距离在 1 千米以内,25.00% 的家庭和幼儿园的距离在 1 千米—2 千米,10.77% 的家庭和幼儿园的距离在 2 千米—3 千米,还有 11.31% 的家庭和幼儿园的距离在 3 千米以上。

表 7-7　家园距离

统计项	1千米以内	1千米—2千米	2千米—3千米	3千米以上
数量	580	274	118	124
百分比	52.92%	25.00%	10.77%	11.31%

(四) 接送时间

如表 7-8 所示,67.79% 的家长接送孩子去幼儿园花费的时间在 15 分钟之内,28.10% 的家长需要花费 15—30 分钟,3.83% 的家长则需要花费 30—60 分钟,还有 0.27% 的家长需要用 60 分钟以上的时间,他们由于距离幼儿园较远,每天接送孩子上幼儿园并不方便。

表 7-8 接送时间

统 计 项	15 分钟以内	15—30 分钟	30—60 分钟	60 分钟以上
数量	743	308	42	3
百分比	67.79%	28.10%	3.83%	0.27%

(五)择园原因

如表 7-9 所示,在选择幼儿园的诸多因素中,家长最看重接送方便这一因素,占比为 26.00%,其次是幼儿园收费情况,占比为 21.53%,另有 16.79% 的家长则认为无更好的选择。环境设施、特色教育和师资条件也是家长较为看重的因素,占比分别为 16.61%、13.32% 和 4.38%,有无熟人关系几乎不影响家长的选择,占比仅为 1.37%。

表 7-9 择园原因

统计项	接送方便	收费情况	环境设施	师资条件	特色教育	有无熟人关系	无更好选择
数量	285	236	182	48	146	15	184
百分比	26.00%	21.53%	16.61%	4.38%	13.32%	1.37%	16.79%

三、家长对学前教育满意度的总体结果分析

(一)家长对学前教育总体满意度

如表 7-10 所示,武汉市家长对学前教育的总体满意度得分为 4.57,达到比较满意的水平。其中,家长对"教师工作情况"最满意,得分为 4.58,这说明家长对班级的保教工作和教师的教育教学情况总体是认可的;其次是"幼儿表现情况",即对孩子在幼儿园接受教育后的发展变化较为满意,得分为 4.57;"服务供给情况"的得分为 4.53,相对较低,这说明幼儿园在布点、收费,提供多样化选择等方面还需要提高;"工作管理情况"得分为 4.52,说明幼儿园内部管理及家园沟通等方面有较大提升空间;最不满意的是"幼儿园环境及设施",分值最低,为 4.48,这说明家长对幼儿园的外部环境及内部设施意见最大,亟待改进。

表 7-10 家长对学前教育总体满意度

题 项	样本数	均值	标准差
维度一:幼儿园环境及设施	1096	4.48	0.817

续表

题　项	样　本　数	均　值	标　准　差
维度二：工作管理情况	1096	4.52	0.769
维度三：幼儿表现情况	1096	4.57	0.752
维度四：教师工作情况	1096	4.58	0.778
维度五：服务供给情况	1096	4.53	0.777
总体满意度	1096	4.57	0.782

（二）家长对不同区域幼儿园的满意度差异分析

如表 7-11 所示，家长对不同区域的幼儿园总体满意度有一定差异。分值较高的是江岸区和武昌区，分别是 4.70 和 4.65。江岸区是武汉的政治、经济、金融和信息中心，市政府机关所在地，武昌区有多家外地驻汉机构和众多金融机构、商贸企业、大公司总部，是省政府机关所在地，这两个区都属于武汉市的中心城区，也是历史悠久的老城区，各项公共服务配套齐备，设施完善，所以家长满意度最高。被称为"中国光谷"的东湖高新区作为全国 10 家重点建设的"世界一流高科技园区"之一，区域人口增长太快，教育资源配置不足与旺盛的入学需求之间的矛盾比较突出，因此分值为 4.53，排名第三。新洲区是武汉市的农业大区，是距离武汉中心城区较远、发展相对滞后的新城区，教育亮点主要体现在中学阶段，对学前教育阶段的关注和投入不及中学阶段，家长满意度较中心城区偏低，分值为 4.50。洪山区曾经是武汉主城区和新城区的交汇之地，占地面积大，大学林立，其教育优势在高等教育阶段，由于种种原因，洪山区民办幼儿园占整个幼儿园总数的 77.70%，所调查的对象中民办园家长占有相当高的比例，大部分家长享受不到公办园质优价廉的服务，因此满意度排在各区最后，分值为 4.46。

表 7-11　家长对不同区域幼儿园的满意度

区　域	维度一	维度二	维度三	维度四	维度五	总体满意度
武昌区	4.55	4.62	4.66	4.62	4.62	4.65
洪山区	4.35	4.39	4.46	4.50	4.45	4.46
东湖高新区	4.46	4.46	4.52	4.57	4.46	4.53
江岸区	4.60	4.67	4.67	4.70	4.67	4.70
新洲区	4.44	4.47	4.54	4.57	4.48	4.50
总计	4.48	4.52	4.57	4.58	4.53	4.57

四、各维度家长满意度分析

(一)维度一:家长对幼儿园环境及设施的满意度分析

幼儿园的环境及设施,包括幼儿园的外部环境和内部环境,幼儿的活动场所、空间面积、大型设备、小型玩具、教学设施、饮食质量及园所布局等,与幼儿的生活质量息息相关,也是幼儿园评定等级时的重要指标。如表7-12所示,通过均值及标准差分析,家长对幼儿园环境及设施的满意度远低于均值。其中相对而言,家长对幼儿园在日常防护方面的满意度最高,这说明各区教育及卫生部门对幼儿园安全、卫生防疫等防护工作比较重视。家长对幼儿园提供的饮食和孩子所在班级的教学设备和玩具也比较满意,认为幼儿园提供的食物搭配合理,比较安全卫生,玩教具基本能满足孩子的发展需求。每一个家长都期望孩子有一个舒适干净、宽敞安全的成长环境,调查显示家长对幼儿园的周围环境和室内空间的满意度相对较低,对幼儿园里孩子的功能活动室,如图书室、绘画室、建构室等设置的数量质量不太满意,特别是对幼儿园班级规模及游乐设施最为不满意。这说明部分幼儿园建设选址不够合理,空间不足,缺乏大型硬件设施的配套,同时,师资缺口较大导致生师比太高,班级规模难以达到家长要求。

表7-12 题项、均值及标准差(维度一)

题 项	样 本 数	均 值	标 准 差
维度一	1096	4.48	0.817
1.周围环境	1096	4.47	0.836
2.室内空间	1096	4.44	0.853
3.教学设备和玩具	1096	4.49	0.803
4.日常防护	1096	4.57	0.761
5.功能活动室	1096	4.38	0.916
6.游乐设施	1096	4.09	1.056
7.饮食营养	1096	4.52	0.789
8.班级规模	1096	4.32	0.914

(二)维度二:家长对幼儿园工作管理情况的满意度分析

如表7-13所示,幼儿园内部管理评分为4.52,低于总体满意度分值

4.57。这显示出,家长认为幼儿园各项工作还不够高效有序,管理还存在较大提升空间。家园合作是幼儿园教育工作的重要组成部分,是促进孩子健康、和谐发展的重要手段和途径,家园要进行有效的合作互动以形成教育合力。调查中,研究者了解到各幼儿园每学期都会组织家长开放日、亲子运动会等各种互动活动,增进家园联系,促进亲子关系,这种方式得到了家长的普遍认可。但是,在幼儿园与家长的沟通联系上,不少家长认为沟通不够紧密、形式较为单一,主要是在接送孩子时随机交流,急事电话短信沟通,每学期开1—2次家长会,平时多使用班级QQ群或微信群进行联系。虽然互联网的发展使家园联系更加方便快捷,但是这种沟通比较表面化,缺少个体针对性,家长并不能全面深入地了解孩子在园的情况,他们渴望有更多、更有效的方式帮助他们加强与老师的联系,及时掌握孩子在园的学习生活表现并随时进行有效互动。

表 7-13　题项、均值及标准差(维度二)

题　项	样　本　数	均　　值	标　准　差
维度二	1096	4.52	0.769
1.家园联系	1096	4.46	0.844
2.亲子活动	1096	4.55	0.760

(三)维度三:家长对幼儿表现情况的满意度分析

上幼儿园是孩子从家庭生活走向社会集体生活的第一步,也是孩子社会性发展的关键一步。渡过了入园初期,当他们适应了新的学习生活环境后,身心各方面都会产生积极的变化,这不仅对幼儿个体有益,对整个家庭的意义也非常大。如表7-14所示,家长对孩子们都喜欢老师,喜欢上幼儿园,以及幼儿的成长与进步比较满意,分值较高,这说明孩子在幼儿园里的成长和进步是明显的,具体表现在与同伴能友好相处,懂礼貌,养成了良好的生活卫生习惯,自理能力大幅提高。从分值来看,家长希望幼儿园能开展多种形式的活动课程,多给予孩子动手、动脑,锻炼其思维能力,开发智力的机会。幼儿期是大脑迅速发育的关键时期,潜力巨大,抓住这个关键时期,利用其脑神经的敏感性,进行智力开发,有事半功倍的效果。同时,家长还希望孩子回家以后能多讲讲幼儿园发生的有趣的事情,以此了解孩子在幼儿园的生活情况,弥补与老师交流的不足的问题。

表 7-14 题项、均值及标准差(维度三)

题 项	样 本 数	均 值	标 准 差
维度三	1096	4.57	0.752
1.喜欢上幼儿园	1096	4.58	0.774
2.喜欢老师	1096	4.66	0.731
3.讲有趣的事情	1096	4.51	0.816
4.成长与进步	1096	4.58	0.729
5.动手动脑,锻炼思维能力	1096	4.55	0.745
6.生活卫生习惯	1096	4.57	0.725
7.美德养成	1096	4.58	0.726
8.生活自理能力	1096	4.59	0.730

(四)维度四:家长对教师工作情况的满意度分析

如表 7-15 所示,家长对幼儿园的保教工作整体评价比较满意,分值为 4.58,这说明家长对幼儿园教师的工作是非常认可的,超过了总体满意度。幼儿教师在工作中扮演着多重角色,不仅是知识的启蒙者和引导者,也是幼儿生活上的呵护者和养育者,还是家园互动的合作者和指导者,可以说,幼儿教师是学前教育活动的核心要素。为落实保教结合原则,幼儿园一般配备两教一保,即主班教师、配班教师和保育教师各 1 名。从分值来看,家长对主班教师的满意度最高,分值高达 4.65,其次是配班教师,最后是保育教师,分值分别为 4.61 和 4.60。在其他项目中,教师平等对待幼儿的态度与方式得到了家长的肯定,分值为 4.61,家长认为教师能够平等公正地对待自己的孩子。此维度中,得分较低的主要集中在教师不能经常主动向家长反馈孩子在幼儿园的情况,家园沟通不畅,特别是家长不能从教师那里得到及时有效的家庭教育指导和帮助,这是家长最不满意的地方。

表 7-15 题项、均值及标准差(维度四)

题 项	样 本 数	均 值	标 准 差
维度四	1096	4.58	0.778
1.保教工作	1096	4.60	0.734
2.主班教师	1096	4.65	0.729
3.配班教师	1096	4.61	0.753
4.保育教师	1096	4.60	0.750

续表

题　项	样　本　数	均　值	标　准　差
5.平等对待	1096	4.61	0.756
6.主动反馈	1096	4.51	0.834
7.家庭教育指导	1096	4.40	0.923

（五）维度五：家长对服务供给情况的满意度分析

如表7-16所示，通过均值和标准差分析，家长对学前教育服务供给情况的总体满意度水平比较低，得分为4.53，低于总体满意度。其中，家长对择园公平性最不满意，分值为3.69，是所有项目中的最低分，近半数家长曾被目标幼儿园拒绝过，认为目前就读的幼儿园并不是自己的首选。同时，多样化选择的分值也较低，为4.30。择园的便捷性分值为4.54，这说明居住地附近虽然有距离家里较近的、交通较便利的幼儿园，但是没有适合自己孩子及家庭情况的不同类型的幼儿园可供选择。经济承受的分值为4.52，这说明部分家长感觉幼儿园的保教费较高，会影响家庭的生活质量，但还在可承受的范围之内。其余选项中，部分家长感到每天接送孩子上幼儿园所花费的时间较多，特别是选择离家较远的幼儿园，对自己和家人的正常工作和生活都有一定的时间影响。数据显示，入园之后，尽管有不满意的地方，但家长还是愿意继续送孩子上目前就读的幼儿园，并向其他亲朋好友推荐这所幼儿园，这是对幼儿园整体保教工作，特别是对班级教师工作的认可。

表7-16　题项、均值及标准差（维度五）

题　项	样　本　数	均　值	标　准　差
维度五	1096	4.53	0.777
1.择园便捷性	1096	4.54	0.810
2.择园公平性	1096	3.69	1.615
3.经济承受	1096	4.52	0.811
4.多样化选择	1096	4.30	0.991
5.向他人推荐	1096	4.57	0.782
6.时间影响	1096	4.47	0.916
7.顾客忠诚	1096	4.65	0.722

第三节 存在的主要问题

从调查的结果来看,武汉幼儿家长对学前教育总体比较满意,但是也存在下列问题。

一、政府支持力度不够,行政部门管理不细,缺乏学前教育统筹发展规划

(一)经费投入不够,优质资源不多

长期以来,受大环境的影响,武汉公办幼儿园占比较低,民办幼儿园占比偏高。"公办民办并举"的格局尚未形成。公办幼儿园是由政府提供学前教育公共服务,收费低、品质高,但数量明显不足,大量的家长只能选择就读民办幼儿园。民办幼儿园按市场化运作,缺乏相关制度和行政管理部门的有效监管,存在过度市场化和产业化倾向,导致民办幼儿园发展出现了两极分化。一类是投资者利用优质教育资源不足的困境,不断抬高学前教育收费,明显超出其办园成本和合理回报的界限,超过一般工薪家庭的承受能力,导致家庭负担比重过高,民办幼儿园成了资本谋利的工具。另一类民办幼儿园虽然收费低廉,但办园条件差,有部分是无证经营,无法保证保教质量且安全事故频发。

近几年,虽然武汉不断强化政府职能,加大对学前教育经费投入并设置了"学前教育建设专项经费",但是相对而言,财政性学前教育经费占财政性教育经费总额的比例并不高,仍属于公共财政投入的洼地。公办幼儿园和普惠性民办幼儿园总量的不足,导致武汉市学前教育公共服务"公益普惠"程度不够高,距建立广覆盖、保基本、普及普惠的学前教育公共服务体系还有不小的差距。

(二)管理体制不顺,监管力度不强

学前教育管理体制在我国学前教育事业发展中起着领导、组织、协调、监控、保障、推动等重要作用,是保障政府切实履行发展学前教育职责的必备条件和保障学前教育事业健康、可持续发展的关键体制。科学健全的学前教育管理体制可以保证政府切实履行相关职责,促进学前教育事业持续稳定发展。随着经济社会发展、宏观政策形势变化,以及财政管理体制和教育管理体制改革的推进,当前,武汉市学前教育管理体制面临着许多新的难题。

武汉在推进学前三年行动计划的过程中,通过颁布《武汉市学前教育管理办法》,厘清了武汉学前教育工作的一些基本问题,但是政府职责定位还不够清晰,在统筹规划、政策引导、规范管理、队伍建设、质量提升和督导评估等方面的重要职责体现不充分,缺乏具体可操作性;政府各部门之间权责划分不合理,协同合作机制尚未建立,学前教育各部门联席会议制度往往流于形式,对学前教育事业发展至关重要的发展规划、城乡建设、国土资源、财政和劳动人事等部门应发挥的作用规定不足,落实过程中存在缺位、越位、多头管理等问题;对于学前教育行政管理机构和人员配置标准的规定宽泛,明确缺乏相关机构设置和人员配置数量、专兼职、行政归属、编制、资质和职责等规定,导致学前教育事业发展规划、组织领导和评估督导失去了基本保障,这些问题成为制约武汉市学前教育事业健康发展的体制性障碍。

(三)社会公平性不足,区域发展不均衡

目前,武汉学前教育资源仍处于供不应求的状态。从空间分布来看,学前教育资源配置不均衡,幼儿园学位数与区域幼儿人口数量不匹配,一些人口密集地区入园难的矛盾仍然较为突出。全市优质幼儿园主要集中在中心城区,远城区幼儿园也主要集中在中心乡镇,偏远地区幼儿园布局存在较多的空白点。就问卷相关选项的结果来看,中心城区和远城区的家长在入园满意度上存在明显的区域差异,其表现和成因等方面有着本质的不同。中心城区的家长苦于不能就近进入质优价廉的公办幼儿园就读,而偏远地区的家长担心就读的幼儿园教育质量得不到保证。同时,城市化进程的加速带来大量流动人口,加上因产业结构调整而下岗失业的人员形成了城市弱势群体,他们是由社会转型和经济改革而形成的一个特殊的社会群体,由于户籍制度和经济能力处于弱势地位,这导致他们的子女进不了公办幼儿园和优质民办幼儿园,多集中就读于收费低廉的无证幼儿园。这类幼儿园硬件设施差、学习资源少,师资水平和教育教学等都存在诸多问题。另外,相当一部分的家长还缺乏科学的育儿观念。这些因素都使城市弱势群体的子女处于学前教育中的不利境地。

由于武汉学前教育服务财政投入有限、供应总体不足、资源配置不均衡、园所区域分布不合理、保教质量参差不齐,导致不同地域之间、城乡之间、不同社会群体之间的学前教育机会不均等,这将会造成学前教育过程、结果和成就的不均等,进一步扩大了社会各阶层的差距,间接促进了社会的贫富分化,长此以往,会激化社会矛盾而影响社会的稳定和发展。

二、幼儿园服务水平不高，软硬件配套不齐，缺乏先进教育教学管理理念

（一）环境设施差距明显，教学管理人员配置不到位

所调查的幼儿园中硬件设施差距明显，一般来讲公办幼儿园的园舍条件、户外室内的活动区大小、教学配套设施等都要优于一些民办幼儿园、普惠性幼儿园。其中，幼儿园的环境设施对于幼儿的各个方面的发展都起着重要的潜移默化的作用，苏霍姆林斯基说过，要让学校的每一面墙壁都开口说话。满意度调查显示，家长选择幼儿园的原因主要是看幼儿园的环境设施，而环境创设质量如何与这个幼儿园的办学理念、管理理念及师资是否专业有很大的关系。有的幼儿园只是请普通的装修公司将幼儿园装修得时尚豪华，而没有考虑幼儿的发展心理，没有将环境打造成符合幼儿心理的成长乐园。

幼儿园教师访谈结果显示，不同性质的幼儿园师资差异明显，有编制或待遇好的幼儿园师资较稳定、培训机会多、专业发展好，无编制或待遇差的民办幼儿园师资流动性大，教师专业发展受限。幼儿教师在园工作时间长、任务重、责任大，组织的活动也较多，都得成为全科教师，因此教师经常加班，而待遇却较低，这导致部分教师因为付出与收获不成正比，故选择离开这个职业。在师资紧缺的情况下，部分幼儿园的园长、教师身兼多职，如有的园长也兼保健医生，这种情况会导致工作任务重而杂，专业性弱，不利于园所的正常运转和教师的专业发展。

（二）办园理念存在偏差，管理方法不科学

办园理念是一所幼儿园长期孕育而形成的教育价值的取向和追求，是关于幼儿园长期发展的一种理想性、持续性和相对稳定性的精神指引。办园理念作为幼儿园对理想教育的追求，体现了幼儿园对某种教育观的确认，对幼儿园的办学目标和发展方向有着引导和规范的作用，能够激励全体教职员工坚定地信奉某种教育价值观，并让全体教职员工对幼儿园的未来充满信心。由此可见，每个幼儿园都有必要提炼自己的办园理念，并使之成为幼儿园办学的指南针与精神支柱。然而，通过对幼儿园园长的访谈发现，有的幼儿园办园理念大而空泛，如"不要让孩子输在起跑线上""一切为了孩子""培养小天才"，或者采用一些哗众取宠的语言，还有的没明白理念和目标的区别，如直接将"幼儿快乐、家长满意、社会信赖""孩子开心，家长放心"等目标当成了理念，这样的理念缺乏思想深度和文化内涵，会给老师、家长错误的引导，会造成老师、家长在实现教育目标的过程中出现教育行为的偏差。

有的幼儿园在管理上有漏洞，部分教师工作态度散漫，容易导致幼儿安全事故的发生。有的教师在教学活动开展上有一定的随意性，没有充分考虑幼儿五大领域的发展需求。但更多的幼儿园出现管理条款过多、规章制度过于烦琐，强调对教师的控制、监督，强调"服从性""计划性""统一性"，将教师的一切工作都纳入"量化"范围的管理之下，教师每天忙于应付各种表格、各种总结等程序化的工作，诚惶诚恐地应对那一张张量化表，以免被扣分。这导致教师不能开展有创造性地教学工作，无法将自身的特长充分发挥出来，只能定位于不犯错，工作难有成效。

（三）课程设置不合理，保教质量参差不齐

在课程安排上出现重学科教育、轻生活体验的现象。即使有的课程内容不符合幼儿发展要求，但老师仍照本宣科，没有根据幼儿园的实际进行有创造性的调整，更没有做出自己的特色。还有的幼儿园由于师资力量欠缺，所设课程只限于教师所熟悉的领域，不能让幼儿在五个领域都得到平衡发展，更没有开发园本课程的能力。"小学化课程"严重，课程中过早过多地增加了识字、写字、算术等小学内容，不利于这个年龄阶段幼儿的身心发育。这些情况多见于民办幼儿园和普惠性幼儿园，这些幼儿园获得政府补贴的资金有限，对于生源有着很强的依赖性，而很多家长并不了解幼儿教育，他们把这个幼儿园是否提前教小学的内容作为重要的衡量标准，因此，这些幼儿园为了留住生源、迎合家长就制定了违背《3—6岁儿童学习与发展指南》的课程。

部分民办幼儿园和普惠性幼儿园无法按照《幼儿园教育指导纲要（试行）》《幼儿园工作规程》配足师资。幼儿教师师资力量严重不足，专业理论和专业技能都不达标，又因体制、资金等原因得不到系统培训，导致保教工作无法有效开展。有的幼儿园新开园不久，招聘的主要是没有经验的新教师，教学中也会出现种种困难。由于师资缺乏，有部分幼儿园的安保工作人员不够，于是聘用年龄较大、安保能力较差的退休人员，有的幼儿园没有配备有资质的保健医生，有的幼儿园一人身兼多职，这些都会导致保教质量得不到保障。

三、学前师资专业性不强，队伍不稳，缺乏数量足质量高的幼儿教师储备

（一）师资数量不足，流动性大

武汉幼儿园师资队伍现状调查结果显示，近几年来幼儿园教师数量呈

稳步增长,但专任教师数量仍然不足,部分幼儿园师幼比严重不合理;学前教育教师学历层次有所提高,但本科及以上学历的教师仅占47.35%;幼儿园教师持有教师资格证的人数稳定增长,但专业化水平较低,仍有24.41%的教师没有幼儿园教师资格证。总的来说,幼儿教师在职称、学历、数量等很多方面都存在一定问题,这在一定程度上制约着武汉市学前教育的发展以及学前教育质量的提高。

另外,幼儿园教师普遍面临着工作强度大而待遇偏低,付出多而获得的社会关爱少的双重矛盾与尴尬。长期以来,幼儿园教师身份不清晰、社会地位低、编制数量少、收入水平低、权益缺乏有力保障等问题影响了幼儿教师对自身职业的认同感及幼儿教师队伍的稳定性。特别是偏低的收入待遇水平使得一些幼儿教师仅仅将自身职业看作一种谋生手段,一些幼儿教师从生计角度出发,站在功利的视角,以被动和消极的眼光看待幼师职业,一旦有更好的选择和机会,就会离开本岗位甚至是本行业,造成幼儿教师队伍的不稳定和大范围的流动。据调查,在武汉市幼儿园教师中,聘用合同制教师数量占72.94%,这些教师的工资福利待遇明显偏低,自身权益难以得到有效保障,发展空间有限,成为辞职教师队伍中的"主力军"。

(二)青年教师比例大,教育教学经验相对薄弱

目前,武汉25岁以下幼儿教师占31.47%,26—35岁的幼儿教师占44.41%,即35岁以下幼儿教师占总数的75.88%。由此可见,目前武汉青年幼儿园教师比例较大。在所调查的武汉市幼儿园教师中,教龄为1—5年的教师占53.53%,教龄为6—10年的教师占24.12%,即武汉市约有半数左右的幼儿园教师从事学前教育职业的时间不足5年,77.65%的幼儿园教师教龄不足10年。由此可见,目前武汉市至少有一半的幼儿园教师保育和教育经验相对薄弱。

美国著名学者提出教师成长公式:教师成长=经验+反思,该公式揭示了教师专业发展的本质。青年教师有自身的优势,他们有活力、有想法,思想上肯担当、行动上求进步,但就自身业务水平而言,经验较欠缺。主要表现在班级管理不稳定,教学组织缺少创新性,活动计划与组织能力差,课题研究很茫然等方面。很多青年教师刚刚步入幼儿教育领域,短期内还不能适应自身的角色转变与岗位需求,不能立足于幼儿园和幼教行业的实际情况,不能对自己职业的现在与未来做出准确的评估、判断与规划,导致在工作与学习中存在较大的盲目性与随意性,不利于自身职业的长远发展。

(三) 家园沟通方式单一，家庭教育指导欠缺

随着社会的进步，信息时代的发展，家园沟通所采用的形式日益增多，如《家园联系册》、家庭访问、家长园地、送接交流、家长会议、家长沙龙、亲子活动、家长开放日、家长志愿者等。但从本次调查数据来看，教师与家长沟通方式仍比较单一，这将影响到家庭教育指导的效果。

武汉幼儿园教师与家长之间的沟通联系主要采用接送交流、短信或电话、家长会和网络平台这四种方式。在被调查的家长中，只有12.73%的幼儿家长有与教师采用其他方式进行联系。当被问及"您使用最多的两个联系方式是什么"时，接送交流和短信或电话的平均综合得分位居前两位。由此可见，幼儿园教师与家长的沟通方式比较单一，不利于更好地实现家园共育。

在网络交流平台方面，100%的幼儿班级都正在使用QQ群，83.64%的家长使用微信进行沟通，通过浏览班级网站（论坛）或班级微博进行互动的较少。在问到使用频率和次数最多的平台时，74.55%的家长选择了班级QQ群，25.45%的家长选择了微信。可见，互联网的快速发展大大便捷了家园沟通与联系，但这些沟通方式也存在一定的弊端，如沟通不够深入、系统、全面等，这必然会影响到家园沟通的实际效果。

在家访频率方面，54.55%的幼儿班上的老师每年的家访次数为0，其他幼儿班上的老师每年家访次数不等，较多的为3、4次及以上。因此，当前约有半数的幼儿教师不重视家庭访问这一传统的家园沟通方式。而家庭访问在促进教师的专业成长、提升家长的教育能力和推动幼儿的和谐发展等方面均有着独特而天然的优势。

第四节 建议与对策

一、明确政府主导责任，完善学前教育健康发展的体制机制

(一) 增加学前教育经费投入，构建合理办园体系

学前教育是终身学习的开端，是国民教育体系的重要组成部分，是重要的社会公益事业，其根本属性是公益性。在国际上，各国政府越来越注重增加在学前教育方面的投入，这是政府重视学前教育并承担发展学前教育责任的具体表现，也是确保学前教育公益性的基本前提。2018年11月，国家

颁布了《中共中央 国务院关于学前教育深化改革规范发展的若干意见》,强调牢牢把握公益普惠的基本方向,坚持公办民办并举,加大政府财政投入,提升学前教育公共服务水平。

武汉市要构建以普惠性资源为主体的办园体系,全面提升学前教育的供给能力和质量,就必须确立政府的主导地位,切实落实各级政府在学前教育的规划、投入、教师队伍建设、监管等方面的主体责任。一方面,武汉市要加大政府财政投入,通过持续设立学前教育专项经费,坚持新增教育经费向学前教育倾斜,确保财政性学前教育经费在同级财政性教育经费中占比合理。同时,逐年安排新建、改扩建一批幼儿园,支持企事业单位和集体办园,扩大公办资源,大力发展公办幼儿园,逐步提高公办园在园幼儿比例。另一方面,政府要制定相关政策导向,多措并举、内外挖潜,通过购买服务、综合奖补、减免租金等方式,吸引民间资本更多地进入武汉学前教育领域,积极引导和扶持民办幼儿园提供普惠性服务,不断扩增普惠性学前教育学位。

(二)指明学前教育发展方向,发挥政策导向作用

相比于其他阶段的教育,学前教育的目的性、竞争性和排他性最弱,具有明显的公共属性。政府作为公共利益代表者和公共权力执行者,在学前教育阶段具有重要的财政投入责任和管理责任,应高度重视学前教育发展的重要性和紧迫性,从思想观念到实际工作中真正把学前教育摆在优先重视与发展的地位,把进一步提高学前教育公共服务的"公益普惠"程度和提升保教质量作为发展方向,切实增强责任感,以保证学前教育事业的健康和可持续发展。

在国家倡导推进学前教育立法的大背景下,中央政府出台了一系列文件有力推动了我国学前教育立法进程。武汉市政府于2014年公布了《武汉市学前教育管理办法》,对幼儿园的设立与变更、规划与布局、保教人员的资格与权益、保障扶持与监督,以及法律责任等进行了规定。但从某种程度上来说,它是国家现有的政策法规的复制品,内容过于宽泛,没有针对武汉学前教育工作面临的重难点问题做出详细具体的规定,缺乏对家长、社会、政府间的法律关系以及权利义务的规定,对学前教育的财政投入、幼儿园内部治理、运行管理、经费投入等事项涉及较少,存在疏漏和不完善的地方,实质性的内容比较模糊,缺乏针对性和实际操作性。武汉市政府应依据相关上位法律,坚持科学性与创新性相结合,充分考虑本地的经济、文化和社会发展水平,因地制宜、积极探索,明确学前教育运行管理、法律责任的内容规

定,完善立法内容表述,增强立法文本的可操作性,制定出符合武汉市情,更加全面、科学和完善的学前教育地方性法规、规章,发挥其导向作用,为武汉市学前教育发展提供法律支撑。

(三)推进学前教育公平,促进社会和谐发展

教育公平是人类的共同追求,推进学前教育公平,已成为世界教育改革和发展的主要趋势之一。在构建和谐社会的背景下,学前教育公平是社会公平在教育领域的延伸和体现,它意味着适龄幼儿人生起点的公平,在很大程度上决定了社会的公平和正义程度。关注城市弱势群体子女的早期教育问题,改善其教育上的不利处境,是对城市弱势群体的一种根本性救助,它能够促进其子女的健康成长与可持续发展,避免由于起点的不公平造成的恶性循环,是从根源上消除贫困的重要措施。

公平问题是世界幼教事业发展中的重要问题,各国都采取了不同的措施与办法,对那些弱势群体和处于不利成长环境中的儿童给予补偿。作为推进武汉市学前教育健康发展与保障公平性的责任主体,武汉市政府要认识到它不只是教育系统的问题,而是与社会的经济、政治、文化、人口、环境等要素之间有复杂和广泛的联系,需要政府站在一定的高度,统筹各方面力量,通过制定相关政策,采取切实措施,从而保证武汉城乡之间、不同区域之间的受教育机会和水平相对平等。一方面,可以通过政府财政转移支付的方法,向城市弱势群体家庭进行补贴,或者减免其有关费用予以照顾;另一方面,应明确幼儿园建设和玩教具配备标准,推进幼儿园标准化建设,缩小园际差异。双管齐下,从而保障城市弱势群体的合法权利不受到侵害,促进学前教育公平,构建和谐社会。

二、加强行政管理部门宏观指导,合理分配学前教育资源

(一)规划园所布局,扩大优质资源覆盖面

幼儿园是城市居民日常生活中一项重要的基层服务设施,幼儿园的布局规划是城市规划工作中的一个重要内容,是提高居民生活品质的重要保障,受到经济、人口、交通、政策等多个因素的影响,幼儿园空间布局是否合理、均衡直接影响到公共设施运作的效率和质量。近年来,武汉城市发展很快、变化很大,有些新建小区相应的公共服务配套设施建设滞后于房地产开发,有些因旧城改造而出现人口迁移,有些区域根据功能做了新的划分等,都导致了幼儿园出现区域分布不合理的情况,有的资源紧缺,有的资源过盛。

武汉市政府在规划幼儿园时，相关行政管理部门应联合起来，突破原有规划模式的束缚，站在整个城市发展的高度，从整个公共服务设施体系的角度综合考虑，将"加快扩大公办资源、努力增加优质普惠性民办幼儿园"作为规划布局和结构调整的重点。对武汉市幼儿园的发展现状进行深入分析，坚持公平与效率相结合的原则，在充分预测区域人口出生和流动趋势的基础上，结合武汉市学前教育中长期的发展目标，全面考虑幼儿园的道路交通、周边居民入园需求和原有园所等各方面因素，对幼儿园的位置、面积和服务能力做出准确定位，形成一套科学合理的规划方案。特别需要注意的是，规划不是追求空间上均衡分布的地域公平，而是充分考虑不同区域的人口密度分布，结合区域居民结构、社会经济特征和入园意愿的差异合理配置，既不能重复建设浪费资源，又要避免配置缺失，以布局合理性、服务公平性、空间可达性作为最终规划目标。

（二）创新购买方式，提升购买服务质量

近年来，中央发布多个文件，号召各地积极转变政府职能，探索学前教育服务供给的新方式，提高学前教育的服务水平。2010年，《国务院关于当前发展学前教育的若干意见》中，明确提出应当为社会公众提供多样化的学前教育服务体系，调动社会各方力量发展学前教育，通过政府购买方式，逐步引导、扶持各类民办幼儿园的发展，鼓励其为社会公众提供普惠性学前教育服务。

为了弥补政府在学前教育服务领域的能力不足，缓解武汉市入园难、入园贵的问题，武汉市应积极支持民办幼儿园发展，通过发挥市场及社会的力量，构建多元化的学前教育供给体系。武汉市政府通过直接给予入学普惠民办园的每名幼儿每年3000元的补助，引导和支持民办幼儿园提供普惠性服务。目前，幼儿园在补助资金的使用过程中，因其只能用于改善环境硬件，使用途径过于单一，逐渐产生了新的问题，影响了民办园的整体运营和转型热情。武汉市政府应认真分析武汉市学前教育的突出矛盾，考虑不同区域的差异性，积极借鉴国外经验和国内相对成熟的做法，创新购买服务方式，不仅可以采取经费补贴、购买学位、发放助学券等直接购买方式，也可以采用减免租金、以奖代补等间接购买方式，还可以尝试引入外域资源承办学校方式、教育中介机构托管方式、购买民营教育地段生方式、购买教育机构评估等方式。同时，要及时听取公众的反馈信息，完善购买过程中的财务、预算、审计等方面的法规制度，既要确保民营幼儿园的公益性，保证政府投入资金全部、高效地使用,又不损害幼儿园的正当合法收益,保证其长期持续的运营,为武汉市民提供更加公平、更低收费、更高质量的普惠性服务。

(三)加强科学管理,完善监督评估体系

教育管理包括外部行政管理和教育机构内部管理两个方面,学前教育管理依托学前管理制度来体现并实施。伴随着经济体制的转轨,政府、市场、社会之间权力结构发生了变迁,政府治理方式也应相应地发生变化,不应只是被动地为政治和经济服务,而是要根据学前教育自身发展的规律和特性,以及儿童成长的需要和家长的需要来进行科学管理。

从外部行政管理来说,武汉市政府要从地方发展的全局来统筹学前教育,从规划布局、政策方针、财政投入,到课程管理、质量监督、队伍稳定等方面都负有无可推卸的责任,各相关职能部门有责任履行到位,相互协调补充。同时,政府与市场关系的变化也决定着政府治理方式的变化,武汉市政府应协调多方面的关系,权衡多方面的利益诉求,将教育管理的权力在政府、市场、社会之间实现多方共享。对公办园适度放权,在政府财力不足的情况下,借助家庭、社会力量,实行成本分担,还其教育机构的本质;对民办园要加强规范和监管,扩大普惠比例,负责托底,保障底线公平;对选择性学前教育机构要交给市场,实行竞争性运作,发挥政府、市场、社会各自的优势,推行错位发展、联合共赢的科学管理。从教育机构内部管理来说,要建立质量规划、质量监控和质量改进三个环节的循环系统,全面改善办园条件,注重保教结合,完善学前教育教研体系,健全质量评估监测体系,建立由教育、卫生等部门共同参与的常态监测体系,形成幼儿园保教质量内控和联控机制。只有科学管理才能激发活力,把政府、市场、社会各方积极性都激发出来,从而更好地建立武汉市学前教育公共服务体系。

三、注重园所自身建设,提升学前教育服务质量

(一)端正办园思想,提高管理水平

正确的教育理念应该是以顺应儿童心理、生理发展为需要,以促进儿童全面发展为需要。好的办园理念,不仅能结合《3—6岁儿童学习与发展指南》精神,体现《幼儿园教育指导纲要(试行)》的基本要求,并且能聚焦幼儿教育的发展方向和起点定位。

幼儿园环境建设要根据幼儿特点,坚持"尊重儿童天性,保护儿童""以幼儿为中心"的设计原则,将环境设计与教育理念紧密结合,促使幼儿身心

健康成长,同时还要构建充分满足幼儿审美需要的理想环境,让幼儿园环境设计从科学角度、教育角度、艺术角度和情趣角度达到完美统一。要做到这一点,就要让教师、家长、幼儿共同参与到环境建设中去,并从幼儿的视角出发,满足幼儿的兴趣与需要。如在幼儿园展示孩子自己的手工作品,是对孩子努力的认可。将教师或家长和孩子一起在郊游或者在幼儿园户外活动时发现的树叶、小石头、松果、种子、贝壳等喜欢的自然物品摆放在展示区,教会幼儿在生活中观察,培养他们的观察能力和发现生活中的美的能力。在区角活动区里设置各种游戏活动区域,让孩子们自己动手、自我服务、自主学习。

在教师的管理上,要充分考虑管理的对象是"人",不可用工厂的管理方式来管理教师,要人性化管理,要有弹性,简化应付性程序化的工作。通过塑造共同的价值观来构建良好的人文环境,营造师生共同成长的精神家园,促进师幼的共同发展,进而实现幼儿园可持续发展。

(二)遵循教育规律,密切家、园、社区合作

坚持科学的教育方式。幼儿园要结合本园办学情况和幼儿实际,制订科学合理的园务和班级工作计划,尊重幼儿的个体差异,树立面向全体幼儿和促进幼儿全面发展的教育理念。我们在保教工作中要以游戏为基本活动,使幼儿在生活中做人,在活动中健体,在探索中求知,在环境中审美,在艺术中怡情。要注重区角活动和创造性游戏的开展,慎重开设兴趣班、特长班等强化训练活动,不盲目迎合家长的要求,组织开展形式多样的主题教育活动,让每个幼儿个性得到张扬,潜能得到充分发展。一日生活皆课程,我们要重视幼儿在生活中的学习,让幼儿在各个领域均衡发展,内容要包含幼儿一日生活的各个环节。同时,我们应通过多种途径向家长传输正确的育儿理念,提高家长科学育儿的能力,使其能更好地配合园方共同培养幼儿。编写适用性强的园本教材。在课程改革背景下,幼儿园拥有了充分的课程自主权,园方应整合多种教育资源,充分考虑幼儿园所在区域的特长优势、老师的特长及幼儿的兴趣,打造出特色化的实践性强的园本课程。

《幼儿园教育指导纲要(试行)》中指出,幼儿园应与家庭、社区密切合作,综合利用各种教育资源,共同为幼儿的发展创造良好的条件。家、园、社区合作共育即家庭、幼儿园、社区三位一体,共同教育我们的孩子。幼儿园可充分利用社区资源开展系列主题实践活动,参加社区举办的节假日、纪念日的庆祝活动等,比如带着小朋友在端午节参加社区"包粽子"的活动,让幼

儿能更好地了解各种节日。社区不仅有超市、理发店、邮局、银行等设施和机构，还拥有具有某些专业知识、专门技能的个人或组织，我们可通过这个平台开展社区活动，例如组织幼儿参观社区内的小学，参观邮局，了解邮局的工作流程，参观社区服务中心，进社区超市购物了解社会生活等。幼儿园还可根据幼儿家长的职业、岗位特点，邀请部分家长来园给幼儿授课。例如，邀请身为警察的家长为幼儿讲述警察的职责及相关常识，从而做到充分发挥家长的专长，增长幼儿的生活教育知识。

（三）重视学习培训，促进教师专业发展

严格幼儿教师准入制度。对新进幼儿教师的专业水平、文化素养要进行严格考核，并制定相关准入制度和条件，避免不合格的教师进入幼儿园。建立健全教师培训和管理制度。幼儿园要进一步完善幼儿教师在职培训体系，为幼儿教师搭建学习交流平台，让幼儿教师有机会参加各类专业进修学习，参与各种专业会议，了解现今幼教发展动态，组织在职教师和临聘教师分批分层次地进行专业培训和基本功训练，以提升幼儿教师的整体素质。

加强园本教研培训。定期进行园本教研活动，根据教师的专业化水平，制定教师长远发展目标，分层分类地开展贴近教师教学实际，真正帮助教师既解决实际教育教学中的问题，又能促进其长远发展的教研活动。

合理利用资源，提高工作效率。通过和教师的访谈得知，教师在环境创设、手工制作方面常需花费大量的时间，导致经常要加班才能完成工作，因此建议其可与高校学前教育专业大三的学生进行合作，学生手工制作能力较强，每次手工作品作为作业完成后没有足够的地方放置，只能丢入垃圾桶，幼儿园与合作的高校在非实习期间可选取学生优秀的手工作品用在幼儿园，不仅可以减轻幼儿园教师的工作压力，还能让学生的作品得到认可，增强学生的学习积极性，可谓是一举两得。幼儿园在其他方面也可合理利用资源以提高工作效率。

四、制定教师发展政策，保障合法权益

（一）提高社会地位，落实职称待遇

目前，武汉民办幼儿园教师薪资普遍偏低，同时各项福利待遇无法保障，而公办幼儿园教师薪资待遇也普遍低于义务教育阶段教师薪资，这种现象导致社会上的人才不愿意进入学前教育领域，也降低了学前教师的从业积极性。北京师范大学学前教育专家刘焱教授也曾在两会上提出，把公办

幼儿园教师纳入事业编制管理系统,在国家层面尽快制定出台公办幼儿园教职工编制标准,以及同工同酬,取消编制内外教师待遇差异。因此,要想建立专业化的学前教育师资队伍,首要任务就是要提高学前教师的社会地位和待遇水平。

政府要采取切实措施,尽快落实《国务院关于加强教师队伍建设的意见》,依法保障幼儿园教师地位和待遇,加大对幼儿教师工资待遇的财政投入与保障力度。出台幼儿教师编制标准,合理增加幼儿教师编制;明确幼儿园教师身份,解决困扰幼儿教师的待遇、技术职务和社会保障等问题;要根据学前教育特点和幼儿园教师专业标准,完善幼儿园教师职称评聘标准,保障职称评聘通道畅通,加大高级职称比例。只有提高幼儿教师待遇,提高幼儿教师的职业吸引力,才能让他们看到发展的希望,从而吸纳更优质的生源从事学前教育专业的学习,吸引更多优秀人才进入学前教育领域并安心从教,使武汉幼儿教育事业继续实现良性发展。

(二)理解职业内涵,尊重信任幼儿教师

幼儿教师的职业幸福感是指,幼儿教师在工作中,由于工作的物质环境和精神环境称心如意,在工作中实现了自己的职业理想和目标,从而获得了精神满足感。职业幸福感是幼儿教师完善生命的核心动力,它主要来源于健康的心理、阳光的心态,师幼之间真挚的爱与关心,社会与组织的信任、尊重与肯定,良好的职业认同与专业发展。从一定意义上来说,教师的幸福就意味着幼儿的幸福,我们应该让教育回归自我,重建幼儿教师的生命内涵,引导其生命旨趣和生存范式,让他们都能够由衷地感觉到幼儿教育工作是累并快乐着的。

在调查过程中我们发现,多数幼儿教师不同程度地存在职业倦怠现象,一些幼儿教师的职业幸福感在逐渐降低。这与幼儿教师本身的工作特点、社会环境对心理支持的忽视、专门教育和培训的缺乏,以及部分教师的自身因素均有着复杂的关系。为了帮助幼儿教师构建良好的社会支持系统,以及提升其心理健康水平和职业幸福感,教育部门应合理提高幼儿教师收入水平,关注幼儿教师心理支持,提供普及心理健康观念的培训和讲座,重视幼儿教师职业教育中心理健康、品德教育和职业兴趣的培养;幼儿园应营造宽松和谐的心理氛围,以园长为代表的园领导要注重人文关怀,同事之间提倡互相关心、合作共赢;社会各界应积极更新幼儿教育观念,幼儿家长科学客观地看待幼儿教师,幼儿教师的家人也要给予幼儿教师理解和支持;幼儿教师自身应努力构建积极心态及合理观念,学习科学的心理调适方法,处理好与幼儿、幼儿家长,领导和同事之间的关系,增强专业成长的内在动力。

(三)严守职业道德,提升专业素养

教师的职业道德即师德,是教师在长期的教育教学实践中形成的比较稳定的道德观念、行为规范和道德品质的综合,是教师的思想觉悟、道德品质和精神面貌的集中体现,也可以称之为教师的专业伦理规范。在幼儿教师职业道德规范的建构中,应强调教师的仁慈之心。首先,这是幼儿身心发展的需要。幼儿身心发展具有其特殊性,其语言表达能力尚不完善,认知仍在发展,个性特征尚未最终定型。而幼儿园是幼儿走出家庭之后接触的第一个社会环境,教师切不可对幼儿随意实施惩戒,对幼儿的需要不管不顾,甚至打骂、虐待幼儿。教师应关心、爱护幼儿,陪伴幼儿度过快乐而有意义的童年,并利用适宜的方式帮助幼儿为后继的学习和终身发展奠定良好的素质基础,实施科学的保育和教育。其次,幼儿教师的工作性质与教育对象的特殊性,决定了这个职业并不容易。幼儿教师不但要具备一定的知识和道德素养,还要具备专业的能力;幼儿教师不但要保证幼儿的身体健康,更要注重幼儿的心理健康。幼儿教师要认真学习《中华人民共和国教育法》《中华人民共和国教师法》《中小学教师职业道德规范》《中华人民共和国未成年人保护法》等法律法规,明确作为一名教师的职责,明确自身享有的权利和应尽的义务,强化师德意识,树立坚定的师德信念。同时,幼儿教师还需要进一步学习学前教育相关的法规政策,如《幼儿园教师专业标准(试行)》《幼儿园教育指导纲要(试行)》《幼儿园工作规程》《3—6岁儿童学习与发展指南》《新时代幼儿园教师职业行为十项准则》《幼儿园教师违反职业道德行为处理办法》等。幼儿教师应加强对国家政策、规章制度,以及专业知识的学习,不断更新观念和专业知识储备,提升自身的师德素养。

五、教育帮助家长,提高家庭科学育儿水平

(一)树立正确教育观念,共同学习成长

当前家长和教师的教育观念尚不一致。21世纪以来,社会正在飞速发展,社会竞争和就业的压力也随之而来,相应地,幼儿家长的儿童观、教育观也逐渐地受其影响。一部分家长为了使自己的孩子将来在社会上有一席之地,片面地要求幼儿园开设一些所谓开发孩子智力的课程,包括成语、识字、算数、跳舞、钢琴等课程,严重影响了3—6岁幼儿身心发展规律,忽视了这

一年龄阶段幼儿良好习惯、乐于思考、保持好奇心等品质的培养。家长认为幼儿园只是照顾孩子的临时场所，忽视了幼儿园特有的教育功能，这就导致了教育的理念无法得到有效的发挥，削弱了幼儿园特有的教育效果。

因此，转变家长的育儿观念，增进其对家园共育理念的理解，显得至关重要。学前教育是一种比较复杂的教育活动，其教育对象具有特殊性，幼儿期的教育是一项长期且复杂的过程。因此，家长和幼儿园共同努力、相互配合才能做好这份艰巨的工作。家长要想做好家园共育的工作，必须善于学习科学的育儿知识，增进对家园共育理念的理解。一方面，家长要勤于阅读关于学前教育的相关书籍、观看相关视频或者向育儿专家请教经验，转变自己的育儿观念；另一方面，家长要善于反思自己的教育方法，根据现代社会对人才发展的需求，更新自身的教育方法，主动与幼儿教师探索家园共育的方法。此外，幼儿园可以利用空闲时间举办家园座谈会，家长和教师可以一起谈论幼儿教育的新观念，研讨家园共育的新方法，交流育儿心得等。在此基础上，家长不断更新自身的教育观念，与幼儿教师积极合作、共同学习与成长。

（二）抱有合理期望，提升心理调节与适应能力

在对幼儿家长进行家庭教育指导的过程中，幼儿教师应对幼儿家长抱有合理期望，毕竟幼儿家长的文化背景、职业背景、思维方式、家庭氛围、教育理念等各不相同。幼儿园应在了解幼儿家庭的基础上，充分尊重幼儿家庭的差异性，有针对性地进行家庭教育指导，切忌"一刀切"，也不可急于求成，而应耐心、平等地与家长沟通，提升心理调适能力。为了使沟通工作顺畅，幼儿教师应掌握家园沟通的技巧。

尊重、信任是教师和家长沟通的前提。首先，双方要相互尊重，这就要求双方地位应该是平等的，不论是教师还是家长都要摆脱"师道尊严"的传统观念，双方要互相支持、密切合作，共同成为幼儿生活和学习的支持者和合作者。其次，双方要相互信任，这就要求教师要无条件地爱孩子，做到"一切为了孩子，为了孩子的一切"，这是取得家长信任的重要途径。

教师要学会耐心倾听。教师在与家长沟通时，要给家长充足的时间，让家长尽情地表达自己的真实看法和想法，切忌随意打断家长的话，而只需用点头、微笑等非言语方式给予反馈，做到耐心倾听，捕获有效信息，待家长说完后，再表达自己的看法和观点。只有这样才可以让家长在宽松自由的氛围中畅所欲言，才可以达到较好的沟通效果。

教师与家长沟通态度要诚恳、主动，尤其当幼儿在幼儿园与他人发生冲

突或者摔伤时,教师一定要主动与家长说明情况,勿要等到家长来询问时才告知对方。教师的态度一定要诚恳、谦和,要勇于承担责任,不能推卸职责。要第一时间安抚孩子,并跟家长道歉,争取家长的谅解,家长才会理解教师的不易和辛苦。

教师与家长沟通说话要委婉,注重讲话的艺术。当谈到幼儿的不足时,教师要面带微笑,先肯定幼儿的优点以及幼儿取得的进步,然后再委婉地表达幼儿的不足,这种方式更利于家长接纳教师的建议。

(三)配合园所教师,加强沟通合作能力

《全球幼儿教育大纲——21世纪国际幼儿教育研讨会文件》指出,幼儿发展是家庭、教师、保育人员和社区共同的责任,教师要和家长就幼儿的成长以及和幼儿家庭有关的问题,经常进行讨论和交流。因此,幼儿园应引导家长积极进行家园共育,并提高沟通合作能力。

幼儿园应结合本园实际情况,制定家园沟通制度,提升家园沟通在幼儿园日常教育工作中的地位。首先,幼儿园可以考虑以周、月或学期为单位,明确规定教师主动与家长沟通的次数,使家长及时了解幼儿发展的方方面面。其次,幼儿园也可将教师进行家园沟通取得的成绩纳入评教机制中,作为教师评优评先的衡量指标之一。最后,幼儿园也应建立奖励机制,以学期或学年为单位,设置专门奖项,从物质和精神两方面奖励那些在家园沟通方面做出突出成绩的教师,以此支持和鼓励教师重视家园沟通,积极与家长沟通合作,进行家园共育,共同促进幼儿健康成长。

幼儿园还应努力拓展家园沟通方式。据调查结果分析,教师和家长比较偏向于接送交流、短信或电话、家长会和网络平台(QQ群或微信)这四种沟通方式。为此,一方面,要加强现有沟通方式,充分发挥这四种沟通渠道的作用,家长接送幼儿时,教师要尽量关注班里所有幼儿,争取能跟每位家长都简单沟通一句话;充分发挥网络交流的优势,经常在QQ群或微信群发布、更新幼儿动态,加强与家长互动频率。另一方面,要寻求新的沟通方式,拓展沟通渠道。一是家园联系手册,教师和家长都详细填写相关内容,一周一小结,一月一总结。二是单独约谈,教师可以根据班级人数等实际情况,有计划地与家长单独约谈,与家长交流时间预计10—15分钟,尽量做到每个月内都能与家长单独约谈一次。三是鼓励家长做助教,有能力的家长要发挥自身优势,与教师共同商讨育儿问题,共同参与到幼儿园的教育教学中,做教师的得力助手。

第八章
基于课程的武汉幼儿园教育质量提升策略

在当今学前教育改革与发展的时代背景下,课程建设已然成为幼儿园提升内涵、规范办园的关键。学前教育作为我国基础教育的有机组成部分,既是学校教育制度的重要环节,又是学校教育的奠基阶段,也是终身教育的奠基阶段。随着《中国教育现代化2035》规划的启动,学前教育及其他各级各类教育事业都将迎来新的发展契机。《中国学生发展核心素养》提出以培养"全面发展的人"为核心,让我们认识到人文底蕴、科学精神、学会学习、健康生活、责任担当、实践创新六大核心素养是未来社会需要的人才的综合素养。因此,为实现伟大的教育使命,着眼于幼儿园课程建设便成为现阶段学前教育发展的必然路径。

武汉市人民政府高度重视学前教育事业的发展,把发展学前教育、提升学前教育质量作为武汉市打造民生升级版的重要工程,武汉市学前教育事业的发展进入了规模速度和质量效率同步提升的新时期,同时也进入了内涵发展的关键期和攻坚期。武汉市第三期学前教育行动计划明确提出了"全面提升学前教育质量"和"学前教育综合发展水平在我国中部地区领先,进入全国同类城市先进行列"的目标。质量是学前教育事业的生命线,全面提升学前教育质量,要抓住课程建设这个牛鼻子,课程质量是学前教育质量的核心,也是当前补齐学前教育短板的重要任务。注重内涵建设,深化课程改革应该成为武汉市这个阶段学前教育发展的重要特征和动力,明确以幼儿园课程建设为抓手,积极贯彻落实《幼儿园工作规程》《幼儿园教育指导纲要(试行)》《3—6岁儿童学习与发展指南》《中共中央 国务院关于学前教育深化改革规范发展的若干意见》的精神,落实《武汉市第三期学前教育行动计划(2017—2020年)》的要求,加快武汉市幼儿园转型升级,促进学前教育持续、优质、内涵、特色发展。

第一节　以课程建设为核心,促进示范园内涵提升

课程是幼儿园教育实施的基本载体,办园思想、教学理念必须通过课程来实现。示范园作为高品质的幼儿园,就应该跟随时代发展,建设高质量的课程体系。课程的质量决定幼儿园的质量。高品质幼儿园的建设是园所管理者追求的目标,它需要前沿且先进的教育理念做指导,科学规范的管理制度做支撑,特色鲜明又适宜的课程体系做支架,高素质专业化的教师队伍做主力,优质适宜的环境做保障,和谐共进的家园合作促发展。同时,示范园在某种程度上具有导向作用,能够引领幼儿园课程改革方向,能够发挥自身课程建设的发展性功能。因此,为了促进示范园在内涵发展的道路上不断前进,本研究以课程建设为核心,从课程文化立园、课程方案建构、课程实施主力、课程质量保证、课程互动提升五个方面提出相应建议。

一、课程文化立园——凸显园所管理者的专业引领

课程文化是幼儿园课程建设的精神和灵魂所在,构建课程文化是提升幼儿园核心发展力的必由之路。园所管理者作为幼儿园领导核心,是突显幼儿园课程文化领导力的关键,必须承担起课程领导责任。优质幼儿园的管理者,要将课程建设视为一种文化形态,要在统筹和整合优质文化资源的基础上,从课程理念、课程目标、课程内容、课程实施、课程评价等方面构建自身的课程文化体系,并将其内化为园本文化认同。因此,幼儿园要注重课程文化立园,将精神、制度、物质三种文化融为一体,通过园所管理者的专业引领促进幼儿园课程建设。

(一)精神文化

幼儿园是一种充满精神感召力的学习型与发展型的文化组织,精神感染力是文化组织的基本标志。幼儿园精神文化是园所认同的价值观念、价值取向、道德标准、行为方式等。这种存在形式对幼儿的发展起着至关重要

的作用,因此幼儿园课程建设离不开对精神文化的营造。园所管理者作为幼儿园工作的领导核心,是幼儿园精神文化的主要营造者、引领者,是幼儿园课程文化的主要构建者。

幼儿园的课程文化应该关注、传承和发扬中华优秀传统文化,吸收其他文化中有益于我国幼儿园课程建设的成分,同时重视本民族、本地区的文化特质。优质的幼儿园具有强烈的区域性特征,课程文化应该将本国、本民族和本地区优质文化内容编入幼儿园园本课程。中华民族五千年的文明史,传承了博大精深的中华文化。这些经典文化是中华民族智慧的结晶,蕴含着中华民族的精神和品质,孕育着中华儿女的脉脉相传。幼儿园精神文化建设的精髓应来源于我国源远流长的中华优秀传统文化、革命文化,以及新时代中国特色社会主义先进文化。园所管理者可通过提取中华文化的精髓,践行社会主义核心价值观,结合具有区域特征的文化元素,将其融入幼儿园课程建设之中,营造出特有的幼儿园精神文化。幼儿园精神文化的具体体现和要素包括办园思想、教育品牌、园训园风、教学风格、管理理念等方面。

湖北省作为教育大省,其在幼儿园课程文化的建设中有非常深厚的历史文化底蕴和现代人文精神的典范可以挖掘。湖北人杰地灵,是楚文化的发源地,孕育了爱国诗人屈原、民族友好使者王昭君、山水诗人孟浩然、药圣李时珍、民主战士闻一多等杰出人物,湖北省和武汉市具有光荣的革命传统,武昌起义是辛亥革命的开端,具有划时代的意义,武汉"敢为人先,追求卓越"的城市精神使得"武汉每天不一样"。优质幼儿园应强调以传统文化、革命文化及社会主义先进文化为核心,利用多元化的文化设施,如电子屏、广播、网站平台、社交平台等,营造核心价值观下的精神文化氛围,从而指引幼儿园逐步发展。例如,武汉市就成立了以青山第一幼儿园为牵头单位的园所文化园际共同体,其"十三五"重点课题"幼儿园'悦'文化建设的实践研究"以探索园本文化创新的途径、方式为重点,切实建设好园本"悦"文化,为幼儿园全体教职工树立起为人、处事、建园的标杆,从而引领全园幼儿、教师和幼儿园实现可持续的发展,在文化立园的路上阔步向前迈进。另外,还有武汉市实验幼儿的"童本"文化、武汉市硚口区机关幼儿园的"家"文化、汉阳晨光幼儿园的"和·乐"文化、武汉市青山区科技幼儿园的"慧"文化、武汉市常码头幼儿园的"和"文化的课程建设等,它们让课程彰显园本文化的精神价值,润泽教师的心灵和幼儿的生命。

（二）制度文化

文化作为一种意识形态上的存在形式，很难在短期内建构或消逝，相对而言，制度作为一种显性的文化，具有可控性和可变性，能够随着人的主观意志而建构或消逝。因此，幼儿园课程文化建设要落到实处，归根结底是对幼儿园基于文化视角的管理制度的建构。制度文化建设主要是指幼儿园实际工作中的各项管理规定和规章制度的建设，它是幼儿园促进教师可持续发展的保障和必要措施。也就是说，幼儿园制度文化的建构在一定程度上激励了教师的工作热情，规范了教师的工作常态、提升了教师的工作凝聚力。与此同时，对保障幼儿园课程建设具有非常重要的意义。

因此，在幼儿园课程建设中，应将制度文化融入其中，运用合理的课程管理制度对幼儿园实施民主管理，在保障教职工发挥主体作用的前提下建构和优化幼儿园课程建设。首先，幼儿园应在管理、教研、培训及评价等方面完善各项课程制度创新。成立课程制度审议小组，包括园长、专家、教师及家长等。课程制度审议小组的主要工作内容是就幼儿园课程制度文化的营造进行集体审议，制定出符合园所文化的各项管理制度，如备课制度、工作作息制度、教科研制度、保教常规制度、班级工作评定制度等。各审议小组成员针对具体制度展开研讨，集中征询意见，然后由专家或园长总结并提炼，充分尊重个人的主动性，杜绝园所管理者出现个人主义倾向。在整个过程中，审议小组成员之间均是平等、合作、共同成长的关系，由此也可从中体现出孕育良好的课程制度文化所必须具备的文化氛围。其次，幼儿园需围绕课程制度的制定建立规范的课程评价标准。在幼儿园管理者的引领下通过提炼、修订、完善与实施，以量化与质性相结合的方式呈现课程评价标准。最后，幼儿园还需严格把握课程评价主体和评价角度。从以幼儿园管理者评价为主向以教师自评、教师互评、家长参评等为主的多元化评价主体转变。从以课程目标的达成程度为主向以课程实施过程的保教质量为主的多维化评价角度转变，共同促进幼儿园课程制度文化建设。在这种健全的制度文化下，幼儿园的园训、园风得以体现，教职工的工作状态得以规范。幼儿园教师在制度文化的约束下，自然不断将头脑中对办园理念的理解自觉地贯彻到具体行为中。例如，武汉市为推进幼儿园课程制度文化建设，制定了专门的课程管理制度，包括课程管理机构、课程内容与实施、课程培训、课程评价、课程激励，目的在于规范幼儿园和教师的课程开发、建设和管理，促进全体幼儿全面发展。

（三）物质文化

幼儿园物质环境是幼儿园课程文化最显性的体现，幼儿园整体的文化可以通过物质环境来彰显，同时，物质环境也是不断优化幼儿园课程建设的重要途径。示范园应该从物化的物质环境和多种形式的教育活动环境着手，努力营造幼儿园的文化氛围，对整体布局进行长远的考虑和谋划，从园所大环境到班级小环境，都要做到既科学合理，又量力而行，最大限度地发挥环境的教育功能，使幼儿可以通过物质环境来了解外界，获取知识，丰富情绪情感，促进认知发展，从而习得技能。

幼儿园物质环境的创设对幼儿发展尤为重要。教育家苏霍姆林斯基曾经说过，要让学校的每一面墙壁都开口说话，那如何具体落实到幼儿园建设中去呢？首先，要保障物质资源来源的多样化。幼儿园物质环境创设不应局限于园所内部，家庭、社区是物质资源的重要来源地。幼儿园可定期组织幼儿向家庭、社区收集物资，让家长及社区成员都参与到幼儿园的物质文化建设之中，共同为促进幼儿园的物质文化建设做出自己的贡献。其次，要保障物质环境内容的多元化。物质环境创设的内容不应局限于幼儿所熟识的知识，应根据幼儿的最近发展去及时调整环境知识面的广度，根据幼儿的发展特点及时调整教育用具及器材的难度和复杂程度，根据幼儿的兴趣及时更换有效的物质环境。最后，要保障幼儿参与环境创设的主体性地位，实现智慧留白。许多示范园仍然存在片面追求主观上和外表上的形式美，过分强调教师在环境创设中的主体地位，而忽视了幼儿应作为环境创设的主体。幼儿园物质环境创设特别是室内墙面创设中，应尽量将留白的"设计权"交给幼儿，注重幼儿的积极主动参与，发挥幼儿的想象力和创造力，用幼儿喜欢的方式创设环境，教师加以引导和辅助。

武汉市教育局为了培育园所文化，提升幼儿园教育质量，推进幼儿园内涵发展，连续三年举办了全市幼儿园"优秀团队、优美环境、优质活动"评选工作。有着六十多年悠久历史的武汉市市直机关曙光幼儿园，大力实施"优化幼儿生活品质，优化教育环境，优化教育文化"的"三优"工程，优化课程，均衡发展，彰显"体艺同构"的园本特色。该园秉承"环境是教育——优化教育环境"的理念，充分挖掘教育资源，把有限的人力、物力、财力不断地投入环境建设中，大力"绿化曙光、美化曙光、净化曙光"，将"自然与美化，教育与童趣，人文与景观"融为一体，让幼儿园充满传承历史印记、武汉发展变化、特色风光、桥文化建设，以及幼儿个性所需空间和艺术氛围，将曙光幼儿园打造为生态花园式幼儿园,走出了一条园本特色的内涵发展之路,使曙光幼儿园不断焕发活力,成为孩子们健康快乐成长的乐园。

二、课程方案建构——聚焦轴心和品质的内涵建设

课程方案是幼儿园一日活动存在的主要方式,是幼儿园教育的重要途径。一份优质的课程实施方案是幼儿园实施课程的行动指南,直接决定着幼儿园课程建设的质量与实施的水准。建构聚焦轴心和品质的课程方案,明确方案设计的理念,把握方案设计的制定策略,采取适宜的方案实施路径是关键。

(一)课程方案理念

幼儿园课程方案的建构应以先进的教育理念为依托,正确规划幼儿园课程建设的方向。秉持《幼儿园工作规程》《幼儿园教育指导纲要(试行)》《3—6岁儿童学习与发展指南》《中共中央 国务院关于学前教育深化改革规范发展的若干意见》的指导精神,贯彻落实《武汉市第三期学前教育行动计划(2017—2020年)》。与此同时,幼儿园还可以运用多元化的新理念充实幼儿园课程建设。如"生命教育课程",强调将人与宇宙、人与社会、人与自然、人与自身的生命融合,促进幼儿生命意识的产生和形成;"体验式学习课程",强调在课程中为幼儿营造一个真实、自由的情境,让幼儿在充分体验和感知的过程中获取知识和技能;"生活教育"理念认为幼儿园的课程目标应定位于提升幼儿的生活品质,幼儿园课程内容应来源于幼儿自己的生活并具有发展的价值,课程的实施应融于幼儿的一日生活,将知识还原为幼儿的生活经验,力求在行动中学习。在我国相关政策文件及先进教育理念的引领下,幼儿园课程呈现出自主化、多元化的发展趋势,幼儿园课程建设呈现出越来越丰富的状态。

湖北省省直机关第三幼儿园进行区域游戏中低结构材料促进幼儿自主性发展的实践研究,要求立足幼儿园"生活启蒙、游戏激趣"的课程理念,充分挖掘低结构材料的教育价值,让幼儿在与环境、材料的互动中促进学习与发展,使本园游戏活动更生动,材料更生活化、更丰富,幼儿游戏状态更主动,提升了幼儿园游戏活动的质量,夯实了幼儿园课程特色。江汉区盛世红苗幼儿园的雷鸣园长介绍,他们把园所设计成拥有14个游戏舱的"盛世号"游轮,将生活场景进行移植和教育加工,让幼儿在游戏中自然孵化良好品行。另外,湖北省军区幼儿园深化具有本园特色的童军课程研究,关注教师

在园本课程建设中的主体地位,立足幼儿园的"绿色童军园本课程",推进园本课程开发和课程建设,探索教师课程领导力提升策略。

(二)课程方案制定

幼儿园课程方案是幼儿园根据国家及地方的相关文件规定,利用园所已有课程资源及条件,设定课程目标,建构课程内容,落实课程实施,优化课程管理与评价的过程。过去大多数幼儿园课程方案的制定往往是由幼儿园管理者提出思路和方向,再由课程领导小组共同编写,这种做法往往造成了幼儿园课程方案的蓝图与课程实施的现实相脱节。幼儿园应该秉持方案来源于实践,来源于幼儿的理念,从教育实践中去观察幼儿需要的课程内容有哪些,喜爱的课程形式有哪些。幼儿园课程方案应该是由一线教师队伍共同制定完成,根据各年龄阶段幼儿的身心发展的特点,分学段组成课程方案探究小组,逐步梳理思路,明确方向。由此看来,幼儿园课程方案需要进一步落实方案制定的民主性,即幼儿园管理者在观念上认识到课程方案的制定需要吸纳全体教师的智慧结晶,提供充裕的时间保证教师全员、全程参与方案的共同研讨和制定工作,充分发挥幼儿园课程方案制度在幼儿园课程管理中的作用。

武汉市在2014年颁布了《武汉市幼儿园一日活动指南》(试行),旨在为幼儿园科学、合理地安排和组织幼儿一日活动提供切实、可行的要求和建议。初步构架起与幼儿园生活活动、户外活动、学习活动和游戏活动全面对接的课程序列,形成感官化、游戏化、生活化、特色化的幼儿园课程体系。其中,生活活动包括入园、盥洗、进餐、如厕、饮水、睡眠、离园等环节;户外活动分为集体活动和自选活动;学习活动涵盖学习准备和实施活动;游戏活动分为有组织的游戏和自主游戏。示范幼儿园应该在保证基本规范落实的基础上,根据园情、生情,制定有针对性和创造性的课程实施方案,如青山区第一幼儿园整体规划调整了本园课程体系:共同性课程(基础课程)占80%、自主性课程(园本课程)占10%、选择性课程(特色课程)占10%。如武汉市实验幼儿园地处全国优秀小区常青花园内,幼儿园充分拓展社区内的各种教育资源,全园在实施基础课程的前提下,按一定比例进行课程有机生成,使课程体系结构合理,提出园本化特色课程,初步建构园本特色课程体系。

(三)课程方案实施

课程方案的落实要以课程方案的合理制定为载体。首先需要明确的是课程方案的实施主体是谁,其次要把课程方案转化为具体课程活动后实施的地方和时间等基本问题。在方案实施前,实施主体要根据幼儿的身心发展特点和规律进行课程方案的优化和调整;在方案实施过程中,实施主体要把握课程结构,不断优化课程设置;在方案实施结束后,实施主体要及时反思和提炼实施过程中出现的问题,以达到课程方案的优化。武汉市街道口幼儿园的"和"文化园本课程主要通过环境营造、主题式游戏、社会实践行等途径来实施。该园把"和"文化园本课程有效贯穿于幼儿教育五大领域,特别是在社会领域、艺术领域和语言领域,尽力渗透"和"文化的知识与体验,并以一定形式固化下来,保证"和"文化园本课程的实施效果。园本课程只有与幼儿园日常教学有机结合起来,形成切实可行的常规化途径,才能有效地保证课程目标的实现。武汉市青山区某幼儿园科学实施课程,其中将生活活动作为课程的一部分,实施"生活活动——真生活,真自理",将生活活动聚焦为幼儿生活常规及生活自理能力的培养。该园认为,在一日生活活动中,处处都是教育的契机,每个孩子都是生活的小主人。在自主进餐、值日生制度、生活自理大赛、区域大扫除、自助餐活动等一日生活活动中,随处都可以看见孩子们忙碌的身影,孩子们也通过生活活动的体验,自然习得了生活技能,提升了自我服务的能力。

课程游戏化是提高学前教育质量的重要途径,因此在课程方案的实施过程中应强调游戏化的重要性。幼儿园课程游戏化是现阶段课程改革中的普遍趋势,教师要在课程游戏化的教学实践中将游戏有机融合于课程之中,努力实现课程游戏化,让课程方案的实施过程充满趣味性和自主性,调动和发展幼儿积极主动的学习品质,让幼儿园基本活动变成真正意义上的游戏。例如,华中科技大学附属幼儿园在《幼儿园教育指导纲要(试行)》的精神指导以及高校文化氛围熏陶下构建了特色课程——自主学习课程。该课程倡导以"自然和谐、主动探索、健康快乐"为核心,以"社区、家庭资源的整合运用"为特色,主张"亲情、亲和、亲力、亲为"的园本文化,使幼儿园教育真正的走进儿童,走进大自然,走进家庭,走进社区。幼儿园活动课程的实施应遵循幼儿自主性原则,把握整体性和灵活性相统一的原则,坚持趣味性和教育性相结合的原则;将游戏活动和自主生活活动正式纳入课程结构中,以幼儿自主学习和活动为主,教师在课程实施中起着辅助性的指导作用。幼儿作为活动的主体,能动地以自己的兴趣、需要、能力、经验为中介,有选择地与环境互动,并通过亲身经历活动过程和参与实践操作,获得直接体验与感知,在主动建构的过程中体验自主学习的快乐。

三、课程实施主体——促进教师专业化提升发展

幼儿园课程的实施主体是教师,教师的专业发展是保障课程实施质量的重要途径。幼儿园要促进教师专业化提升发展,需在专业发展规划、专业发展途径及专业发展保障中给予教师一定程度上的支持。

(一)专业发展规划

专业发展规划是教师专业发展的首要环节,是教师在职业生涯中将自身专业发展视为认知和实践对象,以提高教师专业成长的科学性和计划性。教师这一职业需要高度自律性,仅凭外界环境的影响是远远不够的,有明确的规划能够帮助教师进一步明确发展目标和方向,及时帮助他们不断进行自我反思,进而实现专业发展自觉。教师的专业发展离不开对自身职业生涯的规划,归根结底是要通过自我决定、自身潜能的充分发挥才能持续、高效地促进专业发展。

幼儿园作为教师职业发展的场所,应充分发挥激励机制、制约机制和保障机制,通过设置相应制度平台帮助教师制定有计划、有目的、有保障、可实施的职业发展规划,以增强其专业发展的可持续性。幼儿园管理者可在分析每个教师的成长状况及路径的基础上,帮助他们找到自己的优势和短板,采取合适的节奏逐步发展。另外,幼儿园管理者还需要考虑教师的个体差异性,不同层次的教师应给予不同的成长规划指导,并遵循螺旋式上升的引导策略,以满足教师专业发展的多样性和层次性,实现全园教师有计划、有主题、有节律的成长。同时,还需要求教师具备分析自身专业知识和能力的所处水平,及时查找制约自身发展的影响因素,查询具体的解决方案和途径,不断将专业发展的路径落到实处的能力。最后,使幼儿园教师的行为朝着既定目标发展,符合社会期望和职业要求,从而对教师专业发展起到导向作用。例如,某幼儿园制定的教师专业发展规划的发展策略,包括加强师德师风建设、创建学习型团队、积极开展园本教研、促进教师规划个人专业发展、开展形式多样的教师培训、建立教师成长档案等。教师个人制定的专业发展规划设计方案包括外部环境分析、自身成长历程和素质分析、自我定位及总目标、分项目标和任务、教学方面的目标、教育和班级管理等。要将园所教师整体规划和个人发展规划相结合,全面提高教师综合素质,促进教师整体专业水平提升。

(二)专业发展途径

专业发展是一条长而远的道路,伴随着教师的整个职业生涯。为了进

一步提升幼儿园教师的专业发展水平,幼儿园应以扩展教师专业发展的途径为突破口,从而激发教师专业发展的自主性、主体性以及自我效能感。

首先,完善园内教师培训体系。培训是促进教师在相应岗位进行可持续发展的重要途径。国务院办公厅印发的《国务院关于当前发展学前教育的若干意见》中也强调要完善学前教育师资培训体系。培训类型有岗前培训、国培等,培训形式也可转变传统线下培训模式为线上开放式培训模式,打破培训场所和时间的局限性。其次,实行师徒制培养模式。结对的老教师是新教师职业发展的引路人,对新教师迅速融入职业环境具有较好的调适作用。另外,要回顾教育教学过程中的关键事件。对教学场景、成长论坛、课题研究、反思总结等过程中促进教师发展的关键事件进行收集并分析,有助于寻找和理清幼儿园教师的成长规律。最后,开展形式多元的实践活动,如科研沙龙、文章撰写辅导、课堂教学展示等,以动态形式记录教师的成长轨迹,真实还原教师的成长故事,从而帮助教师提炼专业发展的成果、解决面临的困境,以及促进自身教师专业成长的有效机制的发展。

上海市嘉定区新城幼儿园的朱玉英园长促进教师团结合作的管理之道值得大家学习借鉴。第一,她用制度为合作提供保障。针对教师人际环境的现状确立了幼儿园人际交往准则,即"尊重、宽容、欣赏、合作"。第二,创设环境、注意熏陶。利用环境对人的思想和行为起到的熏陶作用,在楼道中创建"合作文化"长廊,以直观的形式展示幼儿园团结合作的目标和价值观,强化合作的心理认同和合作进取意识。第三,以活动促进合作。一是搭伴合作,让教师学会换位思考。建立"班组长每日商议制",鼓励两位搭伴教师和保育员每天加强交流,建立相应考核激励机制,开展"配合默契奖"评选活动。二是人人参与,共创班组集体。扩大教师之间合作交流的范围,打破各班组界限,开展形式多样的合作交流活动,增进教师之间的友谊,促进教师之间的合作。华中科技大学附属幼儿园长期致力于打造一支业务精湛的专业化、研究型的教师队伍。该园在新一轮的课程和游戏改革中发现,幼儿教师在创造性游戏中解读儿童行为的能力比较薄弱,成为制约教师专业发展的瓶颈。故该园敢于争先,勇于开拓,致力于解决这一问题。该园以团队合作的方式申报了"教师在创造性游戏中解读儿童行为能力的研究"课题,以创造性游戏开展为切入点,通过研究教师解读儿童行为能力的内涵,探索提高教师解读儿童行为能力的途径和方法,有效提升了教师的游戏解读能力,加快了教师专业化成长的步伐,保障了幼儿园课程改革的持续发展。武昌区丁字桥幼儿园申报了"混龄游戏中低结构材料投放方式对幼儿创造性影响的研究"，湖北省省直机关第二幼儿园申报了湖北省学前教育研究会重点课题"无示范的幼儿园美术教学活动设计与实施研究"，湖北省省直机关第一幼儿园申报了"一日活动中传统游戏的开发和运用"，让教师承担课题研究，有利于其在专业探索和研究中得到迅速提升和发展。

（三）专业发展保障

幼儿园应建立和完善促进幼儿园教师专业发展的保障制度，为幼儿园教师专业发展提供相应的制度支持。幼儿园通过制度来激励教师的专业发展，形成良好的工作和发展环境。

首先，幼儿园要注重对教师实行公平竞争制度，严格按照"公平、公正、公开"的原则，明确评审标准、办法及程序，对教师进行定期考评，公平竞聘骨干教师、优秀教师、教学带头人等称号。同时，幼儿园要保障多主体参与公平竞争制度的评定工作，形成教师评价机制，杜绝个人主义倾向。教师评价主体除了由园所管理者、其他教师及教师自身之外，还应鼓励幼儿家长也参与教师的评价，这对教师的专业成长也有重要的促进作用。2012年，国务院办公厅发布了《国务院关于加强教师队伍建设的意见》，指出要健全教师考核评价制度。可见，考核评价制度对教师专业发展的重要意义。其次，幼儿园还应注重教师专业发展的差异评价和有效激励。教师的专业成长具有显著的个体差异，每个不同发展阶段都呈现出不同的发展水平。幼儿园要根据教师所处的不同阶段对其发展水平进行差异评价，保证评价标准的相对性。另外，幼儿园要促进教师的专业发展必须有相应的奖励机制。幼儿园可根据教师在园表现，从薪酬、福利及晋升上采取相应的激励措施，保障教师专业发展的积极性。

华中科技大学附属幼儿园制定了教师专业成长薪级管理办法，旨在教师教育专业发展理论和专业成长周期理论的指导下，以教师主动发展为前提，构建出一整套具有培训、自省、指导和评价功能的管理程序和目标体系。管理办法将教师分为实习（试用）教师、新手型教师、成长型教师、经验型教师、骨干型教师、研究型教师六种类型并进行了特征描述，且对每类教师制定了成长责任书，包括成长目标、必修课程、完成时限、培训形式、考核方式等，使得教师在专业成长过程中，做到有目标可依、有指导可循、有指标可量，为其终身从教、快乐从教、优质从教打下牢固基础。

四、课程质量保证——园本教研的助力与推进

真正影响幼儿园课程质量的是幼儿园的文化氛围及教师的教育理念。

然而以幼儿园教育教学的具体问题和情境为研究对象、以教师的教育教学为研究主体的园本教研正是转变教师教育理念,营造良好园所文化氛围,提升幼儿园课程质量的有效途径。2006年7月,教育部基础教育司就委托教育部基础教育课程教材发展中心组织实施了"以园为本教研制度建设"。武汉市在市教育局基础教育处的领导下,共有30余所幼儿园参与了该项目。武汉市园本教研制度建设所倡导的策略为,初步达成教育理念与价值观的共性,培育园所精神文化;优化园所氛围,构建园所课程文化;秉持以人为本理念,创新园所制度文化。

（一）教研的理念

在园本教研中,教研团体形成共同的理念和价值观是顺利开展园本教研的首要条件。教师应树立先进的、普遍认同的价值理念,并将其融入具体的教育教学中去,教研才能从同一文化角度展开研讨,保持核心理念的统一性。这不仅能够塑造幼儿园精神文化,更是幼儿园内涵发展的内在要求。幼儿园教师队伍的文化程度参差不齐,导致存在素质问题,这也是幼儿园课程建设与改革中的共性问题。幼儿园教师亟待更新教育理念,完善理论结构,提高自身教育智慧。为此,幼儿园应把握教师通过园本教研来更新观念的契机,打破一贯以"教研"为中心的园本教研理念,而应将之与教师专业修养的提升结合在一起。

华中科技大学附属幼儿园明确了教研组的核心地位,认为教研组是凝练园所文化、健全教研制度、激活教研机制的重要阵地;是教师专业成长的摇篮、岗位练兵的基地;是提升园所教科研水平的核心组织。高质量的教研组建设是实现园所教育高品质的重要保证。幼儿园应用文化去感染——营造乐研的氛围,用机制去推动——明确深研的方向,用制度去保障——创设善研的平台,用格局去影响——提升共研的魅力。采用"三足鼎立、三箭齐发、顺势而为、按需供给"的教研管理组织形式,学科组发挥学科专长,培养骨干教师;教研组研究教师日常教学问题,完善制度,培育教研文化;教研中心进行专业理论引领和专业技术支持。三十多年坚持做有品质的教研,成就了华中科技大学附属幼儿园的精神品质和文化内涵。

（二）教研的内容

园本教研的内容无非就是探讨"教研什么"的问题。园本教育的内容大致分为两个方面。一方面是对幼儿园保教活动进行教研,保教活动可以是幼儿园五大领域的任意教育活动或整合教育活动。活动开展后,全体教师共同对教研对象组织的活动进行探讨和评价。另一方面是对教师在保教工作中遇到的困难或疑问进行教研,旨在解决幼儿园保教工作中的共性问题。相对于后者来说,前者所指的园本教研是常规式教研,具有预成性的特点,即有目的、有计划、有组织地进行教研活动。而后者则是专题式教研,具有针对性的特点。

园本教研内容的选择要着重考虑幼儿学习与发展的年龄特点,侧重幼儿园保教常规工作,亟待解决教师所面临的困惑和挑战。因此,幼儿园应重点明确地选择教研内容并展开教研活动。园本教研的方式多种多样,教师需要根据不同的实践问题或不同的教研要求采取不同的教研方式。例如,幼儿参与幼儿园环境创设的主体性问题、区域活动材料投放的适切性分析、主题活动的组织与指导等,以及教师成长的差异性、教师成长的可持续性、教师成长的发展性等。

武汉市幼儿园教师专业能力提升共同体在硚口区崇仁路幼儿园组织了一次"真教研""真研究"的学习交流活动。该活动以大班科学活动——彩虹板的秘密为例,请青年教师、教研组长进行教研经验分享,现场进行听课、评课和教学研讨等一系列活动。研讨过程则安排各园青年教师、教研组长、教学园长、特邀专家、指导专家五方联动进行评价,现场进行了激烈的思维碰撞,从多方面对青年教师和教研组长进行了专业指导。

(三)教研的形式

园本教研的组织形式要充分遵循"分层发展"的理念,根据不同标准来有效落实教研活动,以推动教研目标的实现。按照教研活动对象的参与程度来划分,可以将教研活动分为小组教研活动和全园教研活动。小组教研活动主要是以某一领域或主题的部分教师组成的教研小组,具有参与人数较少、组织效率较高的优点。全园教研活动则强调全员参与性,所教研的内容往往是具有共性的问题。按照教研活动的地点来划分,可以将教研活动分为线上教研活动和线下教研活动。线上教研活动主要强调的是通过网络媒介进行,具有时间上和地点上的可控性的特点。而线下教研活动则是普遍意义上的常规教研,需要在确切的时间和地点有目的、有计划、有组织、有条理地展开教研。按照教研活动的目的来划分,可以将教研活动分为学习型教研活动、课例研讨型教研活动,以及课题研究型教研活动。其中,学习型教研活动主要以教师的学习为主线,以培训为主要形式,以提高幼儿园教师园本教研质量和水平为目的。而课例研讨型教研活动主要以教学为主线，旨在发现和解决教师在教学过程中出现的问题和困境，形成一个积极的循环交流平台。课题研究型教研活动主要以研究为主线，探讨教研活动中的学术型反思和技术路线，为提升幼儿园教师教研水平开辟新的思路和途径。

为了保证幼儿园课程质量的有效提升，幼儿园的园本教研应注重组织形式的多样性，充分发挥每种教研形式的优势，建立园本教研共同体，形成"问题—思考—探究—交流—行动"的园本教研网络，引领园本教研的发展，从而保证幼儿园课程质量的提升。

华中科技大学附属幼儿园在园本教研中，充分依托家长群体的参与，开发高校资源，多元建构园本课程，最终形成了真正具有本园特色的幼教课程。江汉区稚乐幼儿园推崇非传统意义上的教师角色，该园创新了"四维教研制度"，促使教师、保育员和家长不再做传统意义上的"信息提供者"和"答案发布者"，而是游戏化课程的参与者、体验者和引导者。如今，从课程编制到资源推送，从课题研究到课例竞赛，从网络教研到集体备课，武汉市各区不断结合自身特点，探索、研发更符合幼儿身心成长规律的特色课程。另外，武汉市教育局也不断创新，建立了专门针对园本教研的专业支撑机制。第一，加强区域教研共同体建设。在实践中，确立了"市、区、园"三级联动的教研活动机制，着力打造具有高专业水准和服务意识的区域性教研指导团队，为各园教研活动的深入开展提供大量的指导与服务。第二，成立"园际合作研究组"。让参与项目研究的幼儿园在自愿组合的基础上，将研究背景、研究兴趣接近的幼儿园组合起来，共同就普遍关心的问题或重难点问题开展团队研究，搭建园际合作交流的平台。第三，与大学、上级教研机构建立密切的专业引领关系。定期或不定期地邀请大专院校、上级教研机构的专家到市里讲学或参与教研活动、听课、调研或进行课题研究指导。第四，搭建网络教研平台。依托优越的信息技术条件，如运用"武汉教育信息网"及各区教研网、各园网站，克服教研时空有限的矛盾，让更多的教师参与研究，发表自己的观点，构建网络教研共同体，形成群体互动研讨的氛围。

五、课程互助提升——多级联动的园际共同发展

2016年，武汉市教育局出台的《市教育局关于加强全市学前教育园际项目发展共同体建设和管理的实施意见》中指出，在武汉市启动学前教育园际项目发展共同体建设，并将其作为学前教育领域深化综合改革、破解发展难题、提升保教质量的重要抓手，不断推进幼儿园课程的互助提升。比如，由

武汉市蔡甸区直属幼儿园牵头的十七所共同体幼儿园——武汉市幼儿园幼儿教师专业能力提升项目共同体,其以"合作、互助、共赢"为宗旨,以"问题导向,按需集群;取长补短,提质增效;专家引领,智库支撑"为基本原则,以"横向需求共建、个体特色互助、纵向内涵提升、资源成果共享"为建设目标,以课题研究为载体,在共识中促建设,在合作中促发展。该共同体围绕入职初期教师的教学迷茫期和处于教学研究一线的教研管理乏力的共性问题,在专家和资深教师的引领下,以集中培训推动自主学习,以交互展示提升教学能力和教研反思,以经验总结凝练实践成果和行为细则,使教师在共同体的建设中找到成就感,使管理者在合作共享的过程中找到自信心。

(一)找准方向,主动参与

为了实现幼儿园课程互助提升,不同办园性质、不同办园水平的幼儿园在需求相同、意愿相投、数量相适的前提下,可组成园际发展共同体,走集约联盟发展道路,共同促进幼儿园联动发展。多级联动的园际共同体是指一个园所组织集合体,每个园际共同体需要设定一个牵头园和若干个参与园,在牵头园的组织下,以行动一体为要求,带领参与园自成体系,找准发展方向,围绕总体目标和共同愿景,把握发展的契机。

在武汉市幼儿园幼儿教师专业能力提升项目共同体的建设交流中,指导专家和每个参与园所进行调研和访谈,认真聆听意见与建议,共同探讨,最终达成了"以聚焦入职3—5年的青年教师的专业成长和教研组长的专业成长为行动方向,从而提升共同体各园教师专业能力水平"的一致的工作思路,确保了共同体启动会顺利召开,为共同体建设和扎实有效地推进其发展指明了方向。这也充分说明了在共同体建设中,找准方向、积极主动参与的重要性。

(二)取长补短,齐心共进

园际共同体中的牵头园对园所多级联动发展具有重要作用,牵头园需和参与园行动一体,为实现共同目标和共同愿景而奋进。园际之间要取长补短,发挥各自优势,规避各自劣势。与此同时,还要充分发挥武汉地区知名专家的引领优势,凭借专业知识和先进理念,帮助园际共同体凝聚知识、汇成合力、齐心共进,实现研以求实、研以致用的目标。

为了有效落实武汉市幼儿教师专业能力提升项目共同体工作,牵头园武汉市蔡甸区直属幼儿园首先拟定了工作计划,成立了共同体工作专班,创建了共同体工作QQ群,在2016年12月至2017年3月期间,多次通过远程网络沟通,完成了方案商讨、章程拟定、logo 设计等一系列启动工作,各方献策、取长补短、齐心共进、共商愿景,为共同体建设扬帆起航打下了坚实的基础。

(三) 形成合力,共同提升

多级联动的园际共同体强调园所之间的互动式发展,在达成共识、合作共享中分析各园园情,观摩研讨,共同探究。首先,园际共同体需要构建畅通的合作渠道。园际之间往来频繁、合作众多、交流密切,能够加速园际合作的顺利进行。例如,园际之间现场观摩,实地演练;园际之间共究课题,缔结协作;园际之间拓展项目,携手共建。只有形成教育合力,才能进一步促进课程质量提升以及幼儿园内涵发展建设。其次,园际共同体需要共享多维资源。园际之间实施优质资源的共享,不仅能够保障幼儿园教师在保教活动中所需资源的丰富性,而且还是推进区域教育质量整体提升、教育均衡发展的重要举措,如图书资源、网络学习资源、场地资源、文化理念资源等多种共享资源。

武汉市幼儿园教师专业能力提升共同体在武汉东湖新技术开发区流芳幼儿园举行了一次教研活动。追寻本真,向幸福出发,沿着将"游戏还给孩子,让教师在游戏中成长"的"真研究"方向,流芳幼儿园走出了一条"踏实、求实、夯实、扎实、务实、真实"的幸福之路。通过两位园长精彩的管理汇报和特色汇报,共同体全体成员深切体验到了幼儿教师专业成长道路上的"真研究"。两位园长对幼儿混龄游戏策略的研究,从"以班级为单位组织"到"混材料不混幼儿的半开放"再到"幼儿、材料都混的全开放"逐层深入,这种不断地实践、反思、再实践、再反思的研究精神,给每一名教师带来成长,也给每一名幼儿带来快乐,同时也带给了共同体全体青年教师和教研组长极大地触动,让其深刻地领悟到"追寻本真"的教研之路就是成就幼儿教师专业能力提升的必由之路。

可见,只有加强园际之间的学习和合作,形成多级联动的教育合力,努力建构"学习型"的课程研究共同体,才能让集结的智慧火花散发出强烈而耀眼的光芒。

第二节 以科学保教为重点,推动非示范园规范办园

《国家中长期教育改革和发展规划纲要(2010—2020 年)》指出要把促

进公平作为国家基本教育政策,把提高教育质量作为教育改革发展的核心任务。随着我国进入新时代,追求公平与有质量的学前教育成为办好学前教育、实现幼有所育美好期盼的关键。2017年,武汉市人民政府印发并启动了《武汉市第三期学前教育行动计划(2017—2020年)》。2010年至2018年间,我市幼儿园数量从785所增加到1500余所,省、市级示范幼儿园数量达到119所,非示范园数量超过1000所。由此可见,武汉市幼儿园仍以非示范园为主体。随着人民群众对学前教育的大量需求,办园规模急速扩张,武汉市非示范园也在不同程度上显现出"有形无核""有量无质"等问题,其原因可归结为办园理念偏向"小学化""过度逐利化"、保教常规不规范、安全意识不强等。为了在激烈的市场竞争中得到持续健康稳定的发展,非示范园在办园过程中,应接受教育部门的统一管理,坚持规范管理和规范办园,按照国家、湖北省、武汉市出台的文件精神,遵循幼儿身心发展规律,实施科学保教,实现依法依规办园治园,促进幼儿健康快乐成长。为有效提升武汉市非示范园教育质量,应以科学保教为重点,以《武汉市幼儿园一日活动指南》(试行)为指导,从管理文化立园——确保园所规范办园方向,课程方案制定——体现科学保教核心价值,课程实施主体——按需培训促进教师专业发展,保教互助提升——多级联动的园际协同助推等方面着手,推动武汉市非示范园朝着规范办园、特色办园发展。

一、管理文化立园——确保园所规范办园方向

幼儿园管理层指导着园所发展的方向,在调查中发现,幼儿园的人际氛围、园所环境等都受到了管理层的管理理念的影响。因此要从根源做起,完善幼儿园的管理制度,确保以正确的管理理念和民主的管理方式规范办园方向。其中,幼儿园的管理理念是园所发展的核心,管理制度是园所发展的保证,管理实施是园所发展的驱动力。

(一)管理理念

正确的管理理念是引导幼儿园可持续发展的先决条件,为幼儿园的整体规划提供正确的方向。因此,在推动非示范园规范办园方面,幼儿园管理者首先应树立依法办园的意识,依据《中华人民共和国民法通则》《中华人民共和国教育法》《中华人民共和国未成年人保护法》《幼儿园工作规程》《幼儿园管理条例》等文件中的有关规定,通过建立监督委员会(园长组织与执行,选取教职工、家长代表接收各方面提议),发动教职工、家长和社会共同监

督，保障幼儿园在法律法规的指导下运行。其次，幼儿园管理人员应进行一定的专业引领。学前教育有其独特的教育理念和实施系统，因此管理人员需掌握学前教育理念，具备一定的学前教育专业知识，在课程建设上给予教师专业的指导，并依据《武汉市幼儿园一日活动指南》（试行）指导幼儿园科学、规范实施一日活动，提高保教质量，保障幼儿园的正确发展方向，避免幼儿园朝"小学化"和"过度逐利"方向发展。最后，幼儿园管理人员应遵循幼儿园管理规律，实行科学民主管理。在幼儿园班级管理中，幼儿园教师需培养民主管理的意识，充分尊重幼儿身心发展特点和自主意愿，使班级在教师的引导下和幼儿的主动参与下运行。因此，幼儿园也应自上而下推动民主管理氛围，遵循管理者的主导性与教职工的主动性、创造性和积极性统一的规律，调动员工的主动性和积极性，在民主管理氛围下培养幼儿园教师的民主管理意识。

（二）管理制度

公平合理的制度能够既保障幼儿园教职工的利益，增强幼儿园教职工的职业幸福感，又能够提升教师的专业发展意愿，从而促进幼儿园积极蓬勃发展。因此，制定和完善幼儿园各部门的规章制度，能使各层次、各部门明确其工作任务和职责，确保各部门形成合力协同发展。另外，进一步完善管理制度，严格落实各岗位（教师、保育员、医生、保安、厨师等）职责，促使幼儿园科学化、规范化管理。除此之外，幼儿园在建立健全制度的基础上，还应建立监督机制确保制度的有效运行。《幼儿园园长专业标准》指出："建立教职工大会或教职工代表会议制度，推行园务公开，尊重和保障教职工参与幼儿园管理的民主权利，有条件具备的幼儿园可根据需要建立园务委员会。"建立教职工代表大会、推行教职工代表会议制度，有助于教职工行使民主权利，参与幼儿园民主管理和民主监督，有助于管理人员有效听取幼儿园全体教职工的意见和建议，集中全园教职工的智慧和力量优化办园。为了使园所管理制度在阳光下运行，幼儿园需设立园务委员会及制度，由全体教职工对园务各项制度的执行情况进行监督检查，保证幼儿园管理制度公开透明地运行。

例如，某园为了提高管理效率，率先将企业管理中的目标管理法运用到园所运营之中。要求人人以目标为导向，将全园各项工作进行量化，逐月实施。即制定学期KPI，然后分解到每月，将实施、检查、考核固定到制度管理中。在幼儿园中，岗位与管理流程对应，流程与规范对应，通过增强教职工的规范意识,让幼儿园在规范的管理中获得良性发展。

(三)管理实施

管理制度是园所发展的保证,然而如果幼儿园仅仅按照管理制度来实施管理,将会缺乏人文关怀,不利于幼儿园和谐人际氛围的形成。因此,幼儿园管理者应在遵守管理制度的基础上,对教职工实施人本管理。和谐团队的建设除了集体活动的进行,也应注重教师与教师之间、教师与领导之间的关系处理。幼儿园管理人员要以身作则,摒弃冰冷的、以权力为核心的实施理念,以自身的实际行动体现以人为核心的实施理念,了解基层员工的想法,尊重、关心教师,使教师具有归属感。幼儿园的管理除了促进幼儿身心全面和谐发展,也肩负着幼儿园教师的二次教育。人本教育是幼儿园管理关注的中心,幼儿园各项工作都应以其为中心而开展。除此之外,幼儿园管理应注重对教师的精神引领,增强教师的职业幸福感。斯塔费尔比姆说过:"评价最重要的意图不是为了证明,而是为了改进。"管理人员应从多方面(师德、师风、教育理念、家长工作、幼儿教育工作、教学态度等)综合评价教师,为教师提供多样的平台展现其才能、满足其需求,以调动教师的积极性、挖掘教师的潜力。对幼儿园教师的关怀体现了教育对生命本身的关怀,体现了生命平等的意义和对生命价值的肯定。

例如,某园坚持以人为本的管理理念,通过多元化的激励机制和人性化的管理激发教师工作的积极性,增强教师的责任心和归属感。该园每学期都会开展不同的团队文化活动,紧紧围绕教职工生活和工作,开展充满人文关怀的活动,并通过幼儿园首席保育员和首席教师评选制度、岗位晋级制度、竞赛奖励制度等举措,增进教职工相互理解、团结协作的和谐人际氛围,也使幼儿园管理层与职工之间的关系更融洽,让每一位员工都具有归属感和集体荣誉感。稳定的师资队伍也为幼儿园的可持续发展奠定了坚实的基础。

二、课程方案制定——体现科学保教核心价值

课程质量能够反映幼儿园的教育质量、提升幼儿园的办园品质。对于武汉市非示范园来说,课程建设的重点是依据《武汉市幼儿园一日活动指南》(试行)提升园所保教质量,只有做好了课程建设的基础、积累了丰富的保教经验,才能更好地在此基础上进行园本特色化探索。幼儿园提升保教质量的关键在于,以保教为核心的课程理念、适应园本教研的课程选择和提

升保教质量的课程实施。

(一)以保教为核心的课程理念

在调查中了解到,部分武汉市非示范园教育出现了"小学化"和"过度逐利化"的倾向,这是由于幼儿园管理人员、幼儿园教师课程理念出现偏差所导致的。幼儿园管理层为了迎合家长需求,争取生源,在课程设置上加入了拼音课、计算课等小学化课程;或者为了扩大园所宣传效应,重视幼儿学习的表现性成果,让幼儿机械背诵文言文、古诗词以在会演上展现等。此举无疑违背了幼儿的年龄阶段特点和学习习惯,对幼儿的身心发展无益,也不利于幼儿园长期的发展和品牌打造。另外幼儿园教师作为课程实施者,如果缺乏先进、正确的课程理念,即使幼儿园做出了合理的课程安排,也会在课程实施过程中出现偏差,如在班级管理和教学过程中对幼儿实行高控管理。为了提高武汉市非示范园保教质量,保障幼儿健康快乐成长,幼儿园应遵循《武汉市幼儿园一日活动指南》(试行)中提出的一日活动中各类人员应遵循的基本要求和专业引领,坚持保教结合原则,科学、合理地安排和组织幼儿一日活动。理解幼儿的学习特点,以幼儿为中心安排和实施教育活动,重视游戏和生活对幼儿身心发展的重要作用,培养幼儿良好的生活习惯和学习品质。以保教质量塑造幼儿园品牌,防止出现"小学化"和"过度逐利"的倾向。

(二)适应园本教研的课程选择

非示范园师资队伍来源比较广泛,学前教育专业科班出身的教师较少,专家引领的机会也不多,园本教研环境尚未成熟,因此非示范园课程多由外部引入而非本园研发,如从幼教研发公司买入课程,集团化幼儿园采用幼教集团教研部研制的课程(这些课程包括配套的教具和教学培训)等。虽然由外部引入现成的课程是一种比较便捷的方式,不需要幼儿园教师再去耗费大量的时间和精力研发园本课程,但这样的课程"嫁接"易出现课程实施"水土不服"的现象。如课程对幼儿已有知识经验的要求高于或低于本园幼儿;课程内容对于本园幼儿太难或太易;课程的内容有地域差异,与幼儿生活经验脱节,无法有效调动幼儿已有知识经验,需要进行本土化改造;有限的培训使幼儿园教师对课程理解不够,实施课程有难度(如在接受蒙氏培训时,幼儿园教师能较容易学会蒙氏的方法和操作技能,对于蒙氏理念中最重要的儿童观、教育观等却没有理解,在蒙氏操作中仍然运用传统的教育理念),影响课程实施效果。因此,在课程选择上,幼儿园应考虑幼儿的适应性和幼儿园教师的可接受性；另外，引入的课程因其专业背景和完整体系对于幼儿园园本课程的研发具有很强的可借鉴性，幼儿园教师在教研初期可在原课程基础上尝试结合幼儿园特色资源探索特色课程，并在专家的指导下学习其课程体系、积累园本教研经验，为以后园本课程的研发奠定基础。

（三）提升保教质量的课程实施

《武汉市幼儿园一日活动指南》（试行）提出幼儿园在参照《武汉市幼儿园一日活动指南》（试行）实施一日活动的过程中，在保证基本规范落实的基础上，可根据园情、生情，自主地创造性地开展工作；倡导"一日生活皆课程""保教并重"等教育理念贯穿于一日活动全过程。保教质量是幼儿园教育的基础，武汉市非示范幼儿园应首先将保教常规抓好，然后在此基础上进行园本特色的探索。严格遵循《武汉市幼儿园一日活动指南》（试行）中提出的科学性原则、整体性原则、发展性原则、自主性原则，科学、规范地实施一日活动。在实施过程中，幼儿园应注意根据幼儿的身心发展特点，科学合理地制定幼儿的一日活动流程；遵循幼儿的学习特点，以幼儿园一日活动游戏化促进保教质量的提升；重点落实一日生活的常规制度，将常规工作规范化、细节化，从细节入手狠抓一日生活保教工作。

武汉市青山区依江畔园幼儿园的课程设置为非示范园树立了榜样。该园以《幼儿园教育指导纲要（试行）》《3—6岁儿童学习与发展指南》《武汉市幼儿园一日活动指南》（试行）为基础，强调"一日生活皆课程"的教育理念，秉承"以爱以真，育善育美，以人为本，止于至善"的园所核心价值理念，倡导"基于儿童，尊重生命；基于经验，贴近生活；基于活动，自主探究；基于发展，快乐成长"的课程理念，坚持以游戏为基本活动形式。在课程结构的设计上，该园将五大领域的学习内容渗透到生活活动、户外活动、游戏活动和学习活动四大类活动之中，并根据幼儿三大课程（基础课程、拓展课程、特色课程）的架构，形成了具有园本特色的"阅享"课程。实施课程包括：生活活动——真生活，真自理；户外活动——享自由，乐合作；游戏活动——玩中学，善探索；学习活动——会学习，勤思考；家园活动——同携手，共成长。该课程为幼儿园持续健康发展提供了教育质量保障。

三、课程实施主体——按需培训促进教师专业发展

《幼儿园教师专业标准（试行）》提出，幼儿园教师应注重自身专业发展。时代的变化对于幼儿园教师提出了新的要求：成为终身学习型教师。幼儿

园教师的专业发展除了依托社会和幼儿园提供的培训,更重要的是培养教师自主学习的意识,使其自发地进行自我提升。通过专业发展规划、提供成长途径和等级评定的方式来激发教师主动进行专业发展。

(一)专业发展规划

当前社会处于大数据时代,海量知识纷至沓来,知识、理念高速更新,幼儿园教师需及时补充先进知识和理念才能不被时代淘汰,这就需要教师进行专业发展规划,树立终身学习的意识,进行自主学习。园长作为幼儿园的核心人物,其对教师专业发展的态度导向,将直接影响教师对自身专业发展的积极性。因此,幼儿园领导层应首先发挥示范作用,以积极的学习态度带动教师对自身专业成长的关注和重视,转变教师"被动发展"的错误观念、提升自身专业发展意识。其次,幼儿园领导层应准确把握全园教师的专业特点和专业发展意愿,引导教师对自身的专业发展做出合理的规划,使教师从专业的"自然成熟"状态走上有目的的发展轨道上来。

钟祖荣将教师专业发展规划分为长期规划(10年左右)、中期规划(3—5年)和短期计划(年度计划、月计划和日计划)。其中,中期规划主要包括三部分内容:一是对环境和自身的分析,二是要达到的目标,三是达到目标应该采取的各种发展措施和所需要的各种条件。

(二)提供成长途径

为幼儿园教师提供丰富有效的成长途径,有助于激发和保持教师的积极进取的意愿。非示范性幼儿园师资队伍来源多元化,质量参差不齐,幼儿园应该按照不同教师的需求量身定制培训提升方案。

1. 按需参加不同类别的培训

据调查,武汉市非示范性幼儿园教师的成长途径主要为政府或园所提供的教学培训。非示范性幼儿园可根据教师学源背景和专业发展阶段,指导教师参加不同的培训。对于非学前教育专业背景的幼儿园教师,首先要参加非学前教育专业教师补偿性培训,让其树立学前教育专业思想,了解学前教育规律,掌握学前教育的基本技能与方法,提高科学保教的意识和能力。对于新入职的幼儿教师,应该鼓励其积极参加武汉市和本园所的培训,依据《幼儿园教师专业标准(试行)》,重点就职业理想、教育理念、师德师风、五大领域活动组织与实施、一日活动的实施、家长工作等方面,采取集中培训的方式,引导新教师了解幼儿园教师的职业内涵,明确职业发展方向,激发职业幸福感,提升职业技能和专业能力,使新教师尽快适应教育教学工作。对于保育员，要认真贯彻《幼儿园工作规程》与《幼儿园卫生保健工作管理实施细则》的精神要求，加强幼儿园保教人员业务能力提升，通过培训使保育员增强岗位责任意识、安全意识，更新保教观念，注重保教结合，提高保育员的专业素养，提升幼儿园育儿水平，促进保教人员专业化发展。对于幼儿园骨干教师，则应进一步更新教师教育观念，提升其专业能力，优化教育行为，加强师德师风教育，加强各领域专业技能培训，加强教研能力提升，发挥骨干引领作用。如武汉市江夏区教育局大力发展本区学前教育的同时，为了保障学前教育师资队伍质量，利用武汉城市职业学院学前教育学院和武汉学前教育职教集团的优质资源，合作开办了江夏区民办幼儿园园长培训班、江夏区民办幼儿园骨干教师培训班、江夏区保育员培训班和江夏区幼儿园转岗教师培训班，有效地更新了教师理念、提高了师德修养，提升了幼儿教师的学前教育专业知识、专业能力，提高了幼儿教师的各项技能，为江夏区幼教事业的可持续性发展打下了坚实的基础。

2. 园本支持引导教师自主学习

培训只是提升教师专业的一种方式和手段，并不能全面、细致地解决教师的所有问题，教师个人的专业成长不仅是通过培训来实现的，更是在个人自主学习中产生的。幼儿园经常鼓励教师在空余时间为自己的专业发展"充电"，但是如果没有在此方面采取相关的引导措施并提供专业途径，而是让教师自由探索发展，教师面对纷至沓来的信息将会无所适从，就会降低学习效率甚至影响专业发展热情。幼儿园应对幼儿教师的自主学习进行园本支持，首先应引领教师的专业提升，帮助教师更有效地进行自我成长。帮助教师从大数据中辨别和筛选有效信息，如推荐学前类专业书籍和权威幼教公众号，积极听取教师的需求来为教师提供有效培训，使幼儿园教师成为培训活动内容、课程的参与者和制定者。其次，搭建自主学习研修网络。幼儿园应为教师学习安排专项经费、设立学习资源库，通过专家讲座录音、图书资料采购、电子文献数据库购买等多种方式为教师扩充学习资源，以及为教师搭建一个集个人实践反思、小组互助交流、专家指导提升于一体的自主学习研修网络平台，切实促进教师间的交流合作与在线学习。

3. 搭建专业交流平台

幼儿园教师在不同的职业阶段和工作环境中都有着相应的专业发展诉求，如新手教师最大的职业困境通常是家园沟通，而具有一定工作经验的教师则最希望提升教研创新能力。各教师的专业兴趣与专长也各有不同，如有的教师对音乐活动很感兴趣，有的教师则十分擅长进行环境创设。幼儿园可根据幼儿园教师的专业发展诉求、兴趣和专长建立专业交流平台,这有助于教师更有效地交流,如在平台中创建"幼儿事故处理版块""家园合作版块""环境创设版块""区域活动设计版块""主题活动版块"等,还可以选取经验丰富的领域带头人为管理员,为大家答疑解惑。在专业交流平台上,各个成员之间可以有针对性地进行专业学习和讨论,这样既能有效提高幼儿园教师的专业素质,又能增强各幼儿园间教师的交流,提升文化凝聚力,促进良好学习氛围的形成。

（三）等级评定

在调查中发现,一些非示范性幼儿园中的教师缺乏职业规划、自主学习意愿不强,部分原因是幼儿园上升空间小,上升渠道不足。如单体民办幼儿园教师的上升职位仅为教研主任、教学园长等几个有限的职位,而幼儿园里教师数量相对较多、职位竞争激烈,这就会导致部分教师缺少明确的职业发展目标、专业发展动力不足,以及缺乏职业认同感、园所归属感,从而造成教师流动性较大。为了有效调动幼儿园教师积极性,首先,幼儿园应参考企业管理办法,优化竞争管理机制促进幼儿园活力发展,将教师的工作实绩与工资挂钩,形成"能者多劳、多劳多得"的积极工作氛围。其次,武汉市行政部门应该制定幼儿园教师评级标准,对幼儿园教师进行等级评定,且教师评定的等级在武汉市幼儿园通用,各幼儿园根据等级标准再结合各幼儿园实际情况,将其与工资、职位等实际利益挂钩。这样能够使幼儿园教师具有具体奋斗目标,能够有效激励其进行职业规划和专业发展。

武汉市某教育集团在全市拥有多家幼儿园,因此在集团内部等级评定做出了探索,在制度管理上给予幼儿园教师专业发展的空间,以制度激发教师专业发展动机,如建立教师星级评定制度,评定结果可跟随教师在集团内流动,并将教师的专业层级与薪酬和职位挂钩,激励教师积极主动地反思、学习、提升。

四、保教互助提升——多级联动的园际协同助推

近年来,在武汉市委、市政府的领导下,武汉市相继制订并实施了第一、第二、第三期学前教育三年行动计划。在1500余所幼儿园中,目前以非示范园为主体。武汉市已经建成35个园际共同体,每个园际共同体由14到20所不同性质、不同层次的园所组成,武汉市80%的园所能够按照自己的实际参加相应的共同体。非示范园与示范园多级联动、协同发展势在必行,

这是推动现阶段我市学前教育发展的重要任务,也是促进保教质量提升的重要途径。

(一)准确定位,形成共识

在幼儿园等级评定标准中,示范园与非示范园的差距较大,示范园是作为一种标准和模范而被建立的。从现实层面上来说,示范园引领着幼儿园整体以保教结合为基础的规范化办园看齐,且相对于示范园而言,非示范园在办学理念、办学水平、保教质量及可持续发展上,尚且存在一定的问题和挑战。因此,为了在示范园的带领下促进非示范园规范发展,应执行准确定位,形成全园发展共识。首先,非示范园管理者可调动全体教职工对自身进行准确定位,深入剖析存在的问题。其次,园所应明晰联动思路,并制定规范、可行的联动发展方案。最后,非示范园管理者需与联动示范园协商对接,确立合作共赢关系,达成联动发展的共识。

(二)园所联动,帮扶发展

非示范园需打破"单兵作战",打破沉浸于自我探索的局限,应积极探索、调整发展思路,以园际联动、互利协作方式,促进学前教育均衡、可持续发展。首先,非示范园可启动集团化聚力联盟发展模式。集团化联盟是指在同一区域内,以某一所优质园为龙头,实现快速扩张,以企业连锁经营模式吸纳一批有资质的非示范园联盟,形成这一区域的幼教发展集团,实现"联动向前、共谋发展"的目标。龙头幼儿园可充分发挥自身优势,引领集团内部优质资源的辐射作用。区域内示范园优质教育资源的引领辐射作用是指示范园可以以点带面促进集团幼儿园联动发展。例如,集团内的幼儿园可共享优质保教理念,联动教师队伍教研之路,推进集团内学前教育可持续发展。其次,非示范园可借助示范园的助力帮扶发展。示范园需明确帮扶目标,落实责任措施,开展形式多样的活动,促进帮扶园所保教理念、园所管理、教研及科研水平的明显进步。如武汉市曾将7个省级学前教育示范区、110所省(市)级示范幼儿园打造为"领头雁",组建了26个学前教育发展共同体,建立园所之间协同、导向、活动、保障及评价五环节的教研制度,实现集团化园所帮扶发展,共进共荣。又如武汉市江汉区曾设置了25条关于规范办学设施、加强卫生保健、夯实保教常规、畅通家园连线、强化动态监管方面的规定,并通过省级示范园带动各级非示范园,进行捆绑式联动发展,促进非示范园保教质量的提升,实现全区等级园所数量剧增。

(三)自评自省,查漏补缺

幼儿园园际互利协作联动发展能够有效促进非示范园办园理念、保教质量、办园水平及管理水平的提升,但同时,持续发展是一项长期而持久的过程,还需要园所进一步坚持、创新、积极探索,在获得一定外部支持的条件下,将有限的资源"无限化",以实现无限的可持续发展。因此,多级联动园际协同助推的有效实施,还需要相应工作机制的保证。这就需要非示范园管理者具有较高的自省意识,深入了解和掌握园所发展状况,积极统筹自评自省规划,加速非示范园的规范化进程。首先,非示范园管理者需引领教职工在思想上的高度统一,充分认识到规范办园的重要性,且明确认识到只有在摆正态度的前提下实现团队协作,才能满足自身进一步发展和完善的需要。其次,非示范园需要充分明确自身实际状况、现有条件,以及在发展中的位置,特别是明确自己的薄弱环节和迫切需求,定期开展自我评估、自我剖析和自我梳理,制定以保教质量为核心的发展性评价机制,根据评价细则查漏补缺。最后,非示范园应以保教质量为核心建立制度化的激励评比措施,引导教师提高自我认知和内化水平,为优化园所发展提供量化的数据支撑。例如,武汉市青山区依江畔园幼儿园通过自评自查、查漏补缺、建章立制,彰显了园所人文底蕴;优化保教,凸显了园所核心价值;科研先导,提升了园所办园品质。该园虽作为民办园,但始终坚持以科学保教为重,规范办园,最终在2017年,被武汉市教育局认定为"市级示范性幼儿园"。

第九章
武汉幼儿园发展对策

自2012年以来,武汉市相继制订并实施了第一、第二、第三期学前教育三年行动计划,着力将扩资源、调结构、建机制、提质量作为主攻方向,缓解适龄儿童"入园难"的问题,并取得了阶段性成果,学前教育改革发展持续向好。但整体来看,武汉市学前教育的发展仍然是整个国民教育体系中最薄弱的环节。学前教育的资源供给、布局结构、保障水平、师资队伍、办园质量等,与上级要求相比,与发达城市的发展水平相比,与加快建设现代化、国际化、生态化的大武汉和国家中心城市的战略定位相比,与人民群众对公平优质学前教育的需求相比,尚存在差距。

要实现市政府确立的"建成与现代化教育名城发展目标相适应的学前教育公共服务体系,学前教育综合发展水平在我国中部地区领先,进入全国同类城市先进行列"的发展目标,武汉学前教育必须开拓进取,改革创新,破除发展中的根本性、深层次问题。

第一节 加强幼儿园发展顶层设计

思想是行动的先导。任何事不怕做不到,就怕想不到。我国教育事业的发展,从根本上取决于人们特别是政府管理者对它的性质和地位的认识。从新中国成立之初到改革开放之前,我国大中城市才有幼儿园,上幼儿园是城里小孩享有的权利,学前教育也未被纳入国民教育体系,人们也不关注学前教育事业的发展。改革开放后,国家将学前教育视作为生活服务事业,强调以财政拨款为主,学前教育受到重视,得到了一定程度的发展。在20世纪90年代,我国确立了市场经济地位后,强调人民幼儿教育人民办,将幼儿园的举办权放开给市场,民办幼儿园蓬勃发展。直到2010年《国家中长期教育改革和发展规划纲要(2010—2020年)》颁布,明确指出学前教育必须坚持公益性和普惠性,努力构建覆盖城乡、布局合理的学前教育公共服务体系,保障适龄儿童接受基本的、有质量的学前教育。随后国务院出台了《国务院关于当前发展学前教育的若干意见》,学前教育的春天才真正来临,而后学前教育三年行动计划的实施更是将学前教育的发展推向了高潮。

但是在实际教育中,人们特别是一些地方政府的领导对学前教育的认识还停留在表面,他们把学前教育作为一项任务或业绩来完成,热衷于制定规划、描绘蓝图,重视资金投入大搞园所建设,数量发展重于质量提升、规模扩大硬于体制机制建设、园所建设实于教师队伍建设。表面上看起来热热闹闹,入园率上来了,"入园难""入园贵"的问题也基本解决了,但实际上一些制约学前教育长远健康发展的根本性问题,以及各方面长期关注的热点、难点问题仍久拖未决或决而不行。可以说,一些表层的、局部的问题被逐步解决之后,许多带有全局性、根本性、深层次的问题便逐渐显露出来。

自2010年以来,武汉市相继制订并实施了第一、第二、第三期学前教育三年行动计划,这使武汉市学前教育资源迅速扩大,普及水平大幅提高,管理制度不断完善,"入园难"的问题得到有效缓解,"入园贵"的问题也得到了有效扼制。但由于底子薄、欠账多,学前教育仍是整个国民教育体系中最薄弱的环节,发展"不平衡、不充分"的问题还十分突出,主要表现为学前教育资源尤其是普惠性资源不足,民办幼儿园比例偏高,公办、非营利性幼儿园比例过低,政策保障体系不完善,教师队伍建设滞后,监管体制机制不健全,保教质量有待提高。

我国的教育体制决定了各级各类教育改革还是依靠政府推动,各级政府的顶层设计是教育事业发展的主要牵动力。推动学前教育事业发展,满足人民群众对高质量学前教育日益增长的需求,这既需要顶层设计又需要问计于民。加强顶层设计,着力解决阻碍学前教育事业发展的关键问题,是武汉市促进学前教育高质量健康发展的当务之急。

一、未雨绸缪,做好幼儿园规划布局

2018年,国家出台了《中共中央 国务院关于学前教育深化改革规范发展的若干意见》(以下简称《若干意见》),确立了学前教育发展目标,到2020年,全国学前三年毛入园率达到85%,普惠性幼儿园覆盖率(公办园和普惠性民办园在园幼儿占比)达到80%;到2035年,全面普及学前三年教育,为幼儿提供更加充裕、更加普惠、更加优质的学前教育。2019年1月,《国务院办公厅关于开展城镇小区配套幼儿园治理工作的通知》颁布,文件规定:小区配套幼儿园移交当地教育行政部门后,应当由教育行政部门办成公办园或委托办成普惠性民办园,不得办成营利性幼儿园。随着新政的颁布,幼儿园办园主体将发生很大变化。民办园一方面面临着小区配套建园的整体移交和建园整治,在普惠性原则和比例要求下被改造,另一方面,这几年民办园的生存扩张和发展前景也出现了明显的瓶颈,如公办园教职工待遇得到改善之后,幼儿教师加速从民办园流向公办园,少数民办园管理不规范、乱收费、发生学生安全事故等不良事件,这些因素给民办园带来沉重的运营压力,压力叠加迫使资本退潮,民办园数量萎缩。从武汉市新生人口角度来看,2013年新生人口为9.27万人,2014年为10.08万人,2015年为10.52万人,2016年新出生9.54万人,2017年新出生13.14万人,2018年新出生11.94万人,其中2017年、2018年接近12万人,达到了出生高峰,这是因为2016年国家实施全面二孩政策,新生儿中一半为二孩,实际上武汉市人口出生稳定在10万人左右。按照武汉市新生儿测算,到2020年、2021年,即使全部适龄儿童百分之百入园,全部在园儿童人数也不会超过36万,而目前武汉市学前教育机构达1500多所,平均每个机构幼儿人数为240人,达到最大容量。因此,如果学前教育机构的数量不加以控制,将呈现"吃不饱"的状态,其必将产生大量过剩。可以预见,学前教育即将由卖方市场向买方市场转变,由供不应求转向供过于求。武汉各级政府必须未雨绸缪,对学前教育的发展和布局早做规划,对新增民办幼儿园严格控制,对改扩建幼儿园认真审核,避免财政资金浪费和公共教育资源闲置。武汉市不应大面积新建公办幼儿园,土地、资金、人员等都不允许,而应采取收购、划转、租赁等多种形式发展公办幼儿园,将重点放在盘活存量上,主要以发展普惠性幼儿园为主,通过补贴、免租金、奖励等多种形式吸引民办幼儿园转变为普惠性幼儿园。

二、建立政府主导的幼儿园财政经费投入体制机制

长期以来,我国对学前教育的投入未单独列支,而是包含在基础教育预算中,省、市、县也就如法炮制。从国际范围来看,通常认定的有质量的学前

教育财政投入指标为学前教育投入占GDP的1%,从经济合作与发展组织的统计数据来看,目前大多数国家学前教育财政投入占GDP的比例为0.5%—1%。而我国学前教育财政投入占GDP的比例只有0.035%。2017—2018年,中央财政投入学前教育专项资金300亿元,地方财政投入超过3000亿元。《若干意见》印发后,中央财政进一步加大投入,2019年将学前教育专项资金从之前的每年约150亿元提高到168.5亿元。国家发展和改革委员会相继实施农村学前教育推进工程和优质普惠性学前教育资源扩容项目,集中支持各地扩大普惠性学前教育资源。总体来看,国家财政性学前教育投入占财政性教育投入的比重从2010年的1.7%提高到2017年的4.6%,有14个省份达到5%以上,北京、上海都超过了10%。但与其他发达国家相比,即使与俄罗斯等其他金砖国家相比,我国学前教育财政支出占比也处于较低水平。长期财政投入不足或规模过低,使得我国学前教育发展从根本上缺乏财政保障,导致学前教育资源严重短缺,城市幼儿园出现"入园难""入园贵"的问题,而农村幼儿园条件差,教育质量低下,幼儿发展受到严重影响。

回顾我国学前教育投入政策,先后经历了"两条腿走路、社会化"的时期、"政府拨款为主,多元投入、合理分担成本"的时期,到政府投入主体责任弱化,"以社会力量兴办幼儿园为主体"的时期,然后到"加大政府投入,突出政府办学主体地位,推进学前教育三年行动计划,加强省级统筹力度、坚持公益性和普惠性,建立学前教育公共服务体系"的时期,再到"增加普惠性资源供给,深化体制机制改革,建立健全国务院领导,省市统筹,以县为主"的时期。政府投入的主体责任从只负责管理到政府拨款为主,然后到政府退位以社会力量为主,再到以政府投入为主,建立学前教育公共服务体系。投入政策的摇摆不定,除了受我国经济发展水平的制约、国家财力的影响,最根本的是受人们对学前教育性质与地位的认识及重视程度的影响。

随着我国经济的飞速发展,公共教育经费的不断增加,人民对学前教育的需求不断扩大,建立完善的学前教育公共服务体系势在必行。在坚持"两条腿走路"的同时,应该进一步强化政府的投入责任,使其财政性经费投入占学前教育总经费投入的50%以上,扭转长期以来学前教育财政性教育经费占比下降的状况。基于我国教育管理体制,学前教育可以建立省(市)级统筹、以县为主、政府主导、多元参与的经费投入体制机制,新增教育经费应向学前教育倾斜,不断加大学前教育投入力度,以减轻集体办园和民办幼儿园的主体责任,突出多元办学中政府一元的调配和公益导向与保障作用。

同时努力提高学前教育生均教育经费,改善办园条件,特别是农村幼儿园办园条件,提高学前教育财政性教育经费的相对充足性。

武汉市近几年学前教育经费财政投入总体呈增加趋势,2017年为4609.35万元,2018年为4279.31万元,2019年为4901.13万元。投入经费主要用于市属幼儿园购买政府公益服务岗位专项及各种幼儿教育项目。普惠性民办园经费来源主要有三个渠道:举办者——企业或个人投入、幼儿园保教费收入、教育行政主管部门按照"政府委托、定项补贴、合同管理、评估兑现"的模式进行的定额补奖,这种补奖是以湖北省或武汉市评定的幼儿园等级为依据,并不是所有幼儿园都能享受的。武汉教育总经费预算2017年为122200.50万元,2018年为124996.84万元,2019年为118954.17万元,用于学前教育经费预算分别只占教育总经费的3.77%、3.42%、4.12%。教育经费财政投入严重不足,加之近些年用工人员经费不断上涨、幼儿园办园公用经费不断增加、幼儿园办园规范性不断增强,幼儿园特别是民办普惠性幼儿园办园经费捉襟见肘,武汉急需建立一个市域统筹、以区为主、政府主导、鼓励多元参与的幼儿园办园经费投入保障机制,力争学前教育经费投入达到GDP的1%,或者学前教育财政性经费投入占整个财政性教育经费投入的10%以上,确保武汉市学前教育事业的健康、快速、高质量发展。

三、建立健全幼儿园规章制度和建设发展标准体系

《若干意见》指出,目前我国学前教育存在的主要问题是学期教育资源尤其是普惠性资源不足、政策保障体系不完善、教师队伍建设滞后、监管体制机制不健全、保教质量有待提高、存在"小学化"倾向、部分民办园过度逐利、幼儿安全问题时有发生等。这些问题实际上是我国学前教育事业发展过程中长期存在的关键问题,它反映的是学前教育发展过程中政策法规、体制机制和建设发展标准体系的问题,如果这些问题不能有效解决,学前教育发展还会受到阻碍。

如国家规定到2020年普惠性幼儿园覆盖率(公办园和普惠性民办园在园幼儿占比)达到80%,但由于这些年公办园不足,民办园比例较大,学前教育的公益性和普惠性没有能够很好地体现,当前摆在各级政府面前,头等重要的是发展公益普惠性幼儿园,有的地方任务还相当繁重。如何将占比达到50%以上的民办园转变成普惠性幼儿园?有的地方出台补贴标准简单了事,却并没有解决普惠性资源长期性、可持续性的供给问题。又如财政投入的问题,既然已经明确了学前教育为公益事业,就应该以政府投入为主,社

会投资为辅。但我国目前学前教育投入机制是政府投入、社会主办者投入、家庭合理分担的投入机制。政府应该投入多少？家庭应该分担多少？这些都不清楚，于是导致有钱就多投入，没钱就少投入。合理的学前教育成本分担机制是以政府的学前教育财政投入总量为前提的，没有政府投入总量的规定，即使政府、社会、家庭间的成本分担比例再合理，也不能保证学前教育质量。再比如保教质量和"幼儿园小学化"的问题，怎样对幼儿园的结构质量、过程质量和结果质量进行检查、考核、督导、评估？幼儿园的人才培养目标、课程方案、教学标准、活动标准是什么？如何遏制民办园过度逐利的行为？具体的监督与管理措施是什么？以上林林总总的问题都与幼儿园缺乏完善的规章制度和建设发展标准体系有关。

从武汉市出台的规章制度和政策看，近十年关于学前教育的政策和文件只有《武汉市学前教育管理办法》（武汉市人民政府令第253号，2014年9月实施）和正准备出台的《武汉市支持普惠性民办幼儿园发展奖补资金管理办法》（征求意见稿2019年8月14日），以及三期武汉市学前教育三年行动计划和《武汉市人民政府关于进一步加强住宅区配套幼儿园建设和管理的意见》（武政规〔2017〕63号）等。基本找不到结合武汉实际而制定的学前教育法规制度和建设发展标准等。尽管国家有比较完善的学前教育发展政策，但这些政策是全域性的，不一定符合武汉实际，没有具体的贯彻落实办法和实施意见，促进学前教育优质发展只能是空中楼阁。

第二节　建立幼儿园成本分担与运行保障机制

2010年，我国提出了学前教育成本分担这一原则，全国各地政府创新思路，积极探索，初步建立起政府投入、社会举办者投入、家庭合理分担的学前教育成本分担机制。2014年，教育部将学前教育成本分担机制的建立作为其年度的重点工作，同年11月，《教育部 国家发展改革委 财政部关于实施第二期学前教育三年行动计划的意见》正式发布，在扩总量、调结构、建机制、提质量这四大任务中，再次强调了建立学前教育成本分担机制的迫切性。

据《中国教育经费统计年鉴》相关数据，近些年，我国学前教育成本分担的典型特点是政府分担（政府分担比＝幼儿园预算内教育经费/学前教育经费总支出）波动大、比例小，家庭分担（家庭分担比＝实际收取的学杂费/学前教育总支出)比例过高。1999—2009年,家庭分担比例一直低于31%。其中,最高值为2007年的31%,最低值为2006年的14%。到了2010年,家庭分担比例一跃变为53%,分担比例超过了50%,此后,家庭分担比例基本上超过了一半以上。"学前教育成本分担研究"课题组曾对全国12个省市2358所幼儿园成本分担情况进行了实地调研,在第一期学前教育三年行动计划执行的第二年(2012年),全国范围内政府分担比例为40.48%,家庭分担比例为56.99%,社会分担比例只有2.53%。如果进行全口径幼儿园统计分析,政府分担比例更低,家庭成本分担比例更高,因为绝大多数民办幼儿园家庭成本分担都在90%以上,有的甚至高达130%。家庭不但承担了民办幼儿园的办园成本,而且很大程度上承担了民办幼儿园的办园利润。

学前教育是公益事业,是重大的民生工程,只有建立科学合理的学前教育成本分担和运行保障机制,学前教育事业才能健康优质地发展,广大人民群众才会有获得感、幸福感。

一、设计科学合理的幼儿园成本分担制度

第一,建立有差别的成本分担机制。在国家出台的学前教育三年行动计划中,实施重点是完善政府投入、社会举办者投入、家庭合理分担的投入机制。其主要目标是建立以公共财政投入为主的农村学前教育成本分担机制,这意味着政府要更好地承担兜底保民生的底线责任,建立起"弱者优先"的有差别的学前教育成本分担机制,财政性学前教育投入最大限度地向农村、边远、贫困和民族地区倾斜,加大对经济困难儿童、孤儿和残疾儿童学前教育的资助力度。所谓有差别的成本分担机制,是指形成城乡之间、不同收入家庭之间、不同地区之间、不同民族之间、不同群体之间的不同的成本分担结构。在这方面,许多地方的积极探索值得学习。如贵阳提出,建立公共财政投入和家庭合理分担成本的城市学前教育运行保障机制,建立以公共财政投入为主的农村学前教育运行保障机制。黑龙江、陕西、河南等省特别规定,各级政府要在保障性任务小区、人口密集区、移民搬迁点、留守儿童集中地区、乡镇中心幼儿园空白点及农村新型社区加强办园建设。青岛还指出要特别关注自闭症幼儿和视力、听力、智力有障碍的幼儿学前教育特殊群体,生均资助标准达到1800元以上,基本承担了幼儿园的全部费用。但许多地方包括武汉实行的仍是无差别的学前教育成本分担和运行机制,这一方面造成了教育不公平、不均衡发展,另一方面也弱化了政府职责。因为政府的主要职责是守住底线,保障社会弱势群体获得政府扶持,如果用统一的

成本分担代替有差别的成本分担,就可能使弱势群体与其他群体承担同样的成本,造成底线失守。

第二,落实各级政府的成本分担责任。各级政府要统筹考虑自身在学前教育成本分担中的责任,既不要把投入责任完全归向自己,也不能把自己的投入责任向上或向下推卸,要协调好上、下级政府之间的关系。在我国的各级政府中,中央政府承担老、少、边、穷、民族地区弱势群体普惠性学前教育的责任,研究制定财政性学前教育经费中的底线比例,并明确人均财政性学前教育经费标准;研究学前教育生均经费基本标准和生均财政拨款基本标准;设立制度化专项经费支持农村地区、贫困地区发展学前教育;通过加大财政转移支付,对财力薄弱地区给予特殊倾斜支持甚至全额支持。省级政府要落实中央关于学前教育的方针政策,承担缩小城乡之间和不同县市之间学前教育发展差距的责任,切实加大对省域内农村等弱势地区条件简陋、基础薄弱的幼儿园的投入与保障。市县政府承担管理指导区域内学前教育发展的主体责任,加强落实上级学前教育政策,建立市县区域内统一的、不低于省级最低标准的学前教育公共服务标准,并据此在不同幼儿园之间分配学前教育财政经费。乡政府不承担学前教育投入责任,只负责学前教育的基本管理、指导与监督工作,负责提高学前教育质量。但必须强调的是,各级政府都应调整学前教育财政支出结构。一方面,提高财政性学前教育经费在同级财政性教育经费中的比例,建立制度化、弹性化学前教育财政经费增长投入机制;另一方面,要努力建构以优先发展普惠性幼儿园为主的公共财政支出结构,鼓励并引导各类幼儿园向普惠性方向发展,打破公办、民办壁垒,加大对普惠性幼儿园的投入,积极探索利用公共财政资金激活民办普惠性幼儿园的政策。

在第二期学前教育三年行动计划中,国家明确规定中央财政继续安排专项资金鼓励和引导地方积极发展学前教育,也对地方政府提出了要求,即省级和地市级政府要加强统筹,县级政府要落实主体责任。陕西省就提出要用好中央基本建设投资,做好国家集中连片特困县和国家扶贫工作重点县农村地区公办幼儿园建设,设立省级学前教育专项资金用于提高学前教育财政补助标准,并且对各级政府的经费筹措渠道加以规定,如从土地出让收益中提取资金,保证投入不减少。青岛市规定各级政府要逐年提高财政性学前教育经费占财政性教育经费的比例,拓宽财政性学前教育经费的来源渠道,每年从土地出让收益中提取教育资金,从地方分成的彩票公益金和地方教育附加费中,按照一定比例安排学前教育经费。在经济发达地区,往往以区县政府成本分担机制代替多级政府成本分担机制,但不排除接受国家财政性奖励,如深圳、宁波都获得了大量来自中央的奖励性经费。

第三,优化成本分担结构。首先,合理的学前教育成本分担应该以一定的财政投入总量为前提,与小学、中学、大学相比,幼儿园所获得的财政投入总量较低,与同为非义务教育阶段的高等教育获得的政府投入无法相比。依据国际惯例,有质量的学前教育财政投入指标应占 GDP 的 1％,我国同样低于这一标准。其次,在我国现行的学前教育成本分担中,地方政府(基层)承担了 90％以上的学前教育经费,而上级政府承担了不到 10％的经费,这表明各级政府之间成本分担存在严重失衡的现象,越是基层政府学前教育支出压力越大,而他们获取财政经费的能力又是最弱的,这就使得基层政府发展学前教育的积极性不高,往往把建设与发展学前教育作为包袱。上级政府应该承担更多的学前教育财政经费,保障其分担比例达到 50％以上。最后,城乡之间成本分担也极不合理。据调查,在城市地区,政府分担比例为 40.47％,家庭分担比例为 56.69％。而在农村地区,政府分担比例只有 29.92％,家庭分担比例则高达 68.39％。作为优势地区的城市政府分担比例高,家庭分担比例低,而作为相对弱势的农村地区,政府分担比例只有城市地区的 73％。越是弱势群体支付的学前教育费用越高,这就造成了不公平的成本分担制度。发展学前教育,政府的功能应是托底以实现底线公平、提供基本的公共服务、缩小城乡差距、实现学前教育均衡发展。

二、重点设计普惠性幼儿园成本分担

目前公办幼儿园教育经费投入主要是以政府为主,家庭承担必要的生活费、学杂费等,营利性民办幼儿园教育经费主要来源于家庭,而普惠性民办幼儿园(非营利性民办幼儿园)教育经费既有政府补贴,又有家庭收费,也有社会或个人举办者投入,经费来源较复杂,成本分担问题最多,因此普惠性民办园成本分担制度是学前教育经费成本分担的重中之重。

武汉市教育局曾对武汉市内普惠性民办幼儿园教育经费进行抽样调查,普惠性民办幼儿园经费来源主要有三个渠道:一是举办者(企业或个人)投入的经费;二是幼儿园保教收入(幼儿园自行向家长收取的等于或略高于同级公办幼儿园保教费标准的保教费);三是教育行政部门的定额补贴(各区根据自己的财力状况及区内幼儿园需求自行确定补贴标准)。普惠性民办幼儿园经费支出如下:一是人员支出,包括薪资、保险等,占幼儿园总支出的 69.5％;二是日常公用经费支出,包括水电费、活动费、保洁、安保、交通等,占幼儿园总支出的25%;三是教育教学支出包括仪器设备、办公用品、图书、网络等,占幼儿园总支出的5.5%。大部分普惠性民办幼儿园的资金缺口大,有的缺口达21.73%。由于刚性支出比重大,幼儿园用于教育教学方面的支出则大大压缩,特别是在提高幼儿智力、开发幼儿潜力、促进幼儿全面发展等方面的资金没有保障,只能用简单的基本的教育教学活动代替,幼儿教育质量可见一斑。

目前,普惠性民办幼儿园占比达到一半以上,要完成中共中央国务院颁布的《若干意见》中规定的普惠性幼儿园覆盖率(公办园和普惠性民办园在园幼儿占比)达到80%以上的目标,让大批的民办幼儿园转为普惠性民办幼儿园是当务之急,而要使民办幼儿园真心诚意地转化为普惠性民办幼儿园,制定科学合理的使之能接受的成本分担政策是前提条件。教育行政管理部门应该科学测算普惠性民办幼儿园的生均办园成本、本地中低收入者家庭承受能力,而后确定分担比例,制定财政补助标准和收费标准,通过多样化的政策杠杆调动民办幼儿园转变身份的积极性。

第三节　构建幼儿园质量监控和管理体系

幼儿园教育质量包括两个方面,一是教育投入及教育过程的软、硬件,硬件如教育环境、设备、教师及管理人员的数量等,软件如管理水平、课程设置及实施、教师教育教学水平、师生关系及心理氛围等;二是教育成果质量,即学生受教育后表现出来的学习及发展水平。自2003年国家出台了《关于幼儿教育改革和发展的指导意见》,要求"省级教育部门要根据国家有关规定制定示范性幼儿园的标准,并定期对示范性幼儿园进行指导、评估和审验"。此后,各省都相继出台了幼儿园等级评估方案,往往以等级评估作为质量监控的主要手段。通过等级评估促进示范幼儿园的建设,发挥示范幼儿园的示范和辐射作用以带动区域幼儿教育事业的发展,这在当时也确实起到了一定的作用。但从教育公平的角度审视这项制度,其负面影响也不容否定。等级评估制度造成了学期教育资源配置的不均衡性,教育资源过多集中于少数公办园、示范园,导致了强园更强、弱园更弱,加剧了教育资源配置的不公平。另外,等级评估制度也导致了教师和幼儿发展机会不平等,影响了教师的工作态度、能力和水平,直接影响到幼儿的发展。这种状况一直延续到第一个学前教育三年行动计划的实施,但许多地方至今仍以等级评估代替教育质量监控,如湖北省2009年出台了《湖北省幼儿园办园水平综合评估标准（试行）》，主要用于全省公办示范性幼儿园评估，后来作了修订，将民办幼儿园也纳入评估范围，但标准未变。

当前我国幼儿园教育质量监控主要是由教育行政部门制定标准，定期对辖区幼儿园进行评级定类，然后据此确定其收费标准、经费拨付、项目实施等。高等级幼儿园不仅能得到更多的投入，而且在教师职称评定、培训、活动开展、专业支持等各方面都享有优势。这种质量监控仅限于公办园或事业单位园，社会力量举办的幼儿园特别是民办园即使评上了等级也无法得到上述大部分实惠，这种体制内幼儿园得天独厚、体制外幼儿园纯粹靠市场的区别，导致体制外幼儿园出现了许多短期性、盲目性的教育行为和逐利行为。

表面上看，幼儿教育市场出现的"入园难""入园贵"的现象反映的是学前教育数量的严重不足，但实质上是"入好园难""入好园贵"。广大群众对高质量幼儿园的需求与其数量的相对不足才是根本矛盾所在。低质量的学前教育不仅不能满足人民群众对学前教育的需求，更会对幼儿身心发展造成伤害和阻碍。武汉市幼儿园以民办园和普惠性幼儿园为主体，它们都有追逐利益的一面，如果缺乏监管，必然会对幼儿身心发展造成不利影响。因此，建立和完善幼儿园质量监控和管理体系势在必行。

一、建立幼儿园质量监控制度

学前教育是社会公共服务产品，其健康发展必须得到政府的大力支持，国家或政府对学前教育的干预不仅是对于学前教育本身，而是对整个社会都会产生重大影响。政府要制定相关制度政策健全学前教育法律法规，完善管理体制，明确各级政府在发展学前教育中的责任，加强责任追究，使地方政府、教育部门、教育机构等各司其职，有法可依。首先，在学前教育财政投入上，政府要明确其为学前教育经费的主要承担者，在经费使用上要多关注基层、关注特殊群体、关注农村；其次，政府要通过法律法规建立和完善幼儿园教育质量监控制度，对教育行政部门、社会中介评估机构、幼儿园机构这三个监控主体本身的活动范围和职能进行明确规定，确保其管理、活动、实施等行为有法可依，在其权利权益受损时可依法维护。政府还要通过法律法规监控主体的活动行为、目标、活动方式、运行机制等，使监控活动的性质、职能、地位在制度中得以确认，使监控活动公正化、法律化、制度化。也要通过法律法规规定各类监控主体的法律责任和义务，以利于提高其主体的责任感和自觉性。在这方面，广东省中山市的经验值得借鉴。例如，中山市对全市幼儿园质量进行制度化评估,建立了中山市幼儿园教育质量监控系统,明确指出了监控标准和实施方法,实行幼儿园自评和专家组评估相结合,条件、目标、过程相结合,静态评估和动态评估相结合,符合性和多样性相结合,工作特色、工作规范和工作创新相结合的评估办法。中山市教育局组织有关专业人员每年对幼儿园进行年检,幼教管理机构则采用幼儿教育机构在网络上自评和管理机构组织人员抽查的方式进行实时评价。

二、研制幼儿园教育质量监控标准

幼儿园教育质量监控标准是衡量教育质量、实现教育质量监控目的的可操作性准则和指标,它是根据教育规律和教育现状,以及学校、受教育者的需求而制定的。监控标准是教育质量监控系统的核心,制定一套适宜的监控标准是保证幼儿园教育质量监控活动科学化的关键。如我国香港地区幼儿园教育质量受到全世界的公认,主要原因是他们有一套幼儿教育机构教育质量评估指标(见表9-1)。

表9-1 我国香港地区幼教机构质量评估指标

质量监控范畴	质量监控范围	质量监控指标
管理与组织	策划与行政	管理框架、政策与发展、行政业务
	领导能力	专业能力
	员工管理	员工资历与工作、培训与考核、协调与联系
	资源调配	园舍编排与使用、资源编配与使用
	自我评估	自我评估制度
学与教	课程设计	课程组织、课程管理
	教学与保育	策略与技巧、态度和知识
	儿童学习	学习过程中的表现和速度
	学习经验与评估	评估政策与制度、评估数据使用
机构文化及给予儿童的支援	关顾服务	有特殊需要儿童提供的服务与支持
	与家长及外界联系	家庭与幼教机构合作、与外界联系
	机构文化	风气、人际关系
儿童发展	认知发展	思维能力与语言能力
	体能发展	身体活动能力与健康习惯
	情意及群体性发展	情意发展与群体性发展
	美感及文化发展	美感发展、对文化的认识与欣赏

我国香港地区幼儿园教育质量监控系统是一个基于标准的评价系统,该系统已经对我国香港地区95%的幼儿园进行了质量监控评价,从而督促和保障了其幼儿教育质量的提升。我国幼儿园教育质量监控不是没有标准,建园有条件标准、教师和园长有专业标准、儿童发展有3—6岁发展指南、有生活饮食和卫生安全条例,基本上应有尽有,但是在实际运行中,一是没有整合,管理部门多,条款分割,各扫门前雪,互不买账,相互推诿;二是没有形成经常化、制度化、法律化的监管体制机制,监管流于形式,特别是民办幼儿园往往处在无监管的状态;三是幼儿园既没有规定的教学计划,也没有严格的课程、教材、教学、活动等要求,已有标准在具体的幼儿园教育教学实际中不能转化为直接可实施的行为,幼儿园也就"八仙过海,各显神通"。

三、完善教育质量监控组织机构

幼儿园教育质量监控系统作为一个组织,需要以完善的组织机构作为该系统成立运行的支撑。组织机构的主要任务是在分析确立单位基本目标和宗旨的基础上,明确单位的基本战略和核心能力,明确部门的职责、岗位设置等,建立清晰的权责系统,明确组织决策和冲突解决的规则或制度,建立各部门、各关键责任人的考核与激励机制,梳理单位基本业务流程,并建立内部协调和控制体系。如美国成立早期教育委员会,统筹全美学前教育发展,监控学前教育质量;各州和地方政府教育行政部门依据联邦政府的发展规划,详细制定本州幼儿园教育质量监控内容和标准;独立于政府的全美幼儿教育协会作为第三方评估机构,也拥有自己的董事会和执行团队。这样就形成了从上至下,从政府到民间,完善的幼儿园质量监控系统组织机构,为幼儿教育的高效运行和高质量提供了基础。

武汉幼儿园教育质量监控主要由教育局、卫健委、物价局、公安消防局等部门负责。其中,教育局颁布政策文件、对学前教育发展进行规划设计与宏观控制,具体负责监管教育质量;卫健委主要监控食品卫生与疾病防控;公安消防局负责儿童人身安全与保护;物价局负责审核幼儿园办园收费许可及标准;还有各区教研培中心、武汉市教研室负责指导幼儿园教育教学活动的开展。这种组织机构系统也存在一些弊端。一是作为教育使用者的学生、家长没有参与到教育质量管理工作中,只是教育行政部门的外部自行监控,缺乏第三方监控制衡,导致幼儿园唯命是从,见风使舵,应付交差。二是重视对结构质量的监控,轻视对过程质量和结果质量的监控。教育质量监控只涉及幼儿园年度办学情况检查(包括奖励和惩罚措施)、幼儿园督导评估、各类专项检查和指导、各类政策文件出台和落实监督、对所辖各区教育行政部门的考核等,但对诸如师幼互动、幼幼互动等过程质量和学生心智、人际关系、社会性等教育结果质量很少关注。三是自我监控不足,幼儿园主要凭园长的感觉与自觉实施园内教师一日常规、幼儿游戏、幼儿体能和教师教学资料检查等内部监控,而民办幼儿园则把幼儿安全放在第一位,把做好家长工作作为重心。

四、重点构建普惠性民办园和营利性民办园的教育质量保障机制

武汉60%以上的幼儿园为普惠性民办园和营利性民办园,资本的逐利性决定了它们办园的功利性特征,如果不重点监管,其质量难以保证。因此,在营利性民办园和普惠性民办园构建教育质量保障机制尤为重要。

教育质量保障机制是教育质量各要素之间相互联系、相互制约,共同构成的一个多层次、多结构的运行系统,如图9-1所示。其中,目标机制是教育质量保障机制的基础,统领整个系统的运行,其他四大机制都沿着目标机制制定的方向运转,构成教育质量保障机制的执行系统,也是整个系统的核心。信息反馈机制对以上五大机制在运行中所呈现的各种问题进行收集整理,然后反馈给其他机制,使不同机制之间形成相互沟通、合作和协调有序的状态。

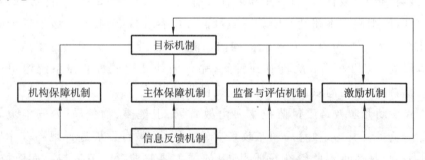

图9-1 幼儿园教育质量保障机制

目标机制为质量保障指明了方向,我国幼儿园教育的目标是培养幼儿德、智、体、美、劳等诸多方面的全面发展,促进其身心和谐发展。

机构保障机制是教育质量保障的基础,幼儿园质量保障组织机构根据保障主体不同可以分为内部机构和外部机构。外部机构是政府教育行政部门、社会组织机构或第三方机构、家长监督机构等,内部机构是幼儿园自身设立的质量保证机构,如质量办公室、督导室等,接受园长统一领导。

主体保障机制是指幼儿园质量保障的三个主体,即政府、幼儿园和社会之间所形成的相互联系、相互沟通、相互促进的关系。其中,政府的角色和职责决定了其在质量保障中的主导地位,扮演着监督者和决策管理者的双重角色。幼儿园既是质量保障的具体实施者,又是质量保障的直接影响者,是质量保障的主体。社会主要是通过民间的组织或机构对教育质量进行监督和评估,社会保障在主体保障体系中处于参与地位,是教育质量的重要支持和补充力量。

监督与评估机制是质量保障机制的主要形式,承担质量保障的具体落实。监督与评估不能只关注幼儿园条件质量,更应该关注幼儿园教育的过程质量和幼儿身心发展的结果质量,要重点加强对幼儿园办园理念、课程建设、幼儿保教活动的开展及教师职业道德和教育投入等方面的监管、评估和指导。

激励机制是激发幼儿园内在需求,充分挖掘幼儿园教职工的潜力、积极主动性、创造性,激发幼儿园办园活力,使教育质量保障成为一种自觉自愿的行为。

信息反馈机制是幼儿园、政府、社会、家庭等利益相关方对信息进行收集、分析、整理、分类,以期对质量保障的目标、内容、过程、方法、途径等不断优化、调控和完善的过程。在此过程中,各方面保持信息畅通是信息反馈机制有效运行的基础和条件。

武汉市在民办幼儿园教育质量保障机制建设过程中,要以对幼儿实施德、智、体、美、劳等方面的全面发展,促进幼儿身心和谐发展为指导,通过设计条件质量、过程质量和结果质量等教育质量标准指标体系,构建政府、社会、家庭多元主体参与的监督与评估机制,确保民办幼儿园的教育质量。

第四节 加强幼儿园师资队伍建设

经过三期学前教育三年行动计划,武汉幼儿园师资队伍不论是人员数量、学历层次、师资结构,还是专业化水平都有了长足进步,为武汉市幼儿园教育质量的提升打下了坚实的基础。

从表9-2可以看出,武汉幼儿教育机构数量近两年增长较快,在园幼儿数量也快速增长。专任教师与在园幼儿之比远远超出全日制国家标准(1∶9—1∶7),在职教职工与在园幼儿之比也超过了国家标准(1∶7—1∶5),幼儿园各类人员配备不齐,与武汉等级评定标准相差较远,而且聘用人员占据绝大多数,薪酬水平又不高,导致教师流动性大。

表 9-2 武汉市幼儿教育机构教师队伍基本情况

统计项	2014 年	2015 年	2016 年	2017 年	2018 年
幼儿教育机构数	1097	1184	1303	1391	1551
在园幼儿数	240162	268747	284141	302075	318026
教职工数	29141	32701	37050	41073	46181
专任教师数	14032	15758	17798	19903	22021
教职工与在园幼儿比	1∶8.2	1∶8.2	1∶7.7	1∶7.4	1∶6.9
专任教师与在园幼儿比	1∶17	1∶17	1∶16	1∶15	1∶14

从表 9-3 可以看出,2017 年,武汉幼儿园教师学历结构、职称结构仍存在不合理的情况,还有超过 13% 的高中及以下学历的人员承担保育甚至教学任务,本科学历教师占比不到三分之一。中学高级职称教师占比不到 1%,将近 80% 的人员无职称,这表明武汉幼儿园教师专业素养和学前教育质量仍有待提升。

表 9-3 2017 年武汉市幼儿教育机构教师队伍学历、职称情况

统计项	研究生学历	本科学历	专科学历	高中学历	高中以下学历	中学高级职称	小学高级职称	小学一级职称	小学二级职称	小学三级职称	未评职称
城区	60	3971	7317	1118	47	38	896	1526	724	79	9240
郊区	6	1581	4216	1532	55	16	325	359	285	18	6387
合计	66	5552	11533	2650	102	54	1221	1885	1019	97	15627
百分比	0.33%	27.90%	57.95%	13.31%	0.51%	0.27%	6.13%	9.47%	5.12%	0.49%	78.52%

总的来讲,武汉市学前教育师资队伍建设存在如下几个方面的问题。一是教师数量不足,特别是远郊地区的教师数量严重不足。教师数量不足,一方面导致幼儿教师工作任务繁重,工作时间长,进而产生工作压力和职业倦怠感;另一方面也迫使幼儿教师不得不选择以集体化教学为主的组织形式,不可避免地产生"小学化"倾向,影响幼儿教育质量。二是教师素质总体偏低。主要表现为学历层次不高,以专科学历为主;专业素养偏低,音乐、舞蹈、绘画等知识较丰富,教育学、心理学知识与能力不足;职业素养不高,不

能以幼儿为本,达不到教育要求与标准;教师自我认识与反思能力严重不足,大多数教师眼高手低,不能安心于平凡的育儿岗位,在常规的幼儿看护、照料、教育等琐碎的工作中表现一般;教师队伍中的梯队建设几乎空白,没有长远规划和质量提升策略。另外,教师们工作任务繁重,很少有机会深造或进修学习,尽管现在武汉市将幼儿园教师纳入培训计划,有了专门的园长培训、骨干教师培训等项目,但多针对公办园教师,民办园名额少。加之幼儿教师专业知识和能力薄弱,缺乏对专业发展的自我规划,教师素质提升困难较大。三是教师待遇得不到切实保障。由于我国教师工资与职称挂钩,职称越高意味着获得的劳动报酬越多,而幼儿教师没有单独的职称评定系列,职称评定机会少,尤其是民办园教师机会更少,这导致教师劳动报酬难以提高,教师队伍不稳定,流动性大,人才流失严重。

师资队伍是学前教育高质量发展的根本保证,没有一流的师资就不可能有一流的学前教育质量。因此,实现学前教育的健康、优质发展,满足广大人民群众日益增长的学前教育需求,加快学前教育师资队伍建设刻不容缓。

一、理顺公共财政投入体制机制,提高幼儿园教师待遇

长期以来,各级政府视学前教育为非义务教育,互相推卸责任,致使学前教育发展被边缘化,成为教育发展的短板,加之政府对学前教育认识模糊,为了节省财力,曾一度将幼儿园发展推向市场,使得许多地方学前教育出现过度市场化的现象。过度市场化使幼儿园举办者特别是民办园举办者为了节约成本,聘用大量不合格的幼儿教师,给予他们较低的福利待遇,影响他们的工作态度和效率,同时也使得幼儿园教师面临专业发展困难、职业倦怠感高和从业身份模糊等问题。

从全国范围来看,财政性学前教育经费在财政性教育经费中所占比例偏低。受到公办优先和拨款渠道的影响,政府一直将有限的学前教育经费按照政府、事业单位、教育部门预算这个渠道拨付,绝大多数经费用于极少数示范园,只有少数用于城镇和农村公办园,而占幼儿园主体的民办园长期享受不到政府经费资助。即使政府加大了对学前教育的投入,如果没有理顺投入的体制机制,那么为大多数民众和农民服务的民办园还是难以得到支持,为了收回成本,民办园管理者只能依靠削减人工成本和降低工资福利待遇来维持运转。

政府要将民办普惠性幼儿园也纳入拨款范围,制定动态学前教育生均

拨款政策；通过补贴、奖励、补偿、减租、专项发展资金等多种形式增加幼儿园办园经费。在办园经费得到保障的情况下，参照普通中小学教师待遇，制定幼儿园教师收入标准。

二、建立健全法律法规，保障民办幼儿园教师的合法权益

民办幼儿园教师作为教师队伍的重要组成部分，本应该享受《中华人民共和国教师法》规定的各种权利，但1995年颁布的《国家教育委员会关于〈中华人民共和国教师法〉若干问题的实施意见》，却将幼儿园教师限定为各级人民政府举办的幼儿园的教师。这一规定使得《中华人民共和国教师法》关于各级人民政府要加强教师业务培训、改善教师工作和生活条件、保障教师合法权益等条例将民办教师置之度外，加之我国对幼儿园教师实行"身份管理"，根据幼儿园教师"所有制身份不同"来设定政策覆盖范围，只有公办园教师被纳入国家教师政策的管理范围，而民办园教师则被排除在外，更导致他们虽然具备国家法定的教师资格，却不能享受与公办园教师同等的工资待遇、福利保障、职称评定、进修培训等权利。因此，民办园教师和公办园教师所处的政策环境有着巨大的差异，其身份和地位得不到高位法律的确认，以致他们在各种权益上受到制约。

各级政府要完善相关法律法规，明确民办幼儿园的性质、地位，让民办幼儿园教师具有和公办幼儿园教师同等的权利；要制定民办园教师的身份和地位、权利与义务、工资与待遇、医疗与养老等政策文件；要严格幼儿园教师的考核与聘任、职称与培训的相关责任主体，建立责任追究制度，确保幼儿园教师责、权、利相结合。只有将民办园教师的权利真正纳入法律范畴中，才能从根本上解决民办园教师被边缘化的问题。

三、加强幼儿教师培养，保障幼儿园师资队伍质量

近些年，我国由于学前教育欠账太多，加之其被定性为非义务教育，民办幼儿园发展过快，导致幼儿园师资紧张。但在学前教育师资培养上形成了百花齐放的局面，职业高中、职业中专、高职、本科，甚至成人高校都开办了学前教育专业。这导致一方面民办园、乡（村）办园进入大量不合格的教职人员，另一方面由于编制所限，公办园教师又处于缺员状态。

教育行政管理部门首先要对教师培养的摇篮——师范教育进行改革，严格招生院校、招生专业审核，对临时上马，没有师范教育基础，不具备师范教育招生资格的学校和专业严加限制。重点扶持有幼儿教师培养经验、师

范专业办学历史悠久的学前教育师资培养基地,扩大初中起点学前教育五年制专科培养范围,逐步停止中职和职高学前教育专业招生。同时,加强师范院校教育教学改革,强化社会、语言、科学、艺术、健康五大领域和教育学、心理学、幼儿园活动设计等教育技能的培养。

  幼儿园要提高幼儿教师的准入资格,新进幼儿教师学历规定要在大专以上,入职上岗严格参加资格审查、笔试、面试,加强学前教育基础理论和专业技能考核,坚决实行幼儿教师持证上岗,还要按照教育部颁布的《幼儿园教职工配备标准(暂行)》(教师〔2013〕1号)的要求,依据岗位分类核定教职工编制和用人额度。公办幼儿园要根据需要,加大公开招聘、定向培养、以薪养岗力度,加快补齐配足教职工。民办幼儿园要参照公办幼儿园的标准配足配齐教职工,并实行自主聘用、劳动合同管理。各幼儿园要严格执行幼儿园园长、教师持证上岗制度。教育部门要坚持将幼儿园教职工配备情况作为幼儿园审批、年检和办园水平认定的重要内容。

四、促进教师专业发展,完善教师培训体系

  政府应该对幼儿园教师培训进行宏观管理,从资金、制度、管理等方面保证民办园教师、公办园教师,以及各等级幼儿园教师享有同样的培训机会。要建立健全在职幼儿园教师培训制度,出台幼儿园教师培训课程指导标准,将民办幼儿园教师纳入培训计划,实行园长、教师定期培训和全员培训制度,重点加强农村幼儿园教师的专业培训。要出台奖惩条例,对各级各类幼儿园特别是未评级幼儿园的教师培训进行监督。

  要创新培训模式,探索师范院校与优质幼儿园协同建立培训基地,强化专业学习与跟岗实践相结合,增强培训的针对性和实效性,切实提高教师的专业水平和科学保教能力。要倡导幼儿园主导的园本培训模式,立足于教师日常工作实际,针对参训者在职工作现状,利用幼儿园自身的资源,开展自我学习、自我提高的培训,减轻幼儿园教师的工作负担,保证教师培训的连续性和长期性。

参考文献

[1] 张宇. 美国联邦政府干预学前教育的历史演进研究[D]. 长春：东北师范大学，2010.

[2] 严冷，冯晓霞. 美国"普及学前教育"运动的研究与思考[J]. 全球教育展望，2008(05).

[3] McFarland J, Hussar B, Zhang J, et al. The Condition of Education 2019[R]. Washington DC：National Center for Education Statistics，2019.

[4] 中华人民共和国教育部. 2017年全国教育事业发展统计公报[EB/OL]. http://www.moe.gov.cn/jyb_sjzl/sjzl_fztjgb/201807/t20180719_343508.html,2018-07-19.

[5] 武汉市发展和改革委员会. 武汉市教育事业发展"十三五"规划（2016—2020年）[EB/OL]. http://fgw.wuhan.gov.cn/portal/article/index/cid/87/id/9194.html,2016-09-24.

[6] 陈花. 美国各级政府学前教育责任研究及对我国的启示[D]. 杭州：浙江财经大学，2016.

[7] 王洪晶. 奥巴马政府学前教育政策演进研究[D]. 长春：东北师范大学，2018.

[8] 刘颖. 美国州学前教育横向管理体制的优化及启示[J]. 外国中小学教育，2016(08).

[9] 中国驻美国大使馆教育处. 美国学前教育管理体制和投入机制[J]. 基础教育参考，2015(09).

[10] 马丽. 美国"瞄准性"学前教育财政投入的经验及启示[J]. 教育与教学研究，2018(11).

[11] 荣舒曼. 学前教育中的政府责任研究[D]. 郑州：郑州大学，2018.

[12] 李娜. 政府对学前教育管理的有效责任担当——美国经验与中国借鉴[J]. 陕西学前师范学院学报, 2015(03).

[13] 曹霞. 20世纪80年代以来美国加利福尼亚州幼儿教师职前培养研究[D]. 昆明:云南师范大学, 2013.

[14] 于海静. 中美幼儿教师资格及认证制度的比较研究[J]. 科技视界, 2013(35).

[15] 沙爽. NAEYC早期儿童教育教师专业标准与美国幼儿教师培养研究[D]. 长春:东北师范大学, 2014.

[16] 丁向颖. 全美幼儿教育协会的幼儿教师教育标准及其启示[J]. 湖北第二师范学院学报, 2014(05).

[17] 刘思博. 中美幼儿教师专业标准比较研究及启示[D]. 长春:长春师范大学, 2017.

[18] 李辉. 美国幼儿教育课程标准化运动及其启示[J]. 学前教育研究, 1998(05).

[19] 宋占美. 课程标准化背景下美国学前教育课程实践与存在问题的研究[D]. 上海:华东师范大学, 2012.

[20] 李生兰. 中美幼儿园一日活动的比较研究[J]. 学前教育研究, 1994(05).

[21] 李生兰. 儿童的乐园:走进21世纪的美国学前教育[M]. 南京:南京师范大学出版社, 2011.

[22] 张凤, 王娟涓. 中美幼儿教育的差异——从美国幼儿园一日生活安排谈起[J]. 教书育人, 2004(05).

[23] 张金梅. 对美国一所托幼中心全日班一日活动的观察与反思[J]. 学前教育研究, 2008(03).

[24] 张晓文. 幼儿园一日活动的中美比较研究[D]. 南京:南京师范大学, 2014.

[25] 余婧. 美国二州幼儿园课程标准的经验[J]. 教育参考, 2015(03).

[26] 李程. 简析美国幼儿教师专业标准——以NAEYC&NBPTS为例[C]. 第二届全国学前教育学博士生学术论坛文集. 南京:南京师范大学, 2010.

[27] 胡金平, 周采. 中外学前教育史[M]. 北京:高等教育出版社, 2011.

[28] 王兴华. 德国学前教育的发展现况和未来趋势[J]. 比较教育研究, 2015(03).

[29] 中国教育在线. 2018年基础教育发展调查报告[EB/OL]. http://www.eol.cn/e_html/zxx/report/wz.shtml,2019-06-06.

[30] 武汉市人民政府. 武汉市第三期学前教育行动计划(2017—2020年)[J]. 武汉市人民政府公报,2017(18).

[31] 中国驻德国大使馆教育处. 德国学前教育主要政策及发展趋势[J]. 基础教育参考,2016(15).

[32] 潘孟秋. 德国学前教育立法简况[J]. 基础教育参考,2013(13).

[33] 中华人民共和国教育部. 幼儿园工作规程[EB/OL]. http://www.moe.gov.cn/srcsite/A02/s5911/moe_621/201602/t20160229_231184.html,2016-03-01.

[34] 中华人民共和国教育部. 幼儿园教职工配备标准(暂行)[EB/OL]. http://old.moe.gov.cn/publicfiles/business/htmlfiles/moe/s7027/201301/147148.html,2013-01-08.

[35] 邵明雪. 中德学前教育制度的差异分析[J]. 湖北第二师范学院学报,2012(03).

[36] 陶金玲. 德国学前教育特色之一:机构与课程[J]. 山东教育,2007(Z6).

[37] 武汉市人民政府. 武汉市学前教育管理办法[EB/OL]. http://www.wuhan.gov.cn/hbgovinfo/zwgk/szfxxgkml/fggw/zfgz/201808/t20180823_220514.html,2014-07-11.

[38] 王晓梅. 德国与中国学前教育的比较与启示[J]. 开封教育学院学报,2017(05).

[39] 刘阳. 日本学前教育管理探析[J]. 管理观察,2018(23).

[40] 杨梦琪. 保教结合的新形式——日本认定幼儿园[J]. 黑龙江教育(理论与实践),2018(09).

[41] 王建平. 北京市学前教育发展报告(2011—2016年)[M]. 北京:首都师范大学出版社,2018.

[42] 刘小青. 日本学前教育[M]. 北京:文化艺术出版社,2017.

[43] 中国学前教育发展报告课题组,田慧生,曾天山. 中国学前教育发展报告2013[M]. 北京:教育科学出版社,2015.

[44] 宋璇. 日本正推进免费幼儿教育[J]. 甘肃教育,2018(22).

[45] 金熳然,柳海民. 日本《幼儿园教育要领》修订案的新动向[J]. 外国教育研究,2019(01).

[46] 王小英,刘思源.日本2018年实施的《幼儿园教育纲要》述评——基于日本《幼儿园教育纲要》五次修订的视角[J].外国教育研究,2018(08).

[47] 张燕.行事活动:日本幼儿教育的一大特色[J].学前教育研究,2001(01).

[48] 武汉市人民政府.武汉市2018年政府工作报告[EB/OL].http://www.wuhan.gov.cn/hbgovinfo/zwgk/szfxxgkml/ghjh/zfgzbg/201804/t20180403_194895.html,2018-01-15.

[49] 武汉市统计局.武汉统计年鉴2015[M].北京:中国统计出版社,2015.

[50] 廖慕骞.武汉市南湖区域学前儿童"入园难"问题的研究[D].武汉:华中师范大学,2016.

[51] 贾亚丹,王邦权.困境与破解:武汉民办幼儿教师专业发展研究——以民办幼儿园B为例[J].和田师范专科学校学报,2018(04).

[52] 张二凤.幼儿教师心理压力及其来源研究[D].武汉:华中师范大学,2016.

[53] 孙雅婷.幼儿教师流动与幼儿园教师管理的相关研究[D].武汉:华中师范大学,2010.

[54] 吴娇.武汉市民办幼儿园教育质量监管研究[D].武汉:中南民族大学,2018.

[55] 梁慧娟.改革开放40年我国学前教育事业发展的回望与前瞻[J].学前教育研究,2019(01).

[56] 杜继纲,蔡冠宇,和卓琳,等.从编制到理解:我国幼儿园课程改革40年回顾与展望[J].学前教育研究,2019(03).

[57] 李辉.改革开放40年我国民办学前教育的发展历程与展望——基于政府与市场的关系视角[J].学前教育研究,2019(02).

[58] 孙美红.改革开放40年我国农村学前教育的变迁与政府责任[J].学前教育研究,2019(01).

[59] 李晓巍,刘倩倩,郭媛芳.改革开放40年我国幼儿园、家庭、社区协同共育的发展与展望[J].学前教育研究,2019(02).

[60] 王兴华,丁雪梅,刘聪.改革开放40年学前儿童发展研究进展[J].学前教育研究,2019(03).

[61] 蒋雅俊.改革开放40年学前教育政策中的儿童观变迁[J].学前教育研究,2019(03).

[62] 陈霞.学前义务教育的必要性及可行性研究[J].当代教育实践与教学研究,2018(02).

[63] 刘焱.对我国学前教育机构基本问题的探讨——兼谈我国学前教育未来发展思路[J].教育发展研究,2009(08).

[64] 赵南.公办幼儿园的重新界定与区域发展策略——基于学前教育公共服务体系的视角[J].湖南师范大学教育科学学报,2014(04).

[65] 武汉市江岸区教育局幼儿园调研组.武汉市江岸区教育局教办幼儿园办园现状调研报告[J].武汉市教育科学研究院学报,2006(12).

[66] 任娟.有效促进大班额集体教学中师幼互动的策略[J].科教文汇(中旬刊),2007(10).

[67] 敖鲲.当代我国居住小区配套幼儿园设计方法及发展趋势初探[J].城市建设理论研究(电子版),2012(36).

[68] 张静满.两所幼儿园环境创设引发的思考[J].赤峰学院学报(自然科学版),2015(03).

[69] 孟成伟.幼儿园户外环境营造研究——以丽水市机关幼儿园为例[D].杭州:浙江大学,2011.

[70] 刘焱.幼儿园自制玩教具活动的意义、指导思想和评价标准[J].学前教育研究,2007(09).

[71] 韦心语.我国幼儿园自制教玩具的研究综述[J].早期教育(教科研版),2017(04).

[72] 毛菊,于影丽.幼儿教师玩教具制作现状审思[J].教育导刊(下半月),2011(07).

[73] 刘焱,石晓波.国外幼儿园装备规范的比较研究[J].比较教育研究,2014(09).

[74] 李天顺.在第二届(人民书店杯)全国幼儿园优秀自制玩教具展评活动表彰大会上的讲话[J].教学仪器与实验,2011(02).

[75] 左瑞勇,杨晓萍.在文化哲学视域下重新审视幼儿园课程内容的选择[J].学前教育研究,2010(09).

[76] 杨晓萍,杨丽雅."我爱卡通"活动设计的思考——回归生活视野下幼儿园艺术课程内容的选择[J].学前教育研究,2003(02).

[77] 黎日龙.学前教育公共服务满意度调查研究[D].杭州:浙江师范大学,2015.

[78] 庞丽娟,范明丽.当前我国学前教育管理体制面临的主要问题与挑战

[J]. 教育发展研究,2012(04).
[79] 张继伟. 幼儿园办园特色实践与思考[J]. 基础教育研究,2017(11).
[80] 教育部基础教育司. 幼儿园教育指导纲要(试行)解读[M]. 南京:江苏教育出版社,2002.
[81] 殷文靖. 学前教育师资队伍建设存在问题及对策[J]. 文教资料,2019(02).
[82] 李高峰. 异化与重建:试析幼儿教师的生命[J]. 现代教育管理,2009(10).
[83] 李仕玉. 幼儿教师社会支持研究[D]. 南充:西华师范大学,2018.
[84] 李莹. 幼儿园教师职业道德规范刍议[J]. 新课程研究(下旬),2019(03).
[85] 王蕊,金玲. 幼儿教师职前师德养成机制探究——基于《新时代幼儿园教师职业行为十项准则》的思考[J]. 陕西学前师范学院学报,2019(07).
[86] 丰化苓. 鞍山市A幼儿园家园共育的现状及策略探究[J]. 现代交际,2019(03).
[87] 孙娓娓. 家园沟通中的常见认知问题及其改善策[J]. 陕西学前师范学院学报,2019(03).
[88] 虞永平. 从园长和教师的信念透视课程文化[J]. 教育导刊(下半月),2008(03).
[89] 保利军. 幼儿园文化建设的理念与路径探析[J]. 陕西学前师范学院学报,2017(07).
[90] 范玉晓. 幼儿园办园理念研究[D]. 哈尔滨:哈尔滨师范大学,2018.
[91] 杨红. "三优"教育培幼苗彰显特色显卓越——武汉市直属机关曙光幼儿园特色校园文化建设纪略[J]. 领导科学论坛,2014(24).
[92] 高敏. 上海市幼儿园课程实施方案编制的现状与分析[J]. 上海教育科研,2012(01).
[93] 张敏. 武汉市幼儿园教育课程改革实验现状分析及对策[J]. 武汉市教育科学研究院学报,2006(12).
[94] 卢素芳,曹霞,唐翠萍. 利用课程故事提升幼儿园教师的专业自觉[J]. 学前教育研究,2017(12).
[95] 李城,王剑兰. 论幼儿教师专业发展的长效机制——基于生态学视角[J]. 现代教育科学,2018(01).

[96] 沈亚娟. 完整的人与全景式成长:幼儿园教师成长的应有立场与路径[J]. 学前教育研究,2017(07).

[97] 周丹,江东秋. 卓越园长21条幼儿园管理策略[M]. 南京:江苏教育出版社,2012.

[98] 赖天利. 幼儿园教师专业发展现状及其提升策略[J]. 学前教育研究,2019(01).

[99] 彭兵. 开展园本教研,推动幼儿园文化建设——武汉市"以园为本教研制度建设"项目推进策略[J]. 学前教育研究 2008(08).

[100] 张丽萍. 合作互动 资源共享——谈幼儿园园际之间的学习与交流[J]. 甘肃教育,2011(02).

[101] 钟祖荣. 教师专业化发展的重要一环:制定教师专业发展规划制定教师专业发展规划[J]. 中小学管理,2004(04).

[102] 孟会君. 幼儿教师自主学习的园本支持路径[J]. 中国教育学刊,2019(06).

[103] 高梦婕. 集团化办园背景下幼儿园教师专业发展路径个案研究——以武汉市Y教育集团为例[D]. 黄石:湖北师范大学,2019.

[104] 李卓. 学前教育集团化发展的模式与经验浅析[J]. 课程教育研究,2013(30).

[105] 柳海民. 《幼儿园园长专业标准》解读[M]. 北京:北京师范大学出版社,2016.

[106] 宋卫斌,郑一斌,刘新荣. 武汉市普惠性民办幼儿园公用经费投入现状及对策[J]. 教育财会研究,2017(03).

[107] 王声平. 普惠性民办幼儿园教育质量保障机制的结构及现实构建[J]. 学术探索,2018(01).

[108] 熊莉,李翠军. 民办幼儿园发展中的主要问题与对策——以武汉市为例[J]. 江汉大学学报(社会科学版),2015(04).

[109] 王海英. 制定"国标"利于提升公平与质量[N]. 中国教育报,2016-01-10.

[110] 丁海东. 我国幼儿教师的职业困境及出路[J]. 中国教师,2010(09).

[111] 孙美红,范明丽. 论我国学前教育公共服务体系的建构[J]. 幼儿教育·教育科学,2014(01).

[112] 王海英. 政府购买民办园服务的路径在哪[N]. 中国教育报,2011-09-06.

[113] 贾亚丹,王邦权. 困境与破解:武汉民办幼儿教师专业发展研究——

以民办幼儿园 B 为例[J]. 和田师范专科学校学报,2018(04).

[114] 王默,洪秀敏,庞丽娟. 聚焦我国民办幼儿园教师队伍的发展:问题、影响因素及政策建议[J]. 教师教育研究,2015(03).

[115] 王海英. 学前教育成本分担机制亟待完善[N]. 中国教育报,2014-11-02.

[116] 牛桂红. 农村民办幼儿园教师生存状况——来自甘肃陇南市的调查[J]. 江西教育学院学报,2013(04).

[117] 刘昊. 我国学前教育质量监控中需处理的三对关系[J]. 学前教育研究,2014(01).

[118] 王海英. 学前成本"三肩挑":挑得起走得远[N]. 中国教育报,2015-04-05.

[119] 彭泽平,姚琳. 香港学前教育质量保障体系的构架及其特征分析[J]. 学前教育研究,2010(11).

[120] 姜勇,郑楚楚,赵颖,等. 中国特色普惠性学前教育公共服务体系构建的若干思考[J]. 苏州大学学报(教育科学版),2019(02).

[121] 王海英. 普惠性民办园扶持政策不能回避三问[N]. 中国教育报,2015-10-11.

[122] 朱璟. 幼儿园教育质量监控系统的构建策略研究[D]. 长春:东北师范大学,2013.

[123] 庞芮. 武汉市"入园难"问题的研究[D]. 武汉:华中师范大学,2013.

[124] 未来网. 学前教育迎来第三个拐点,总供需逆转或将提前来临[EB/OL]. http://edu.news.k618.cn/yc/201904/t20190429_17367531.html,2019-04-29.

[125] 沈有禄. 学前教育立法应重点解决七个问题[N]. 光明日报,2019-06-04.

[126] 王海英. 我国学前教育公共服务体系的组成与构建[J]. 学前教育研究,2014(07).

[127] Howe R,Scheaffer R,Lindquist M. Mathematics Framework for the 2007 National Assessment of Educational Progress[R]. Washington DC:US Department of Education,2006.

[128] "中山市幼儿园教育质量监控系统"研究课题组. 幼儿园教育质量监控系统研究——以《中山市幼儿园教育质量监控系统》编制为例[J]. 教育导刊(下半月),2011(02).